彭瑞骢○口述　孟譞　张大庆○访问整理

彭瑞骢访谈录
INTERVIEWS WITH PENG RUICONG

20世纪中国科学口述史

湖南教育出版社

《20世纪中国科学口述史》丛书编委会

主　编：樊洪业
副主编：王扬宗　黄楚芳
编　委（按音序）：
　　　　樊洪业　黄楚芳　李小娜　王扬宗
　　　　杨　舰　杨虚杰　张大庆　张　藜

彭瑞骢先生在家中接受访问

席泽宗序

正当 21 世纪开头的时候，湖南教育出版社策划编辑出版一套《20 世纪中国科学口述史》丛书，有计划地访问一些当事人，希望他们能将亲历、亲见、亲闻的史实回忆口述，让采访者整理成文字和音像资料，为后人留下一些宝贵的文化财富。这是一件很有意义的事，应该得到各方面的支持。

口述历史很重要。《论语》就不是孔子（前 551—前 479）的著作，而是口述。这情形与希腊的苏格拉底（约前 470—前 399）及其以前的哲学家们相似。那个时代学者们还没有自己著书立说的习惯，思想学说都是靠自己口述而由门人弟子记录下来的。正如《汉书·艺文志》所说："《论语》者，孔子应答弟子、时人，及弟子相与言而接闻于夫子之语也。当时弟子各有所记，夫子既卒，门人相与辑而论纂，故谓之《论语》。"《论语》被奉为儒家经典，流传两千多年，一字值千金。我们当代人的所见、所闻、所历，不能与之相比，但"集腋成裘，聚沙成塔"，贡献出来，流传下去，对社会还是有益的。

司马迁著《史记》，上古部分文献太少，主要根据"传说"

席泽宗（1927—2008），天文史学家，中国科学院院士（1991）。

（一代一代"传"下来的"说"，即口述、口述、再口述），准确的年代只能从西周共和元年（前841年）算起，这不仅给年代学留下了一个空当，因而有今日的"夏商周断代工程"，还给后人提供了怀疑的口实。辛亥革命前后，国内外出现了疑古思潮，提出"东周以前无史"论，企图把中国文明史砍去一半。幸而这时在河南安阳殷墟发现了甲骨文，王国维于1917年写了《殷卜辞中所见先公先王考》及《续考》，指出甲骨文中发现的殷商王室的世系，与《史记·殷本纪》中所载相吻合，《殷本纪》中的口述记载只有个别错误。这就把中国有文字可考的历史，由东周上推了近千年。由此，王国维提出"二重证据法"："古书之未得证明者，不能加以否定，而其已得证明者，不能不加以肯定。"他又于1926年在上海《科学》杂志第11卷第6期上发表《最近二三十年中国新发现之学问》一文，指出中国历代出现的新学问大都是由于新的发现。他举了很多例子，最重要的是汉代曲阜孔壁中古文和西晋汲冢竹书的发现，说明新材料对于学术的推动作用。与此同时，胡适于1928年在《新月》第1卷第9期上写了一篇《治学的方法与材料》，进一步指出，我们不仅是要找埋在地下的古书，更重要的是要面向自然界找实物材料。他说："材料可以帮助方法；材料的不够，可以限制做学问的方法；而且材料的不同，又可以使做学问的结果与成绩不同。"他用1600年到1645年间的一段历史，进行中西对比，指出所用材料不同，成绩便有绝大的不同。这一段时间，中国正是顾炎武（1613—1682）、阎若璩（1636—1704）这些大师们活动的时代，他们做学问也走上了新的道路，站在证据上求证明。顾炎武为了证明衣服的"服"字古音读做"逼"，竟然找出了162个例证，真可谓小心求证。但是，他们所用的材料是从书本到书本。和他们同时代的西方学者则大不相同，像开普勒、伽利略、牛顿、列文虎克、哈维、波义耳，他们研究学问所用的材料就不仅仅是书本，更重要的是自然界的东西。哈维在他的《血液循环论·自序》中说："我学解剖学和教授解剖学，都不是从书本上来的，是从实际解剖来的；不是从哲学家的学说上来的，是从自然界的条理上来的。"结果是，他们奠定了近代科学的基础，开辟了一个新的科学世界。而我们呢，只有两部《皇清经解》做我们300年来的学术成绩。

  1915年《科学》的创刊和中国科学社的成立，标志着近代科学开始在中国落地、扎根，但成长、壮大、开花和结果，还有待于努力。中央研究院（1928年）、北平研究院（1929年）、中央工业试验所（1929年）、中央农业试验所（1931年）等国家科研机构的相继建立，《大学组织法》（1929年）、《大学规程》（1929年）和《学位授予法》（1934年）等的颁布，都为科学的进一步发展提供了必要条件。至1949年，全国已有700多位科学家在200余所高等院校、60多个科研机构、40多个学术团体中工作。用卢嘉锡半开玩笑的话来说，"这是一支物美价廉、经久耐用的队伍"。李约瑟把他记述抗战时期中国科学家工作的一本书，取名《科学前哨》（*Science Outpost*）。他在序中说："书名似乎应当稍加解释。并不是我们中英科学合作馆的英籍同事远在中国而以科学前哨自居。我所指的是我们全体，不论英国人或中国人，构成中国西部的前哨。""这本书如有任何永久性的价值，一定是因为它提供了一类记录（虽然不甚充分）……看到中国这一代科学家们所具有的创造力、牺牲精神、坚韧、忠诚和希望，我们以和他们在一起为荣，今天的前哨就将成为明天的中心和司令部。"

  李约瑟的预言即将实现。1949年中华人民共和国的成立，为科学的发展提供了前所未有的有利条件。1956年制定的《1956—1967年科学技术发展远景规划纲要》,通过十几个重大项目、几十个重点研究任务、几百个中心课题,把第二次世界大战以来的新科学和尖端技术都涵盖于其中,下决心,攀高峰。据杨振宁搜集起来的10项产品的年代比照,我们的赶超速度是很快的。从原子弹到氢弹,我们所花费的时间最少:法国8年,美国7年,英国5年,苏联4年,中国3年,爆炸在法国之前。还要注意一点,别的国家的科学家,是全力以赴搞科学,中国科学家要政治学习、劳动锻炼、下乡"四清",至于"文化大革命"那样的干扰,更是史无前例,就连"中国核弹之父"钱三强也不能幸免。1978年以后,抛弃以"阶级斗争为纲",才把书桌子放稳,安下心来搞科研,然而在市场经济大潮的冲击下,也有新的问题。科学是没有阶级性的,但是科学家是在社会中生活的,科学事业是社会建构的一部分,都有时代的烙印。与过去300年相比,科学在20世纪的中国,特别是后50年,取得了举世瞩目的成就。总结这段历史经验,对于21世纪科学的发展无疑是有借鉴意义的。这项工作国内有许多人在做。

湖南教育出版社邀请有经验的专家组成编委会,派人准备从人物(包括科研组织管理工作者)、学科、事件等方面进行访谈和旧籍整理,这无疑是一种新的形式。口述历史虽然是历史学的最初形态,但那时没有录音、摄像等设备,也没有现在的严密组织准备,效果是不一样的。因此,我相信,这套书一定能成功,故为之序。

2007年10月于北京

彭瑞骢访谈录
Interviews with Peng Ruicong

韩启德序

20世纪是中国社会巨变的一个世纪，也是中国科学大发展的一个世纪。

中国的现代科学是在西方科学传入之后发展起来的。远在明末清初，西方科学就传到了中国。但从明末到清末，300年的"西学东渐"，其主要成果不过是翻译介绍了一些西方科学著作，传播了一些科学知识。到了20世纪，中国才出现了现代意义的科学事业和科学家。

20世纪之初，在以"新政"为标榜的政治和社会改革风潮中，延续千年的科举制度被废除，近代新学制开始在全国范围内实施，现代科学被纳入我国教育体制，从此科学知识成为中国读书人的必修课程，科学观念逐步深入人心。"赛先生"与"德先生"成为五四新文化运动的两面旗帜。

20世纪二三十年代，特别是国民政府成立之后，国立和私立大学的科学教育和科研水平稳步提高，以中央研究院为代表的专门科研机构逐步建立，一系列专业学会成立起来并开展各种学术活动，奠定了我国现代科学各主要学科的基础。然而，

韩启德（1945— ），病理生理学家，中国科学院院士（1997）。现任全国人大常委会副委员长，九三学社中央主席，中国科学技术协会主席。

日本侵华战争使我国刚刚起步的现代科学事业遭到严重摧残。抗战胜利后,内战又使科学事业在短期内无法恢复元气。

中华人民共和国成立之后,在中国共产党的领导下,科学事业受到前所未有的重视。建国后不久,国家就陆续成立了从中央到地方的各级综合性和专业性科研机构,调整和新建了一大批高等院校,组织实施了一系列重大科研计划。在20世纪的50年代末到60年代,以"两弹"(原子弹和导弹)研制、大庆油田的开发和人工合成结晶牛胰岛素等重大成就为标志,我国科学事业实现了跨越式的发展。不幸的是,不断升级的政治运动严重干扰和破坏了科学事业。"文化大革命"十年动乱,使我国科学不进反退,拉大了我们与世界先进水平的差距。

改革开放迎来了中国科学的春天,知识分子终于彻底摘掉了"臭老九"的帽子,我国科技工作者焕发出前所未有的活力。经过科技体制改革的探索,在20世纪末,我国确立了"科教兴国"战略。近年来,国家对科技的投入大幅增长,科研水平稳步提高,我国科学技术全面发展的时代正在到来。

一个世纪之前,中国的现代科学事业几乎还是一张白纸。今天的中国科学已经以崭新的面貌自立于世界。"两弹一星"、杂交水稻、载人航天等一系列成就,标志着我国科学技术事业的空前发展,同时也极大地提升了我国的国际地位。但我们也应清醒地认识到,我们与国际科学技术的先进水平还存在相当差距,我们仍然在探索适合中国国情的科技发展道路,建立完善的现代科研体制的任务还没有完成。

中国现代科学技术的发展既有顺利的坦途,也历经坎坷和曲折。艰苦的物质条件和严酷的政治运动没有动摇中国科技工作者的爱国报国之心和求索创新之志。为中国科学技术事业建立功勋的既有像"两弹元勋"一样的科学英雄,更有许多默默无闻、甘于奉献的科技工作者。他们的名字，他们的事迹，是中国现代历史中的重要篇章。比较令人遗憾的是，我们很少见到中国科学家的自述、自传一类的作品。因此，许多科学家的事迹，他们的奋斗与探索，还不大为社会所了解；许多珍贵的历史资料，随着一些重要当事人的老去而永远消失，铸成无法挽回的损失。

湖南教育出版社出版的这套《20世纪中国科学口述史》丛书，在一定程度上弥补了这个缺憾。口述历史的特点是真实生动、细节丰满、可读性强。这套丛书中，无论是口述自传、个人或专题访谈录，还是科学家自述，都出自科学家、科技管理者、科学普及工作者或科技战线的其他工作者的亲口或亲笔叙述，是中国现代科学事业的参与者回忆亲历、亲见、亲闻的史实，提供了许多鲜为人知、鲜活逼真的历史篇章，可以补充文献记载的缺失，是我们研究中国现代科学发展史的珍贵资料。同时，书中也展现了我国科技工作者爱国敬业、艰苦探索、勇于创新、无怨无悔的精神境界，必将激励后来者为发展我国的科学技术而努力奋斗。

近年来，访谈类节目在电视、电台热播，大受欢迎。我相信，《20世纪中国科学口述史》丛书也一定能赢得读者的喜爱，在我国科学文化建设中发挥应有的作用。故乐为之序。

2007年10月于北京

彭瑞骢访谈录
Interviews with Peng Ruicong
主编的话

以挖掘和抢救史料为急务

自文艺复兴以来，西方经过宗教改革、世界地理大发现、科学革命和产业革命，建立了资本主义主导的全球市场和近代文明。在此过程中，科学技术为社会发展提供了最强大的动力，其影响至20世纪最为显著。

在从传统社会向近代社会的转型中，国人知识结构的质变，第一代科学家群体的登台，与世界接轨的科学体制的建立，现代科学技术学科体系的形成与发展，乃至以"两弹一星"为标志的一系列重大科技成就的取得，都发生在20世纪。自1895年严复喊出"西学格致救亡"，至1995年中共中央、国务院确定"科教兴国"的国策，百年中国，这"科学"是与"国运"紧密关联着的。百年中国的科学，也就有太多太多的行进轨迹需要梳理，有太多太多的经验教训需要总结。

关于20世纪中国历史的研究，可能是格于专业背景方面的条件，治通史的学者较少关注科学事业的发展，专习20世纪科学史者起步较晚，尚未形成气候。无论精治通史的大家学者，或是研习专史的散兵游勇，都共同面临着一个难题——史料的缺乏。

史料，是治史的基础。根据20世纪中国科学史研究的特点，搜求新史料的工作主要涉及文字记载、亲历记忆、图像资料和实物遗存这四个方面。

20世纪对于我们，望其首已遥不可及，抚其尾则相去未远。亲身经历过这个世纪科学事业发展且做出过重要贡献的科学家和领导干部，大都已是高龄。以80岁左右的老人为例，他们在少年时代亲历抗日战争，大学毕业于共和国诞生之初，而国家科学事业发展的黄金十年时期（1956—1966）则正是他们施展才华、奉献青春、燃烧激情的岁月。这些留存在记忆中的历史，对报刊、档案等文字记载类史料而言，不仅可以大大填补其缺失，增加其佐证，纠正其讹误，而且还可以展示为当年文字所不能记述或难以记述的时代忌讳、人际关系和个人的心路历程。科学研究过程中的失败挫折和灵感顿悟，学术交流中的辩争和启迪，社会环境中非科学因素的激励和干扰等等，许多为论文报告所难以言道者，当事人的记忆却有助于我们还原历史的全景。

湖南教育出版社欲以承担挖掘和抢救亲历记忆类史料为己任，于2006年启动了《20世纪中国科学口述史》丛书的工作计划，在学界前辈和同道的支持下，成立了丛书编委会，于科学史界和科学记者群中招兵买马，认真探索采访整理工作规范和成书体例。通过多方精诚合作，在近两年中已出版图书20种，得到了学术界和读者的认可。

近年兴起的口述史（Oral History）热潮，强调采访者的责任，强调采访者与受访者之间的互动，强调留下"有声音的历史"。不过，口述史内容的"核心"是"被提取和保存的记忆"（唐纳德·里奇《大家来做口述历史》）。把记忆于头脑中的信息提取出来，方法上有口述与笔述之差别，但就获取的内容而言，并无实质性的差别。因此，本丛书当前在积极组织从事口述史采访队伍的同时，也积极动员资深科学家撰写回忆文本，作为"笔述系列"纳入本丛书中来。

科学，作为一种社会事业，除科学研究之外，还包括科学教育、科学组织、科学管理、科学出版、科学普及等各个领域，与此相关的人物和专题皆可列入选题。

本丛书根据迄今践行的实际情况，在大致统一编辑规范的基础上，将书稿划分为5种体例：

1. 口述自传——以第一人称主述，由访问者协助整理。

2. 人物访谈录——以问答对话方式成文。

3. 自述——由亲历者笔述成文。

4. 专题访谈录——以重大事件、成果、学科、机构等为主题，做群体访谈。

5. 旧籍整理——选择符合本丛书宗旨的国内外已有文本重新编译出版。

形式服务于内容，还可视实际需要而增加其他体例。

受访者与访问整理者，同为口述史成品的作者。忆述内容应以亲历者的科学生涯和有关活动为主线展开，强调以人带史，以事系史，忆述那些自己亲历亲闻的重要人物、机构和事件，努力挖掘科学事业发展历程中的鲜活细节。

书中开辟"背景资料"栏，列入相关文献，尤其注重未经披露的史料，同时还要求受访者提供有历史价值的图片。这些既是为了有助于读者更好地理解忆述正文的内容，也是为了使全书尽可能地发挥"富集"史料的作用。

有必要指出，每个人都会受到学识、修养、经验、环境的局限，尤其是人生老来在记忆力方面的变化，这些会影响到对史实忆述的客观性，但不能因此而否定口述史的重要价值。书籍、报刊、档案、日记、信函、照片，任何一类史料都有它们各自的局限性。参与口述史工作的受访者和访问者，即便是能百分之百做到"实事求是"，也不能保证因此而成就一部完整的信史。按名家唐德刚先生在《文学与口述历史》一文中的说法，口述史"并不是一个人讲一个人记的历史，而是口述史料"。史学研究自有其学术规范，不仅要用各种史料相互参证，而且面对每种史料都要经历一个"去粗取精，去伪存真"的过程。本丛书捧给大家看的，都是可供研究20世纪中国科学史的史料，囿限于斯，珍贵亦于斯。

受访者口述中出现的历史争议，如果不能在访谈过程中得以澄清或解决，可由访问者视需要而酌情加以必要的注释和说明。若对某些重要史实有不同的说法，则尽可能存异，不强求统一，并可酌情做必要的说明或考证。因此，读者不必视为定论，可以质疑、辨伪和提出新的史料证据。

本丛书将认真遵循求真原则和史学规范，以挖掘和抢救史料为急务，搜求各种亲历回忆类史料，推动20世纪中国科学史的研究！

欢迎各界朋友供稿或提供组稿线索，诚望识者的批评指教。谨以此序告白于20世纪中国科学史的研究者和爱好者。

樊洪业
2008年10月于中关村
2011年元月修改于中关村

彭瑞骢访谈录

目录

彭瑞骢序	001
引言	003

第1章　治病救人与革命救国　002
家世与求学　002
住院医师与地下交通员　004
解放前的医学教育　010

第2章　新中国成立初期医疗队伍的建设　016
高等医学院校的整顿与发展　016
以中等医学教育为重点　023

第3章　学习苏联　030
院系调整与移植苏联模式　030
派遣大量学生去苏联留学　033
苏联来华专家　035

第 4 章	思想改造与反右斗争	042
	"洗澡"与"搓澡"	042
	1956 年	047
	"顶风撒尿"	050

第 5 章	"文革"前的"折腾"	060
	跃进规划与拔白旗	060
	尖端专业与吃青苗	065
	三大革命拧成一股绳	071
	高教六十条与广州会议	075
	北大与协和的"四清"运动	081

第 6 章	"文革"时期的医学教育	090
	值得一说的几个项目	090
	"把医疗卫生的重点放到农村去"	094
	赤脚医生	100
	对农村医疗问题的思索	104

第 7 章	确立创一流学校的奋斗目标	112
	知名大学要有自己的"王牌"	112
	北医与北大的合并	116
	附属医院与专科培训	118
	为什么不重新设立法医专业？	120
	世界银行贷款和 CMB 恢复资助	121
	与日本的民间交流	124

　　　　　中美预防出生缺陷和残疾合作项目的"国际化"与
　　　　　"本土化"　　　　　　　　　　　　　　　　129

第8章　医学研究生教育　　　　　　　　　　　　　138
　　　　从硕士到副博士　　　　　　　　　　　　　138
　　　　"无论如何医学博士的培养问题需要另外单独考虑" 143

第9章　医学与哲学　　　　　　　　　　　　　　　150
　　　　医学辩证法　　　　　　　　　　　　　　　150
　　　　新医学问题　　　　　　　　　　　　　　　154
　　　　医学辩证法也是个大口袋　　　　　　　　　156
　　　　医学模式的转变　　　　　　　　　　　　　161
　　　　"医学目的"的再思考　　　　　　　　　　　163
　　　　临床决策　　　　　　　　　　　　　　　　172

第10章　医疗体制的改革　　　　　　　　　　　　　178
　　　　昔日辉煌　　　　　　　　　　　　　　　　178
　　　　企业式医改　　　　　　　　　　　　　　　181
　　　　区域卫生规划　　　　　　　　　　　　　　188
　　　　医疗保险　　　　　　　　　　　　　　　　190

第11章　"2000年人人享有卫生保健"　　　　　　　202
　　　　阿拉木图宣言：健康与初级保健　　　　　　202
　　　　开发领导层会议　　　　　　　　　　　　　208
　　　　农村的初级保健："春办秋黄"的合作医疗　　217
　　　　应该考虑为"初级保健"立个法　　　　　　219

第12章	中医	228
	早年北医的"解剖祭"	228
	"中学西"与"西学中"	229
	"中西医结合"与"中医现代化"是两个概念	241

附录		249
	彭瑞骢年表	250
	彭瑞骢著述	253
	人名索引	256

彭瑞骢访谈录
彭瑞骢序

　　回顾我这一生，于20岁时确定了自己的理想与信仰，其后不久就进入了医学领域，长期在医科院校中任教。解放后不久就担任了党政领导工作，从而谈不上是哪一方面的专家。医学常常被认为既是科学，又是技术，也是应用这些科学技术的社会实践活动。因此，广义的医学史常包括医学科学史、医学技术史（包括药械）、医疗卫生事业史、疾病史等。我只能就广义的医学史中我曾经历过的事件做些回忆，供研究历史时参考。

　　解放后的60年大体可分为前30年和后30年。前30年由于各种原因不能把发展作为主要任务，再加上强调"革命"、"反修防修"，未能正确对待知识分子以及闭门锁国，从而使教育领域以至于高校成为"文革重灾区"，对文化教育卫生的不良影响很深。结合后30年的社会主义建设，我深深感到中国现代化建设过程中，医学现代化的道路上，有关农民及农村卫生现代化的问题是绕不过去的。它会反映到医学的整体发展上，一方面要让绝大多数人都能公平地享受医学的最新成果，另一方面像我们这样一个大国对医学科技前沿要努力追赶，这就给我们的医学科学技术工作者出了个难题——如何巧妙地将这两方面的任务结合起来，应该说这既是挑战，也是机遇。我们理应创造出一些特殊经验提供给发展中国家。同时我们在医学的发展中,如何巧妙地吸取国际经验教训而做到有所创新,以求得我们东方人也能对世界医学发展做出一些贡献,该不是不切实际的奢望吧!

由于我离开工作岗位已近 10 年,工作经历又比较狭窄,接受访谈多凭记忆,不当之处必然不少,请不吝指正。

彭瑞骢

2009 年 8 月

彭瑞骢访谈录
Interviews with Peng Ruicong

引 言

今天，生物医学科学几乎已成为高新技术和科学前沿的同义语。然而，近代西方医学科学以及与其相配套的医学教育体系在我国是彻头彻尾的移植物，它们在华夏的土壤落地生根，前后不过一百几十年。当年的中国积贫积弱，发展科学教育洵为艰难。解放后，高等教育仍然面临着科技人才紧缺与教育投入有限的严峻矛盾。尤其是医学教育，它的周期长、成本高、要求严格、训练艰苦，而社会对于合格医生的需求却又至为迫切。为了解决这个矛盾，新中国的医学教育一直走的是一条充满尝试和摸索的道路。这条曲折道路上的泥泞风雨、春华秋实，曾经被许多医学工作者和关心中国医学教育、医疗卫生事业的人们铭刻于心。笔者因为工作关系，很幸运地结识了一位多年以来从著名医学院校领导层的位置见证这一历史进程的目击者，他就是本书的受访人——北京大学医学部原党委书记彭瑞骢先生。

北京大学医学部的前身是国立北京医学专门学校，创建于1912年，是中国政府依靠自己的力量开办的第一所专门传授西方医学的国立医学校。1959年北医被国家确定为全国16所重点院校之一。1984年经国务院批准，在全国重点建设的10所大学中，北京医学院是唯一一所医科学校。1985年学校更名为北京医科大学，2000年，北京医科大学与北京大学正式合并，组建新的北京大学。2000年5月4日，北京医科大学更名为北京大学医学部。

在新中国的医学教育体系中，北医具有相当的代表性，彭先生为我们回忆的那些往事，其深厚意味正在于此，但并不限于此。医学教育就其本身来说，与整个医疗事业乃至全体人口的健康水平、价值观念及对医学的认识都息息相关，而社会因素对医学和医学教育的巨大影响更是不言而喻。例如，我国20世纪50、60年代传染病、地方病防治的成功不仅应归功于医学科学技术的发展和普及，也是医疗卫生体系建设及生活居住环境改善的结果。因此，我们在讨论20世纪中国尤其是新中国医学的60年历程时，触及的问题较为宽泛，更多的是从宏观的医学教育、卫生政策、医学模式转变等方面来把握这一演进历程。而且彭先生本人在担任北医领导职务的期间，不仅参与了学制和课程的多次改革，也积极倡导医学界从哲学的高度对医学进行反思，并在我国医疗改革的理论研究和卫生经济学研究中担任过重要角色，他还多次深入基层，为推动中国的初级卫生保健贡献了大量精力。凡此种种，都使书中初看之下只是个人生平回忆的内容带上了丰富色彩和厚重的分量。

一

我国的现代医学教育移植于西方的医学教育模式，时至今日，医学教育的学制依然没有统一，早先是德日模式与英美模式，后来学习苏联模式，"文革"时期，医学院校学制缩短，强调培养实用型人才，现在又推行七、八年的长学制，核心问题乃是社会需要什么样的医生。目前围绕这一问题产生的争论依然没有止息。

新中国成立之初，可谓百废待兴。由于长时间的战乱，国家经济凋敝，传染病、寄生虫病、地方病蔓延，医疗卫生状况亟待改善，医学教育也面临挑战：从速培养出一批医务人员，尽快改变这种缺医少药的状况。因此，建国初期的医学教育是"应急性"的，致力于发展中等医学教育，大量培养医士层次的医务人员，希望迅速解决中国农村的缺医少药问题。高校则借鉴解放区"专科重点制"的经验开办专修科，目的也是快速培养医务人员。1952年的院系调整以后，基本上遵循苏联模式，专业学院与综合大学分离。好处是，专业学院是培养专门人才的捷径，可满足当时对于医务人员的急迫需要，但弊端也是明显的，主要是专业教育的知识结构不尽合理，尤其是医学需要广博的知识，过早的专业化教育使得医生的视野狭窄，不利于医学的健康发展。

作为医学院校的领导，彭瑞骢先生目睹了解放初期我国医学教育发展所面临的重重困难，见证了国家为解决这些问题所采取的有效措施。例如，当时承继了解放前由系主任提名聘请教授的传统，药学院教授薛愚因而争取到一批药学专家和留学回国的学者到北医任教，这批人才成为北医医学教育的骨干。彭先生也讲述了全面学习苏联的经验和教训，当时这一方面弥补了我国医学教育的部分缺陷，创设了劳动卫生、环境卫生等学科，建立防疫站等机构，形成了中国卫生学科的基本结构。但苏联的公共卫生学科架构对人群的卫生问题研究不足，仅限于传染病研究，这样的架构难以适应疾病的变化和社会的发展，培养出的人才也是比较局限的。

在长期的教育实践过程中，彭瑞骢先生对医学教育中临床医学与预防医学和公共卫生的分离深感遗憾，因此倡导弥合两者间的裂隙。应当承认，预防医学和公共卫生专业化是医学发展的必然。20世纪初,美国约翰·霍普金斯大学和哈佛大学分别建立了独立的公共卫生学院,在促进预防医学的发展、控制急性传染病方面起到了重大作用。但由此而开始的临床医学与预防医学、公共卫生的分离,却阻碍了我们今天对慢性病的防控。由此,20世纪80年代以后,彭先生开始呼吁促进临床医学与预防医学、公共卫生的整合,改变症状驱动式的医疗服务模式,积极推动对各种慢性病长期的医学的和非医学的干预,从而有效控制慢性病的发展势头,逐步降低医疗费用。

二

彭瑞骢先生是我国医学辩证法学科的开创者之一,1956年曾参与了自然辩证法研究规划的制定,此后一直致力于自然辩证法在医学领域的研究与应用。

西方古谚说"医哲乃神"(*Iatro sphilosophus iso Theos*),苏格拉底之前的古希腊哲学家大多也是医生。宇宙和生命是人类认识自然和世界的最重要的路径,生命、死亡、疾病、痛苦等医学问题也是最深刻的哲学命题。因此,亚里士多德说:"医学的第一原理应来自哲学,研究疾病与健康的第一原理是自然哲学家的职责。"的确,医学中的许多问题最后都将归结为意义与价值问题,如:生命和死亡究竟意味着什么?疾病是生物体的异己还是生命的异化?所有的疼痛都需要免除吗?这些问题都需要哲学来回答。

新中国的医学哲学是在"自然辩证法"研究的框架中展开的,即"医学辩证法"。早在20世纪60年代,彭瑞骢先生在北医组织讨论过"预防为主的哲学思想"问题。70年代末,他担任了筹备医学辩证法的组织和研究工作,并于1979年底在广州举办"全国医学辩证法讲习会"。这次会议对中国医学的发展方向，尤其是如何对待中西医问题给予了回答。会议认为把"新医学派"当作中国医学发展的方向和政策是不恰当的，应予以纠正。会议提出了"三驾马车"——中医、西医、中西医结合——长期共存的观点。后来，卫生部在此基础上确定了"中医、西医和中西医结合三支力量都要大力发展，长期并存，团结依靠这三支力量"的卫生工作方针。

我国"医学辩证法"研究，实际上发挥了思想库的作用。20世纪80年代，正是医学高新技术突飞猛进的时代，基因诊断、器官移植、人工生殖、安乐死等医学高新技术引发的一系列社会、伦理和法律问题，需要人们更深层次的思考。医学的社会化也促使了"大卫生"观念的变革。"医学辩证法"研究也是一个知识库，一些新兴的学科一开始都是在医学辩证法的学科框架中开展活动，后来渐渐独立出来。如医学伦理学或生命伦理学，医学社会学，还有卫生经济学，等等。"医学辩证法"研究还成为一个具有中国特色的学科。国家教育部决定在研究生中开自然辩证法课，作为一门政治课程。如何结合医学专业的特点开设好这门课程，是一项有挑战性的工作。彭先生提出根据医学的特点，从疾病观、人体观、治疗观以及临床思维等方面开展研究工作，于1985年出版了《医学辩证法》，是我国第一本医学辩证法教材。

医学哲学研究的另一特点在于它的实践性。第一届全国医学辩证法学术讨论会上的一个重要主题是"医学模式"转变问题。彭先生在推动我国医学模式转变方面发挥了重要作用。"医学模式"转变问题是美国学者恩格尔（G. L. Engel）在1977年美国的《科学》杂志上发表的一篇题为《需要新的医学模型：对生物医学的挑战》的论文中提出来的。彭先生立刻意识到这个问题十分重要，于是在与医学史和自然辩证法教研室的阮芳赋和常青老师讨论后，共同撰文推动我国的医学模式转变。文章发表后反应强烈，并引起了广泛的讨论。这次讨论使国内医学界关注到新医学模式的转变问题。虽然观念的转变不会立竿见影，从观念到实践还有漫长的路途，在当时的社会可能没有很大的影响，但从整个医学发展来看，这些讨论为日后很多深刻的变化埋下了种子。当然，最初人们不一定都能了解和接受，只是再次验证了那句人们熟知的陈述——思想者是孤独的。

"医学是什么？"这一直是一个充满争议的命题，也是医学哲学需要回答的一个问题。彭瑞骢先生提出："医学是医学科学和医疗保健事业的综合，医学是自然科学与社会科学的综合概念。构成医学的三大支柱是生命科学和保健科学系列、哲学和社会科学系列、数学和技术科学系列。"医学是科学，又是技术，还是社会建制，这三个方面是互相关联的。

20世纪90年代后，由于医学技术的广泛应用，医生诊断疾病、治疗疾病的能力不断增强，但是伴之而来的是医疗费用的飞速上涨。随着传染病得到有效控制，慢性病的防治却面临困境。这些问题引起了人们对于医学目的——当时仅仅是延长寿命，降低死亡率——的再次反思。在"医学目的"的讨论中，彭瑞骢先生作为中国小组的核心成员积极推动中国的医学目的讨论，并在国际交流中介绍中国的观念与经验。他认为，医学目的涉及当前最重要的问题，而一个国家迟早都要发生医疗危机，若从管理层次上去解决只能解决部分问题，提高生命质量必须从医学目的的哲学高度去考虑。医学目的的讨论与医学科学的发展、医学教育、医疗服务都有密切关系，这个讨论绝不只是理论问题，而是一个实际问题。医学哲学的研究，对改革和发展的指导思想非常重要。

临床决策的概念在医学哲学和临床实际工作中越来越受到关注。彭瑞骢先生认为临床思维是医学哲学需要研究的一个实际问题，20世纪80年代他就组织有关学者讨论关于临床诊断治疗的思维问题，提出临床决策需要临床学家的重视才能发展。

三

彭先生长期担任国家重点医学院的领导职务，经常直接参与国家医疗卫生和医学教育的研究与决策，有时还是执行者，因此，他的回忆为我们提供了多维度的、丰富的信息。

自1978年以来中国便走上了一条改革的探索之路，医疗保健体制的改革涉及每一个人，是衡量社会公平与正义的重要标准。彭瑞骢先生参与了一系列有关改革的讨论和相关政策的制定。他认为，对卫生事业来说，改革的动力一方面来自经济体制的改革，另一方面是疾病模式的改变，威胁健康的主要疾病从传染病、急性病转变成为慢性病，而急性病各方面的处理与慢性病都不一样。过去医学是以防治疾病为对象，今后要以保持健康为主要目标。正是由于出现了这两个转型，卫生体制就要跟着变，必须与之相适应。

虽然我们一直在讲卫生体制改革，但20世纪80年代开始的"改革"与当下的"改革"却是完全不同的。早期的"改革"主要在于经济方面，如同企业的经济体制改革，打破了传统的医院管理模式，解决医疗经费缺乏的问题。彭先生当时就敏锐地意识到医疗改革参照企业的承包制是绝对不行的，他撰文指出，这种策略好像能立即显效，但市场机制在医疗领域是不灵的。其一，因为病人没法判定该不该消费；其二，医疗服务是刚性商品，不可能通过降价来竞争，也不可能因为价格提高了病人就不治疗了。这种改革等于是打补丁，没有一个整体思路。20世纪90年代初那场医疗市场化的争论今天看来已有了答案：完全从经济上着眼推行医疗改革必将走入歧途。

医疗改革的理论基础之一是卫生经济理论。我国的卫生经济学发展相对滞后。甚至连中国的卫生总费用都说不清楚。20世纪90年代初彭先生参与筹建了"中国卫生经济培训与研究网络"，极大地推进了我国卫生经济学的发展及与世界银行的合作。这个网络比较有成效的研究是弄清了我国卫生总费用问题，并建立了一支卫生经济研究的队伍。

为了进一步研究卫生改革与发展的总体思路，20世纪90年代初，彭先生参加了卫生部"关于卫生改革与发展纲要"起草组，提出了卫生防疫应该和义务教育一样主要由政府承担，医疗服务中应区分基本医疗服务的观点。但因经费保障不落实，"纲要"并未得到很好的落实。"看病贵、看病难"的问题越来越严重，公平性和效益问题都令人不满。实际上是"三不满意"：政府不满意，医院不满意，群众也不满意。他指出，医改中补偿制度没有解决是重要原因，社区医院和大医院的不统一、不协调也是原因之一，还有就是没有建立完善的社会医疗保障体系。

早在20世纪70年代，世界卫生组织提出了"2000年人人享有卫生保健"的全球卫生目标，1978年世界卫生组织在阿拉木图召开会议，讨论实现这一目标的具体实施策略和方案，发表了著名的《阿拉木图宣言》。彭先生长期关注初级卫生保健问题，尤其是对中国农村的医疗保健问题有过深入考察并多次撰文探讨，为实现"人人享有卫生保健"的目标开展了一系列的工作，如制定指标、领导开发，参与中国农村卫生协会的创立等。直到20世纪90年代，他还常为初级保健问题深入基层和农村调查。

20世纪医学技术的发展在为人类健康造福的同时,也带来了日益增多的道德难题。60年代以后,医学高技术带来的道德问题和卫生资源分配问题日渐突出。随着遗传学、生殖技术的进步,克隆、试管婴儿可能造成的社会后果等伦理学问题,引起了更广泛的讨论。生命维持技术的发展,人们在医院里的非人格化技术下经历他们的死亡已成为常事,这重新唤起了对死亡、濒死和安乐死的讨论。器官移植技术的建立也迫切需要解决死亡定义的伦理学问题。医学伦理学已不再局限于医患关系的调整,而扩展到重新审视生死观、探讨生命的价值、促进卫生保健中的公正和卫生资源的合理分配等一系列问题。医学中的伦理和法律问题将对卫生保健的策略和医学技术的发展方向产生重要影响。为了适应医学的新发展,彭瑞骢先生担任卫生部首届医学伦理专家委员会主任,在制定我国医学高新技术的临床应用伦理准则等方面做出了重要贡献。

四

三年来,我们在与彭瑞骢先生访谈中,讨论最多的竟是"医学是什么"这个宏大话题。当下人们对医疗保健的怨愤和抨击,并非中国所独有。实际上,它是西方社会持续了近半个世纪的对当代医学之反省的扩展和延续。

人们不禁要追问,为什么医疗技术的发展如此之快,人们健康水平的改善如此明显,却还要批评医学?究竟是医学出了问题,还是人们对医学的认识和要求发生了改变?

作为长期耕耘在公共卫生、医学教育和医学哲学领域的专家,彭瑞骢先生始终关注着当代医学发展的趋势和面临的挑战,并一直致力于推进医学的整合与医学模式的转变。著名的

《西氏内科学》中有句格言："医学是一门需要博学的人道职业。"诚如彭先生在本书序言中所言，医学既是科学，又是技术，也是社会实践活动。他自己在勤奋耕耘的事业生涯中，始终将"博学、审问、慎思、明辨、笃行"作为自己的座右铭，多年以来一直保持追踪前沿、博览群书的习惯。他认为要想决策正确，就要懂得各种规律，各种事业、专业的规律。注意提高自己的能力，因为只有提高了自己的能力，才能把事情做得更好。而提高领导能力很重要的一个问题就是决策，要做出正确的决策就要有各种准备，对实际情况，对各种工作的规律、程序以及人事都要清楚。这就是所谓战略性的、综合的、全局性的领导能力。

作为在国内顶尖医科大学长期任职的领导者，彭瑞骢先生强调在追踪国际先进水平的同时，还应始终把握中国的卫生国情，关注中国迫切需要解决的卫生问题。他本人作为医学教育家、公共卫生专家和卫生政策专家，充分体现了中国医学传统中"上医医国"的追求和情怀。

目前，彭老依然还参加有关医学哲学、医学伦理和医学教育方面的研讨会，关注医学发展和我国卫生改革的最新动向。去年秋天，中国医学人文教育论坛在北医举办，彭先生也到会即席演讲，他那铿锵的话语和深邃的洞见，表达出一位睿智的老者对中国医学教育发展和医生人文素质的关切。今年年初的《医学与哲学》杂志上又刊登了彭瑞骢先生的关于医学整合的文章，真可谓老骥伏枥，壮心不已！

张大庆
2009 年国庆日

　　我们家主张我们兄弟都学技术类的专业，主要是为了找个铁饭碗。

　　我们家让我去学医，既是铁饭碗，家中有个病痛也不用求人。

第1章 治病救人与革命救国

家世与求学

访：彭老，您好，很荣幸您接受我们的访谈。古语说，"不为良相，便为良医"，您则是先选择学医，后来才投身革命，请您谈谈这种转变是如何发生的。

彭：我家祖籍在江苏，彭氏家族在苏州是个大家族，还有个彭氏祠堂呢。祖上出过几个状元，还有一对祖孙会状，也就是祖孙两代都是状元。还有探花1人，14位进士，31位举人。所以，可以算是书香门第了。祖孙会状里的祖父状元叫彭定求，是康熙十五年（1697年）的状元，做过翰林院侍讲，曾与曹寅一起奉康熙皇帝之命在扬州书局主持校勘《全唐诗》。孙子状元彭启丰也做过翰林院侍讲，后来升任至内阁学士。

我的父亲是留日的，他念了两个专业，一个农学，一个法律。他是得了彭氏家族的奖学金去日本的。后来，我听说像我们这样的大家族，为了让家族里的子孙可以读书求学，也是为了维护家族的声望和地位，就会设这类"奖学金"鼓励子孙。我有两个哥哥和一个姐姐，他们的母亲和我母亲是亲姐妹。父亲的前妻去世后，我外婆就又把另一个女儿嫁了过去，说是这样能让孩子少受点苦，因为后母是亲姨。外婆家姓顾，也是"大家"，比较开明，曾办过女塾。

我是1923年在北京出生的，小学是在北师附小念的。1934年在和平门的师大附中读中学，同时还上了青年会的英文补习班，一周几次课。中学时开始读一些书，鲁迅、巴金、茅盾的书都读过。当时的教员，有的亲国民党，也有一些对共产党有好感。我记得，有位志成中学的校长兼教我们的代数。他来代课的目的主要是为了名声，但他却很少按时来上课，我们同学就觉得他特别的坏。据说，他曾经给蒋介石献过剑。给我印象挺好的是一位教公民课的老师，介绍我们看一些进步书籍。后来我到解放区时，曾在《解放日报》上看见过他写的文章。

访：您是1940年考入北京大学医学院的，为什么选择学习医学呢？

彭：我们家主张我们兄弟都学技术类的专业，主要是为了找个铁饭碗。我大哥是唐山工学院毕业，念的是土木工程。当时唐山工学院又称为交通大学唐山工学院，和上海交大是一起的，所以也称为唐山交大，以土木专业见长。二哥上的是税务专门学校，毕业后在海关工作。那时的海关还是英国人管，公文都是英文，二哥的英文特别好，所以去了海关。我们家让我去学医，既是铁饭碗，家中有个病痛也不用求人。

我进入北医时，学校由日本人管理，学制四年，不包括实习，当实习大夫要自己去考。学校里的教授有一半是日本人，有一些在日本国内还是很不错的。例如，有位叫福原武的生理学教授，在德国著名生理学杂志上发表过文章。当时在北医要先学日文，每周有12个学时的日文课。北医属于日德系，学校规定的主要外语还有德语，所以还得学习德文。学校也

位于北京西什库后库六号的北京大学医学院

聘请有德文教员，我也参加过德文补习班，每周四次课，学了有两三年。后来英文、德文、日文都没怎么用，都丢得差不多了。文化大革命以后，又稍微看了看，捡回了点儿，和日本学者交流的时候，他们还觉得我的日文不错，发音挺标准的。所以说年轻时候的基础很重要，那时记忆力好，学会了就是自己的，能用一辈子。

住院医师与地下交通员

访：您1944年从北医毕业后就入了党，您是怎样接触到马克思主义、共产主义，从专业学习转向革命工作的呢？

彭：我这人爱读书，上大学时喜欢读屠格涅夫的《前夜》、《父与子》

等反映社会变革时期知识分子与上层社会之间的矛盾，知识分子希望参与社会变革运动的书籍，也算是追求进步的一种表现吧。北医的第一个党员叫金英爱，她是由燕京大学的傅秀（林锦双，林则徐的后代）介绍入党的。上学期间，大概是1941年7月，金英爱曾去过晋察冀解放区，11月份又回了北平。她给我们介绍了一些书看，如《新哲学大纲》、《资本论浅说》等。有些是她从解放区带回来的，有的是我自个儿到书摊上去找，也还能买得到。日本人那会儿管不了这么多，能读到这些书。后来金英爱把我、毛学敏几个人发展入了党。我是1944年入党的。在入党之前，曾经有一段时间，思想上觉得苦闷，于是每逢周日都去参加教会的礼拜。教会宣传真善美，想追求真善美去教会，算是对理想的一种追求吧，也可能是年轻时的彷徨。

访：抗战胜利前您曾经去过晋察冀解放区，去后有什么感触吗？

彭：我去晋察冀解放区是在1944年寒假，大概是2月份。本来想1943年暑假去，因日军开始大扫荡，走不了，所以就延迟了半年。我到了解放区后见到了城工部的刘仁①，他说"那就先学习学习吧"，就让我们到边区政府、白求恩医校等处参观学习。这么在山区里跑了一个来月，刘仁又说"你还是回去吧，先隐蔽起来"。那时我们班有个特务学生，叫周××，对我有所怀疑，但还没想到我去了解放区。所以，寒假一结束我就赶紧回学校了。

在解放区那阵子老在山区里跑，第一次真正接触到农民的生活，那真是苦呀。日军的"三光"政策，搞得他们什么也没了。老乡们吃的都是枣面，即把枣碾成粉吃。在那儿我们还帮他们建过窑洞，日军一来就烧房

---

① 刘仁（1909—1973），时任中共晋察冀中央分局城工部长。历任中共北京市委组织部部长、市委副书记、第二书记，中共中央华北局书记处书记等职。

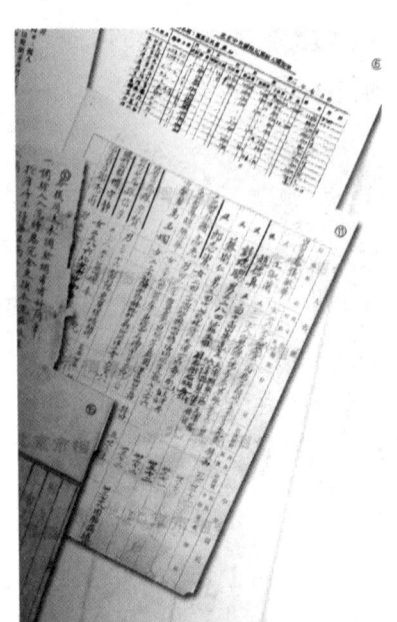

中央医院医师登记表

子，所以只得修窑洞。从解放区回来时，脸晒黑了，胳膊也变粗了，不再像原来那么白面书生了。实际上去解放区那阵儿，我还没入党，当时什么也不懂，以为就算是党员了。回来以后，金英爱找我谈话，说条件算是成熟了，1944年3月介绍我入了党。

访：入党那年，您正好从北医毕业。那么您的工作与当时地下党的安排有关吗？

彭：当时找工作与地下党的安排没有关系。刘仁让我回到北平隐蔽起来。1944年，中央医院（现在的北大人民医院）招实习医生，我去参加考试。考试通过以后，我就在那里当了内科的实习医生。那时候当实习大夫要求挺严格，实行24小时负责制，要住在医院里，每周只有半天休息，两周能休一天。当时一般每天都要接两个新病人，手里一般都是管着十来个病人。病人来了，实习医生就得问病史、查体。病人要是发烧、拉肚子，还得做化验，都是实习大夫自己采集病人的血尿粪标本，然后自己去化验室涂片染色，在显微镜下数细胞，还要写英文病历。这样做实习大夫的确锻炼人！我们的内科主任是钟惠澜①，他要求很严。暑假里还要进行教学查房，实习大夫必须汇报病历，他还要提问。他脾气也挺大的，剋人剋得也是很厉害，若实习大夫

---

① 钟惠澜（1901—1987），广州梅县人，内科学家、热带病学家。中科院院士（1955年）。1929年毕业于协和医学院，获医学博士学位。1934—1936年赴英、美、德、法等11个国家考察。1939年在国内首次阐明犬、人、白蛉在黑热病传染环节上的关系。历任协和医院副教授、北京医学院教授、北京医学院人民医院院长、北京热带医学研究所所长等职。

的病历写得不好，他有时会摔病历，搞得实习大夫很难堪，不仅丢人，心里也难受！例如，有次一位实习医生检查病人的粪便标本，没看出来姜片虫虫卵，他严厉地批评说："人家英国人到非洲自己吃污染的东西，然后回去研究，在自己的粪便里找虫卵，你这儿放着现成的虫卵都看不出来。"弄得那位医生下不了台。不过，对实习医生来说，这样的严厉是很有益处的。

那时的实习大夫真是管用，病人来了，实习大夫就得能挡得住，家属那儿有问题也要解决得了，就跟住院医师一样的。但住院医师还要上门诊，门诊上最关键的是不能漏问题，该检查的、该收住入院的都不能漏掉。主治医生就是查房，查完房就走了，所以实习大夫要独立解决所有的问题。我当实习大夫那段时间，对这一套仿效英美的训练医生的体制真是有深刻的体会，经过这么严格训练出来的人肯定是不一样的。现在都不这样了，下了班都走了，就留下个值班大夫。他哪儿清楚病人的情况，周六

1930—1940年代开滦医院的病房

周日也都不来病房，隔了两天，到周一才来，这哪儿能全面了解病人的情况呀。

1945年，开滦医院招住院医师，我就去考了，在那里当了一段时间的住院医师。这个医院以前是英国人开办的，日本人接管后基本没怎么进行大的变动，还是原来英国人的那一套体系，病历都还是用英文写。那里的医生待遇不错，开滦那地方产煤，医生还发给煤炭作为福利。我在那儿待的时间不长，到1945年5月，组织上怕我们有危险，就把我们召回解放区了。1945年的8月抗战胜利了，原本以为马上会分配新的工作，但刘仁想留下一批人，我也就没动，在解放区呆着。当时局势动荡不定，我只是跑跑交通什么的，还装扮过商人去天津买金条。

访：跑交通时遇到过什么险情吗？

彭：还算幸运，扮得很像，没有暴露过。那时国民党的兵拿着大棒，挨个儿检查，人们都是抱头蹲着等待检查。有时候也来回跑，给解放区带点花生、白米什么的，还把钢笔缝在裤子的内缝里逃过检查带过去。1946年6月，刘仁对我说："你没怎么暴露，先回北平隐蔽起来。"这样我就回到了北医的公共卫生系。当时没敢回中央医院，因为我在医院比较出名，所以就觉得回学校比较好，不惹眼。当时公共卫生系就林宗扬①一个人，严镜清②出国了，后来林宗扬把他请回来当了系主任。我在开滦医院时，林宗扬也在那儿，所以大家挺熟的。林宗扬不是学公共卫生的，那会儿他

---

① 林宗扬（1891—1988），我国微生物学的第一代学者，马来西亚华侨。1916年毕业于香港大学医学院，1919年入美国约翰·霍普金斯大学公共卫生学院深造，1922年获公共卫生学博士学位。1937年任北京协和医学院教务长，是协和医学院第一个担任这一职务的中国人。1942年任北京大学医学院教授。

② 严镜清（1906—2005），公共卫生专家，浙江宁波人。1932年毕业于协和医学院，获医学博士学位。1935年入美国哈佛大学公共卫生学院学习。1936年获公共卫生学硕士学位。新中国成立后北京市首任卫生局局长，曾任北医公共卫生系主任。

什坊院

一个人也没开什么课,把我和王锦江招进来了以后,希望让我俩能把教学和研究开展起来。我这才开始自学《流行病学》,还做了一些实验研究。那段时间党组织只是嘱咐先隐蔽,没安排什么任务,所以我也就安心学习。此时,我也与周围的一些教员交交朋友,谈谈心,后来就印了一些小册子,比如《土地法大纲》之类的,在那些可靠的教师、教授中传看。1946年9月,我担任了北医地下党教师支部书记,积极推动民主运动,也在教师中发展了几名党员,参与组织了北大讲助会。同时还与方亮同志办了什坊院保健院,积极配合当时的学生运动。

访:您的夫人也是地下党吧,你们是怎样相识的?

彭:是的,我夫人卜毅(1926.8—2007.2)比我先参加革命。1943年上中学时就参加了抗日活动,去解放区比我早半年。我们是在阜平的"城工部"工作时认识的。1946年抗战胜利后,我们在张家口又见面了,不久就确定了恋爱关系。1946年6月,内战看起来不可避免了,组织上决

结婚照（1951年）

定让凡是还可以回"国统区"的人应想办法回去。于是，卜毅考上了南开大学，而我则回到了北京大学医学院担任公共卫生科助教。我们两人都参加了"国统区"的民主运动。卜毅是学生中的活跃分子，引起了敌人的注意，再在国统区待着有危险，组织上决定让她回到解放区"城工部"机关工作。由于纪律的约束，我们在"国统区"只见过一面，还是经组织批准的。天津解放后，她随军队进入天津，在天津军管会工作，管理工业。1950年，刘仁知道我们的情况后，就将她调回北京，任北京市工业局计划科科长。1953年，中央在北京市抽调干部，她又转入燃料工业部电力设计院工作。

刘仁很关心我们的生活。我们结婚也是他安排的。实际上，我们是当天早上才知道的。前一天晚上，我的同学，也是地下党的同事，同仁医院骨科大夫孙振洲和眼科大夫傅守静准备结婚的安排，刘仁同志的夫人甘英（卜毅的中学同学）得知后就提议让卜毅和我也凑在一起结婚。第二天一清早，他们两人就分别找到我和卜毅，让我们与他们一起办结婚仪式。我们就各自找了自己的家长聚在一起，算是个结婚仪式。刘仁和甘英同志也来参加了。一共十几个人，大家在西长安街的峨眉酒家吃了一顿饭。刘仁同志席间还特意叮嘱，第二天抓紧去办登记，不要犯法哟。

解放前的医学教育

访：您一生都工作在医学领域，从医学教育到公共卫生，从卫生政策到医学哲学研究，2009年是新中国建国60年，可以说您是新中国医学发展的见证人。目前我国的医疗卫生领域正进行着重大的改革，我们非常希望通过您的亲身经历，来回顾我国当代医学的演化历程。首先，请您介绍一下解放前国内的医学教育大致状态。

彭：解放前中国的医学院校大概分为四类：国立、省立、私立和解放区的医学院校。国立类似于解放后的中央直属院校。私立医学院一般是由外国教会或者基金会创办，其中一些学校很有名气，如北京协和医学院、齐鲁大学医学院、湘雅医学院等。医学院大多设在大学里，像协和医学院这样不属于任何大学独立的医学院很特别，其实它的预科后来也设在燕京大学。还有一部分是解放区办的医学校，不过因为客观条件所限，这类学校的规模和质量参差不齐。

访：这四类医学院校的水平如何？有明显的差异或各自有什么特色吗？

彭：一般而言，历史长一点的学校，水平会比较高一点。国立的北医和浙江医学院建校比较早，上海医学院虽30年代才创办，但起点比较高，都是比较好的。几所重要的私立教会学校也比较好，如齐鲁大学医学院，华西大学医学院，协和医学院。上海震旦还可以，上海圣约翰一般，不算太强。省立的一般差一点，国立学校经费比较能够保证。

那时候还有专科，如国立第一助产学校，这类专科当时也是放到高等教育里边的。我认为高等助产学校是办得相当好的，林巧稚曾经在那里当过助教，她的老师也都在那里教书。当时国立第一助产学校没有附属于大学，是独立的。后来院系调整时，助产学校并入北医，不久就给取消了，助产士都变为了中专教育。

访：我国的现代医学教育是移植于西方的医学教育模式，但直至今日,医学教育的学制始终没有统一,民国时期的情况如何?

彭:民国时期的医学学制通常是六年,但是有些省立医学院校四年就可以毕业。北医当时叫北平大学医学院,学制是六年制。那时学制多数是六年,或者四年。也有五年的,是因为做实习医生的那一年是否算在学制内各校不一样,本科五年的医学院校就是把实习大夫那一年包括在本科中了。

访:那时候医学院校的规模如何,一般招收多少学生?

彭:当时医学教育总体规模很小,各校招生人数自定。大多学校一年招收几十个人,规模大一点儿的学校医学专业近一百人,但基本上没有超过百人的。到1949年,一般的医学院一个年级大概就四五十人,七八十人就算比较多了,一百人简直太罕见了。民国时期对于医学教育有一套明确要求的,要求医学院必须合乎一定的规定,还需要登记备案。医学院的学生需要临床实践,那时私立的医学院多数都有自己的附属医院。拥有附属医院也是作为办医学院校的必备条件之一。

关于中国医疗卫生事业发展的经验,钱信忠曾总结有三个来源:一个是解放区的经验,一个就是民国时期的经验,还有就是解放后学习苏联的经验。

战争时期的解放区不可能按照国际上一般的通则办医学院来培养医生。一般培养一个合格的医生,没有四五年是不可能的。但是在解放区还没有这个条件,所以在解放区主要办的是各种医生的培训班、医训班等等,一般三至六个月,最长为一年。这完全是出于战争需要,而且也没有条件办长学制。在延安,办过学制一年的培训班。这些毕业生在战争期间发挥了重要作用,还有不少人解放后成长为医学专家。

此外,还有一个特例。抗战胜利后,1946年,在张家口的白求恩医科大学招过一期四年制的医疗班，招收的都是高中生。那时我也在张家口。我认识的一些学员都很优秀，如后来做了北京市肿瘤研究所副所长的鄂征。解放后他又留学苏联，回来后做了教授、博士生导师，成为著名专家。

访：为什么会有这么一个特殊的四年制医疗班呢？

彭：首先，1945年不是和平谈判了嘛，估计国内的形势发展有和平民主可能性。另外，那时有一批高中毕业生到解放区参加革命。原来就是想办长学制的医学教育，在解放区也是没有可能的，因为解放区里几乎找不到高中毕业生。高中生在解放区就算是大知识分子了，像我这样的大学生，是更大的知识分子，教授更是凤毛麟角。担任过北医院长的马旭曾在延安的中国医科大学教过书，做解剖教员。他1936、1937年就参加革命了，大学没毕业，好像是大学二年级的学生。在延安中国医科大当教员的还有教生理的季钟朴①，后来他做过哈尔滨医科大学的校长。他是中央大学心理系毕业的，还曾在协和待过一段时间。还有一个生理教员薛公绰，是清华大学生物系毕业的，在协和的生理科进修过。当时的白求恩医科大学有几个教员是从医科大学毕业的，如殷希彭②、张文奇③、康克等人。因此，有了一批水平比较高的教员，也来了一些高中毕业生，办医学院有了一定的基础，教学质量应该可以保证。教学质量决定于几个条件：生源、师资和教学设备条件。当时的设备可以说基本上没有，基础课都是靠口授，不可能有好的实验设备进行示教。

---

① 季钟朴，医学教育家、生理学家，我国中西医结合事业的创始人之一，并做出了较大贡献。1937年毕业于中央大学心理学系，1938年到延安中国医科大学执教。
② 殷希彭，1946.6—1948.7任白求恩医科大学校长。
③ 张文奇，1946.6—1948.7任白求恩医科大学教育长。

当时学校还接收了一些日本教师。日本投降以后,原来在张家口医学院①任教的一些日本教授没有回国,留下来在白求恩医科大学教书。病理有一个挺有名的教授叫稗田宪太郎,过去还在报纸上发表过文章。还有一个生理教员,曾经也在北大医学院当过教授,叫冲山。我在张家口时都见过他们,不过后来他们也都回国了。可以说,1946年解放区有了点办医学院的条件,考虑到将来可能要和平竞争,解放区毕业的学生也不能太差,所以就办了四年制。

访:除了这个特例,解放区的医学教育主要是依靠短期的培训了?

彭:对,解放区的经验主要就是有针对性地进行短期培训,因而就采用了"专科重点制"。这种方式不是按国际上通用的原则去培训医生,但是在解放区被认为是可取的,并积累了一定的经验。我们从后来"文革"期间的"赤脚医生"培训可以看到解放区经验的影响,不过这是后话了。

---

① 其前身为日伪时期的蒙疆中央医学院,教师多为日本人。日本投降后,我军接管,改名为张家口医学院,1945年该校与白求恩医科学校合编为白求恩医科大学。

　　发展中等医学教育，大量培养医士，实际上更多的是希望解决中国农村的医疗卫生问题。

　　这个经验是从苏联学来的，苏联培养了大量医士，就是为解决农村问题。

第2章 新中国成立初期医疗队伍的建设

访:新中国成立之初可谓百废待兴。由于长时间的战乱,国家经济凋敝,社会卫生状况恶劣,传染病、寄生虫病、地方病广泛蔓延,人民健康水平低下。据统计,当时中国每年有80%病人得不到正规治疗,死亡率在3%以上,其中婴儿死亡率高达20%,全国人口平均寿命只有35岁。1949年,全国西医医师仅38 000人,病床仅8万张。可见,当时的医疗卫生工作面临着巨大的挑战。

彭:的确,新中国成立之初,医疗卫生状况亟待改善,医学教育也面临从速培养出一批医务人员以适应改变落后医疗状况的艰巨任务。1950年第一届全国卫生会议确立了"医学教育应以中级教育为主"的方针,建立了一批医士学校和护士学校。战时所采用的"专科重点制"也曾盛极一时,所以新中国成立伊始高等医学教育并非大力发展的对象。

高等医学院校的整顿与发展

访:那么诸如北医这类比较重要的高等医学院校,当时如何确定发展方向呢?

彭：新中国成立初期，中央政府对大学主要是进行接收、改造和调整。开始有一些小的调整，1952年做了一次大的院系调整。这样，在接收、改造和调整完成之前，基本上不考虑高等教育的发展问题。

不过，北医是一个例外。1949年起，北医与"接管卫生部"（中央卫生部成立以前，主管卫生事业的部门叫军管会的接管卫生部）有了密切接触。接管卫生部的部长苏井观住在背阴胡同的小楼里，北大医院的院长吴朝仁①也住在那儿，所以两个人常见面，有一些交谈。当时，医学院校也由高教部的文教会接管，并不归属卫生部管理，北医的行政关系属于北京大学。

1950年代北大医院的"石头楼"（已拆除）

卫生部希望医学院校能有所发展，能尽快培养出更多的医生。但由于医学院不归卫生部管，卫生部没办法直接给医学院校更多的支持。我记得在1949年底，北医正式由接管卫生部也就是后来的卫生部直接领导了。行政领导转到了卫生部以后，北医按照卫生部的要求扩大了招生，1950年我们招了两个大班，一共五百多人。学生人数增多，宿舍不够用了，就买老百姓的房子住，实习条件也受到一定的影响。

那年招了两种班，一种是招收五年制的本科班，1950年入学，1955

---

① 吴朝仁（1900—1973），福建福州人。内科学家。1928年毕业于北京协和医学院，获医学博士学位。1933年赴美国留学。历任北京协和医学院副教授、北京医学院传染病学教研室主任、医学系主任、第一附属医院院长等职。1962年至1968年出任北京医学院副院长。

1953年寒假毕业的妇产专业班合影

年毕业。这个班里后来出了一些知名学者,像吴希如①、吴秉铨②。同时又招了五官、妇产、药学、公共卫生和牙医四个专业的专科班。专修科参考的就是解放区"专科重点制"的经验。东北解放后,王斌曾在那里办过内科、外科的专修科。1949年我们曾经组织了一个参观团到东北去考察中国医科大学的办学经验。回来以后,北医就招了这几个专业的专修科,学制定的是两年到两年半。招生的录取办法根本不参考志愿,只要报考北医的,录取后就随机分班了。所以后来专修科的学生一直对学校有意见,说:"你们干吗就把我们分到专修科去了?"因为工作以后要晋升职称,不是大学本科学历就会给职称晋升带来诸多不利。起初认为大专学历跟大学学历等同,是同等对待的,但是后来政策不一样了。因此,我们也做了一些补救工作,让他们回学校来补补课。

院系调整以后,燕京、辅仁等一些大学中的医学本科教育,有一些也成

---

① 吴希如,北医第一附属医院儿科教授,主要研究小儿神经遗传及发育中脑损伤机制干预。现任中华儿科学会主委、国际亚太小儿神经学会执委等职。

② 吴秉铨,北医基础医学院病理学教授,从事癌转移生物学和分子病理学等研究,历任国际病理学会(IAP)中国部主席、中华病理学杂志名誉总编、中华医学会医疗事故技术鉴定专家等职。

批地转成了专科了。以前的高级助产学校、高级护士学校都是按本科教育办的,后来也都转到专修科去了。我接触过一些妇产专修科出身的大夫,她们的实际工作能力其实是很强的,但一遇到晋升职称就受到一些影响。

1951年卫生专修科和牙医专科又各招了一个班。到1952年院系调整以后,我们也认识到专修科仅能应应急。正规化以后,北医这样的高等院校不应该再办专科了,所以1952年就没再招专科了。

访:新中国成立初期除了这种满足短时期医学工作需要的临时性安排之外,在教师队伍建设方面是否也有一些有特色的工作呢?

彭:当时招这些专科,主要目的就是想快速培养医务人员。当时卫生部长经常讲,要尽快达到每千人一名医生的要求,即47万名,因此就试办专科班。高等教育的发展是在院系调整以后,1953年才开始的,1952年的时候还没有整体的发展计划。大学在这一阶段还没有发展的意思。卫生部对于一般的医学院也没有发展的计划,只是把北医作为一个特例。

我们招这么多学生,遇到的最大的问题就是住宿、校舍、实验室不够用。卫生部给我们划拨的经费比较充裕,让我们可以去买房,也可以租老百姓的房。那时租老百姓的房子作为临时的宿舍和教员的住宅,四合院里也都住的是学生。解放初期的民房按一匹布为单位估计价值,比如租一栋房子要两百匹布或五百匹布。与此同时,学校也进行了校舍的基建工作,把原有一、二层房舍都加高了层次。这些卫生部都拨有建设专款。

由于卫生部要求北医扩大招生,所以给北医的人员编制就放得比较开了,可以让北医招教员了。我们就乘势增加了编制,吸收了相当一批解放初期回国的留学生。

访:这批解放初期回国的留学生中北医接收了多少人,您能谈一下他们的具体情况吗?

彭：例如王志均①就是1950年回国后来到了北医的，是沈寯淇介绍来的。他俩在协和就很熟。沈寯淇以前在协和生理科工作，后来到北医当生理系主任，所以就把王志均拉来了。张丽珠②也是在这一时期回国后到北医工作的。她是经卫生部介绍来北医的。她从上医毕业后，赴英国留学，获了科学博士，回来转向临床，在北大医院妇产科工作。当时回国的留学生在国外大多念的是PhD，因此临床方面的训练不多，回来做临床工作还得从住院医生开始。

1958年筹建北医三院，从北大医院调出了一些人，张丽珠就到了三院当妇产科主任。1980年代，张丽珠开始转向生殖医学，中国第一个试管婴儿就是在这里诞生的。

当时我们北医在接收留学生和回国学者方面占了先机，因为行政关系转到卫生部以后，可以优先吸收这些回国的人来北医工作，许多都是组织上给联系的，不过也有通过个人联系的。例如，这一时期到北医任教的生药学教授楼之岑③，他后来当了院士。他是薛愚④的学生。薛愚曾经在国

---

① 王志均（1910—2000），生理学家。山西省昔阳县人，1936年毕业于清华大学生物系，1937年在北京协和医学院进修生理学三年，1946年赴美国芝加哥伊利诺伊大学医学院研究生院学习，1950年获哲学博士学位。1980年当选中国科学院院士。

② 张丽珠（1920—　）上海人。妇产科专家。1941年获上海圣约翰大学理学士学位；1944年获圣约翰大学医学院医学博士学位；1946—1949年留学美国哥伦比亚大学、约翰·霍普金斯医学院等；1949—1951年留学英国伦敦玛丽居里医院、海内克医院。1951年回国，任上海圣约翰大学医学院妇产科副教授。1952年调入北京医学院第一附属医院妇产科。1988年3月18日培育出我国大陆首例试管婴儿。

③ 楼之岑（1920—1995），中国生药学奠基人。浙江孝奉人，1942年毕业于贵州安顺军医学校药科，1945年入英国伦敦大学药学院学习，1950年获博士学位。历任北医药学院教授、生药学教研室主任，卫生部医学科学委员会委员等职。

④ 薛愚（1894—1988），药物化学家。湖北襄阳人，1925年毕业于齐鲁大学理学院，1933年获巴黎大学理学博士学位，历任齐鲁大学教授兼化学系、药学系主任，国立药学专科学校教授、校长，北京医科大学药学系教授、系主任等职。编著有《中国药学史》、《实用有机药物化学》、《医用有机化学》等。

立药学专科学校任教,并一度担任过校长,很多人是他的学生,他在药学界的地位是相当高的。解放以后,他争取到一部分人来北医。药学院还有一位很有名的教授王序①,原来在北平研究院化学研究所工作,后来好像也是通过薛愚争取过来了。当时都是由系主任提名聘请教授,解放初期仍延续了这一程序,所以说,药学院的教授差不多都是薛愚找来的,还如国外留学回来的诚静蓉、林启寿、章育中、金蕴华等人。

访: 协和也有一批专家来到了北医,这是什么原因呢?

彭: 一是太平洋战争爆发后,协和医学院被日军占据了,许多医生不愿为日军工作所以离开了协和,有些自己开业,有些去私立的清源医院工作,也在我们这里做兼职,后来我们争取把他们留了下来。如著名肾病专家王叔咸②教授、妇产科的严仁英③教授、泌尿科的吴阶平教授等原来都是协和的,这批人对北医的发展很重要。抗日战争胜利以后,美国援华医学基金会(ABMAC)让北医每年送4个人去美国学习,吴阶平是1947年去的,严仁英和王光超是1948年去美国哥伦比亚大学医学院进修,1949年底回国的。基础学系的李肇特、丁延祄、赵振声等人也是这一时期去美国进修的。

协和关闭以后,基础学科的人生存都遇到了困难,甚至有人当起了中

---

① 王序(1912—1984),化学家,中国科学院化学部学部委员。江苏无锡人,1935年毕业于沪江大学,1940年获奥地利维也纳大学博士学位,历任北医药学院无机化学教授。1980年当选中国科学院院士。

② 王叔咸(1904—1985),内科学家,我国肾病专业奠基人之一。上海人,1930年毕业于协和医学院,获医学博士学位。1936年起,先后赴美国、奥地利留学。历任协和医学院讲师、副教授,北京医学院第一附属医院内科主任、中华医学会肾脏病学会主任委员等职。编著有《肾脏病学》、《中国医学百科全书·肾脏学分卷》等。

③ 严仁英(1913—),天津人,妇科专家,中国围产保健之母。1940年获协和医学院博士学位。1948年赴美国哥伦比亚大学医学院进修。回国后在北医执教、行医。

学教员，所以都愿意来的。解剖的臧玉诠①也是协和过来的。生化的刘思职②在协和关门后先到北大理学院，1946年来到北医。李肇特③也是协和的，当时好像是进修生，不是正式教员，也到北医了。

访：协和还有一位很著名的生化学家吴宪教授，协和停办后他去哪里了？

彭：他去了美国，1959年在美病逝。他和刘思职很要好，十分欣赏刘思职。吴宪的儿子叫吴瑞，是美国康奈尔大学的生化教授。他曾经领导了CUSBEA④博士生培养计划项目，组织美国的生物化学领域的教授帮助中国培养生化学的博士，就是收中国学生，培养博士。北医有好几个人通过这个项目去了美国，后来留在美国发展，业绩都挺不错的。当时是北大管这个项目。

张昌颖⑤是刘思职找来的，原来他是在贵阳医学院，抗战胜利以后刘思职把他找来了。

---

① 臧玉诠（1901—1964），河北完县人，神经解剖学家。
② 刘思职（1904—1983），福建仙游人，生物化学家。1945年后任北京大学医学院教授，生物化学系主任。
③ 李肇特，组织胚胎学家，1913年生，四川巴县人。1936年毕业于燕京大学生物系，1939年考入燕京大学研究院。1947年赴美国圣路易华盛顿大学研究院学习，1949年获哲学博士学位。历任燕京大学生物助教，协和医学院解剖学科示教员，北京医科大学组织学与胚胎学系教授、教研室副主任、主任等职。
④ 1981年3月，美国康奈尔大学生物化学系的吴瑞教授致信中国教育部和中国科学院，提出设立CUSBEA项目，选拔优秀的中国本科毕业生赴美国接受博士训练。同年7月，教育部同意实行CUSBEA项目，作为中国政府公派留学生计划的一部分。从1982年至1989年8年间共选拔422位学生赴美国攻读生物化学博士学位。
⑤ 张昌颖（1906—2006），生物化学家。四川富顺县人，1923年入清华学校（清华大学前身），后考取官费留美预备班，于1929年赴美国威斯康辛大学攻读化学专业，1933年获博士学位。1934年回国，任教北京协和医学院生物化学系。抗日战争期间曾任贵阳医学院化学系（1945—1946年）教授兼系主任。抗日战争胜利后，应北京大学医学院生物化学科主任刘思职教授邀请任教北京医学院生物化学科。

临床上放射科、神经科也有人来，这些科需要有一定的设备条件，自己开业有困难，因此他们不得不来北医。一般若能自己开业的，就不见得愿意来了。总体上讲，当时这些人都不愿意在日本人的机构里做事。

抗战胜利以后，胡适当了北大校长，也邀请了一些协和的教授来北医工作，所以1946年又有一批协和的人过来。1946年左启华①他们那一届毕业生是在北大医院当实习生，所以就把协和那批都做完住院总的人请回了又做住院总了，这样就把这些实习大夫给带出来了。

吴阶平当时是应关颂韬②教授的邀请来到北大医院做住院总医师，实际上当时在中央医院（现北大人民医院）他已经是主治医师了。1944年，他做外科住院总的时候我还在内科当实习大夫。我的老师钟惠澜也是来自协和。可以说北医住院医师的班底都是协和这些人训练出来的，是很严格的训练过程。

以中等医学教育为重点

访：您前面提到，1952年院系调整之前，卫生部将北医作为支持发展的高等医学院校的一个点。高等教育的发展尚未提上日程，而落后的医疗卫生条件与医务人员极其匮乏的状况又亟待改变。是否由于这样的局势，中等医学教育成为解放初期医学教育的重点？

彭：可以这么认为。那时为什么发展中等医学教育呢？一是根据苏联的经验，中专可以解决一定的问题，二是医科大学的发展在教育部是受到

---

① 左启华，我国小儿神经学科创始人，北医附属第一医院儿科教授。
② 关颂韬，我国神经外科的先驱，是中国最早实施神经外科手术的医生之一。

限制的。我举一个例子来说,解放初期回国的留学生要进大学是很难的。解放前,我们北医的地下党很熟悉的一个教员叫李自然,他后来也成了党员。1948年北医地下党支持他到美国去留学。解放初回国后,他本是想回北医,可是进不来,因为人员编制限制得很严,一个编制都不能增加。我们也没办法,他的夫人杨贵贞①进不了北医,杨贵贞后来成为国内著名的免疫学家。李自然聪明极了,很有前途,可惜进不了北医。我说:"你们去第一军医大吧。"后来夫妇俩就去了华北医大(白求恩军医大学的前身)。很不幸,1957年李自然被错划成右派,文化大革命时遭受批斗,他忍受不了就自杀了。

另外我还记得当时有一个生物化学的教授叫丁延袷②,是清华生物系毕业的,解放前去了美国留学,1949年左右回国了。他回到北医后也是上不了编制。所以我们就和哈尔滨医科大学达成协议,让丁延袷进哈尔滨医科大学的编制,可是人留我们这儿工作。而哈尔滨医大的生化教学由我们的生化教研室承担。当时我和生化的主任刘思职就这样商量,生化教研室承担哈尔滨医大的教学任务,丁延袷留在他们教研室工作。所以说那时想要增加一个编制都是很困难的,教员队伍的发展受到了很大的限制。北医是在改归卫生部管后,在编制方面才有所突破,接收了一些归国留学生,前面已经讲了。

在那一阶段,高等教育的发展受到很大的制约,因为从整体上高等学校还没安排好,还没到发展的时候。所以卫生部觉得在医学教育中发展中

---

① 杨贵贞,免疫学家,1945年毕业于北京大学理学院,1947年毕业于辅仁大学研究院,1953年入苏联列宁格勒第一医学院学习,1956年获副博士学位。历任白求恩医科大学教授、中国免疫学会常务理事等。

② 丁延袷(1914—1993),生物化学家。河北丰润人,1937年毕业于清华大学生物系,1937—1942年在协和医学院进修,1948—1949年留学于美国康奈尔大学。历任北医教授、生物化学教研室副主任等职。

专是合适的，同时也是卫生部能自己当家的事。卫生部曾成立了一个华北医士学校，是卫生部直属的医专。华北医士学校的校长是宋友良，他和马旭是同班同学，也从延安来的。可见这个学校的规格还是挺高的，与大学是同等看待的。他们还从北医调去了一个解剖教员，叫李文佑。我们北医1950年毕业的学生还有到那里工作的，一直在那儿做病理。所以无论学校的领导人还是教员，华北医士学校都是尽可能争取医科大学这一级别的人才。我有一个同班同学，一起参加革命的，解放后他一直在石家庄的医士学校当校长。当时把中专的水平还是看得很高的，有点高等职业教育的意思，看成专科生，可实际上是中专。应该说培养医士是当时中等医学教育的重点，在师资配备方面的规格还是比较高的。

访：除培养医士之外，中等医学教育还有哪些专业呢？

彭：1951年9月卫生部专门召开了中级卫生教育会议，讨论和制订了中等医学教育的发展规划及专业设置问题，除医士以外，还包括了护士、助产士、检验士、药剂士等13个专业。那么医士之外的其他专业的发展状态是怎样的？这些专业的大体比例是医士占三分之一，护士占三分之一，其他专业共同占三分之一。宏观上看起来这个比例还需要研究，因为咱们国家的护士特别少，一直到现在护士都非常少。而解放以后，助产士被改放在中等教育中，现在看起来是一个遗憾。

我国现代妇幼卫生的奠基人杨崇瑞[①]，在1929年创建了国立第一助产学校。她建立助产学校的目的就是培训产婆（助产士），开展妇幼卫生工

---

① 杨崇瑞（1891—1983），中国妇幼卫生事业的创始人，助产教育的开拓者。直隶通州（今北京通县）人，1917年获协和医学院医学博士学位；1922年留任在协和医院妇产科，致力于产褥热和新生儿破伤风的防治工作，曾亲自到农村调查了解妇幼卫生状况；1925年赴美国约翰·霍普金斯大学进修妇产科。1928年杨崇瑞在中国开办了第一个接生婆讲习班，以改造旧式产婆。1929年筹建北京国立第一助产学校，并亲任校长。

作。在旧中国都是产婆接生，要想推广新法接生，加强妇幼卫生工作就要从培养助产士（产婆）队伍出发。实际上这所助产学校是一所高等教育院校，它招收的都是高二以上的学生，比高三毕业生稍微降一点。曾任北医三院院长的左奇就是国立第一助产学校毕业的。杨崇瑞原先的设想是建立了国立第一助产学校后，就在各省建立省立助产学校，培训当地的助产士（产婆），然后让她们到农村去开展妇幼卫生工作。

这种做法就是所谓的"科教兴国"。要想开拓事业，就先要从培养人才出发；要想改进工作，就要从科研出发。影响卫生系统有两个因素：一个就是人员队伍，要把人员队伍的质量水平入口严格管理好。再一个就是创新。没有创新，工作水平是肯定上不去的，而创新依靠的是科研，要靠科技推动。在美国这两点是最明显的了。美国的科技经费相当的多，同时美国医生的入门管理得特别严格，考试特别严。这样就不太容易出医疗差错，应该说在很大程度上预防了医疗差错，入门特别严才能保证工作质量。我的体会是人员的控制，医生本身质量水平的控制是把好医疗质量的核心环节，不经过充分的训练往往会出问题。中专学生的训练不够充分肯定是个问题，有问题谁都知道。所以用中专医生仅是暂时的平衡。没有中专医生，病人烧香拜佛去了，有医生看总是进步了一点。

访：发展中等医学教育，大量培养医士，实际上更多的是希望解决中国农村的医疗卫生问题。

彭：这个经验是从苏联学来的，苏联培养了大量医士，就是为解决农村问题。农村医生的需求问题自始至终是个大问题，非常难解决。第一，所谓与国际接轨是不可能的，合格的医生高中毕业后要经过几年的培养，这在当时条件不成熟；第二，这样的正规医生农村也负担不起；第三，大学毕业的医生在那儿也没法工作，农村根本没有城市医院的各种医疗条件。大学生刚毕业到那儿，人家中专生都是科主任了。中专毕业的科主任不爱用大学生，大学毕业生自己也不愿意。这里边的矛盾是很多的，这些矛盾要处理得好还可以，处理不好就会产生很多的问题。所以县医院不愿意要大学毕业生，要了也没法安排工作。大学生学历高、学制长、身份高，但是医疗实践中的问题都是硬碰硬，刚毕业实际问题的处理能力不行，若出一两桩事故，年轻医生的前程就算完了。文化大革命中，北医的好些学生下放到农村真是苦呀，更主要的是工作上的苦。因为"文革"中没学完，只学了两三年就到农村了。可是别人看你是医学院毕业的，还是重点院校的，有疑难病例就让你给解决。他们哪有那么强的实践能力？这些人回来说这一段，简直就是辛酸史！

所以，在当时的条件下，只能用那些经过简单培训的人去做医生，要不然就没有医生可用了。"文革"期间"开门办学"的时候，我在农村办赤脚医生培训班，体会最深的就是：需要一个网——赤脚医生、中专医生、大学本科医生，三者要是一个网。这个网既是医疗的网，又是继续教育的网和进修教育的网。怎么解决农村的医生问题，大概是高等教育碰到的最大问题，要巧妙地解决，才能解决得好。这个问题我们后面再专门谈。

访：您如何评价中等医学教育在那个历史阶段的医疗卫生事业中所发挥的作用？

彭：中专的发展在1958年以前我觉得还是比较好的，学校的管理都比较严格，质量还不错。20世纪60年代的县医院几乎见不到大学生，都是中专毕业生，县卫生院就更是中专生了。大学生可以说是凤毛麟角。文化大革命中下放了一批城市医院的大夫到县医院、卫生院去，后来这些人陆陆续续地都走了。不过，当地的那些中专大夫也都被他们带出来了，确实锻炼出来了，实践经验足够丰富了。

访：随着我国医疗卫生水平的提高，未经过充分训练的中专医士在城市和经济较好的地区可能面临不适应医学发展的问题，但在农村和经济欠发达地区他们仍承担着主要的任务。面对这种医疗人力资源的不平衡，您认为中等医学教育起到了什么作用？

彭：从宏观来看，中专应该逐步去提高，逐步向大专去发展。实际上，发展的速度可能慢了点。同时由于教育普及程度、经济发展程度的影响，有些专业应该能很快提高，而有一些则是提高也没有用了。比如助产士，如果再是助产士接生肯定不行了，而以前医院里的产科很多都是助产士当家。可是现在，可能病人一听是助产士就不愿意了。所以在大医院里妇产科里干产科的人很少，都不愿干产科，觉得干产科干不出什么成绩，天天就是接生。这是导向有问题，咱们总是学术导向，学术水平高就是好。这种导向是片面的，应该是多元的导向，就是接生干得好，也应该非常尊重。林巧稚发表的学术性的文章不是很多，但是人们都很尊重她，她也是学部委员。

另外一个问题就是管理体制。原来中专的管理在中央卫生部和卫生部下属的机关以及省级的机关。最早卫生部设有医政局，医政局里有一个医学教育处，医学教育处又分为高教科和中教科。在这样的领导体制下，中专实际上是由中央卫生部和省级卫生机构来管理的。但是1958年以后就乱了，变成了"县县办中专"，每个县都有卫校，这和"大跃进"有关系。我记得我也在密云那里办过卫校。要办卫校也得真正当个学校办，不当学校办不行。再后来中专都戴帽子成了大学，管理上更是混乱。专业和管理需要有阶段性变化，要符合其自身的规律。而咱们过去办教育也是依靠搞群众运动。这种群众运动实际上什么都乱了套，运动一停，又再去整顿，从头做起。这就是"折腾"，是我们需要反思的问题。

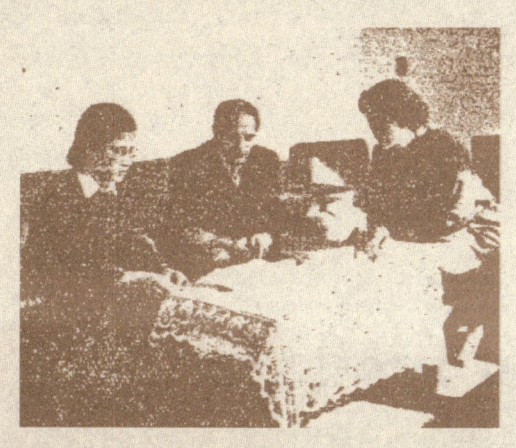

　　说到公共卫生学科,那时候来了全套的苏联专家,流行病学、劳动卫生学、营养食品卫生学等几个学科都有苏联专家来。

　　同时还学习苏联建立防疫站,公共卫生学院和防疫站是一对"双生子"。

第3章

学习苏联

院系调整与移植苏联模式

访：20世纪50年代初，我国的高等教育进行了"院系调整"，新中国的高等教育实际上也是自1952年"院系调整"完成之后逐步走上正规发展轨道的。"院系调整"基本上遵循苏联模式，对中国高等教育产生了深刻影响。您如何评价苏联模式对中国医学教育的影响？

彭：学习苏联，那时候是作为国策，在政治、经济、教育文化等方面全面学习苏联。特别是苏联帮助中国建设141个项目以后，来了一批苏联专家，当时中央的政策，用刘少奇同志的话来说就是"一定得和苏联专家搞好关系，搞不好的话，无理扁担三，有理也要三扁担"。意思是只要关系搞不好就得打你的扁担，有理、无理都要打你的扁担。另外一个就是要系统地学习苏联。因为那个时候几乎所有的西方国家都不承认中国，而苏联和东欧承认中国，还帮助中国的建设，因此只能"一边倒"，这样就要全面、系统地学习苏联了。

在高等教育方面，苏联模式更成为唯一的教育模式。20世纪50年代我们曾仿照苏联，建立起了一大批的专科理工学院。按照苏联的模式建立大学，设立专科工学院，有一定的积极因素，但也有弊端。专科学院都与综合大学分离了，北京大学建成文理的综合大学，把理科从清华大学中拉出来了，所以清华作为理工科大学，理科就比较欠缺了，这对于工科的发展是很不利的。好处在于这种专科学院对于满足当时的经济建设，培养专门人才是一条捷径。

当时更多的可能是从实用的角度出发，培训大量的专门人才正适应了国家工业化建设的需要。所以新建立了十几所专门学院，如地质学院、钢铁学院、航空学院、林学院、矿业学院、石油学院、农机学院，还有政法学院、外贸专科学校等等。专科学院有其有利的一面，使得这些专科都发展了，若在综合大学中这些专业的发展会受到一定的限制。就像医学院在综合大学中是不可能有很大的发展的，美国综合大学中的医学院每年最多招生100多人。日本的东京大学也是一样，医学院中的学生不是很多，不过日本的独立医学院校也挺多，许多是二战后新建的。

这种专科的工学院到现在还一直维持着，像石油大学、地质大学等。院系调整以后，新建的这些专科学校的教学大纲基本上都是参考苏联。在学习苏联时，学校的专业设置受到苏联的影响，参照苏联的架构，有些甚至以产品来设专业。同时培养计划、教学计划、教学大纲、教材等也都参考苏联。

例如，大学里的教研室体制就是学习苏联的结果。原来都是科室，管理上是很宽松的，有共同研究项目的几个人便可以组成一个研究小组。而学习苏联的这种教研室、教研组，等于把学术单位变成了行政单位。学术单位就是学术单位，不一定非得是行政单位，教研室主任管的事情太多。同时就有了教研室的工作量制度，这个也是争议挺大的。苏联的教研室制度对咱们的影响一直是有的。其实文科没必要有一个教研室，教学上基本有一个大概的要求就行。

在学习苏联中有些东西我们没学。苏联并没有党委领导下的校长负责制，那时苏联专家给我们介绍他们的党组织，其实是非常稀松的管理，没听说党委领导学校的。学校由校长负责，学术委员会都是教授参加，决定重大问题，有时党委书记就是个讲师。我倒觉得他们有点像教授治校。我们的留苏的学生说他们大学的党组织基本没什么活动。苏联的这东西我们倒没学，而是中国特色的党委领导下的校（院）长负责制。

苏联的学术批判对中国也有影响，当时教材里这种内容也挺多的。不过还好没怎么生根，很快就过去了。毛主席反对学习苏联教条主义，反对机械地学习苏联。例如，那时候学习苏联的教学模式，实行五节一贯制，就是一个上午上五节课。因为在苏联冬天太阳很早就落山了，下午天黑得早，所以他们中午不吃饭，是五节一贯制。咱们也学苏联的五节一贯制，实行过一段儿，结果弄得大家都饿着肚子上课。现在看起来都是笑话，可是当时的确有很多这种生搬硬套学习苏联的例子。

通过学习苏联、院系调整，应该说我国的高等院校秩序慢慢建立起来了。其实有些好东西还真是可以学的，比如口试。苏联的考试方式有口试，计分制不是百分制，是五分制。口试确实有很多好处，老师可以问学生各种问题，能够比较准确地测试出学生本身的水平能力。北医实行口试那一段儿同学的反映都是挺好的。

但是口试有一个问题就是工作量很大，如果学生多就比较困难。当年一口试，教研室都得出动，花费挺长的时间，用一两个礼拜对学生一个一个地进行口试。不过,这种形式还是挺好的,假如不能所有科目都口试,选几门课口试也是不错的。

派遣大量学生去苏联留学

访:为了学习苏联先进的科学技术与建设经验,中国政府曾经向苏联派遣了大量的留学生,医学方面留学的情况是怎样的?

彭:北医有很多教授都曾留学苏联,比如中国工程院院士庄辉①教授便是毕业于莫斯科第一医学院。他大概是1955年那批留苏的,1961年回的国。其实在医疗卫生系统中,1951年就开始派留学生了。1951年派的留学生里有两种人,一种就是有一定专业基础的老干部,主要是部队里的干部,其中最有名的就是钱信忠,他后来担任过卫生部长;另一种是政治上可靠的青年学生,都是党员、团员大学毕业生,北医送出去的有沈渔邨②、许迪③等人,沈和许两人都是学精神科的。这批留苏学生中多半是地下党员,或者是非常进步的青年。

访:钱信忠部长留学苏联时学习的是什么专业?

彭:他学的是保健组织学。学习三年通过论文答辩,获得了一个副博士学位,这批留苏的人都是去读副博士的。钱部长认认真真地攻读了保健组织学,拿到了副博士学位。我记得还有两个留苏的老干部,一个是军事医学科学院的前院长潘世征,他回国后故去得比较早。另一个是涂通今,学脑外科的,后来我到部队开会的时候见过他。他那时可是部队医疗系统

---

① 庄辉,流行病学、微生物学家,北医公共卫生学院教授。
② 沈渔邨,北医精神卫生研究所教授,中国工程院院士。
③ 许迪,北医精神卫生研究所教授、主任医师。

中最权威的人,跟现在的院士一样,大家对他非常尊重。曾任清华大学校长的高景德也是留苏的,他的毕业论文写得太好了,结果苏联人破格给了他博士学位。医学方面还有工程院院士洪涛、科学院院士吴旻等都是留苏的。

访:1953年高等教育部颁布的《1953年留苏预备生选拔办法》中要求留苏人员须参加统一的业务考试,那么1951年这批留苏的青年除了在政治上进步以外,有没有业务考核?

彭:我记得好像没有。只是要在国内学习一段儿俄文,也有人到了苏联再要进修一段儿俄文。

访:从1951年开始派留苏学生,此后每年都有一定数量的中国学生留学苏联,留苏一直持续到什么时候?

彭:我记得1955年我们派去的数量最大。1955年在北医的本科毕业生里边挑了几十人,到苏联学习,涉及的学科也比较多。当时还挑了一批高中生,都是刚考上大学的高中生,在大学一年级的时候就送到苏联或东欧学习本科,李铁映就是送到捷克学习本科的。我们这儿也从大学一年级挑了一批送出去了,像修瑞娟,搞微循环的。刚才提到的庄辉,就是这时候去苏联的。1955年送去的数量比较多,之后因为中苏关系恶化后,大概1958、1959年留苏项目就基本中断了。此外,我们还派送了少数教授,有点像现在的访问学者,去苏联做一两年的研究工作,我记得有李肇特、李秀琴,当时他们都已经是北医的副教授了。

1955年前后一批批的留苏学生陆续回国,后来他们逐渐成为各个学科的骨干。那批留苏学生弥补了我们一些学科的欠缺,比如我国的精神病学是比较落后的,沈渔邨、许迪等学习精神病学回国后,推进了我国精神病学的发展。沈渔邨后来成为著名精神卫生学专家,曾4次连任WHO总部精神卫生专家组成员。还有放射医学人才在我国也很缺乏,几位学习放射医学的留学生回来以后也带动了该学科的发展。例如陆如山①,他后来当过世界卫生组织副总干事,还是医科院情报所的所长。临床学科方面有北大医院小儿科的左启华,她是1957年那批留苏的,回来后做小儿神经学方面的研究,做得非常好。还有顾方舟②,他是1954年留苏的,后来在研制脊髓灰质炎疫苗方面做出了重要贡献。

当时卫生部曾确定留苏的研究生回国后尽可能集中分配,尽量都留在北医。如病理学科的唐素恩,原来是由西南军区卫生部派出国的,回国后被分配到北医工作。不过,1955年,贺诚③受批判以后,情况就有些变化。1955年以后送出去的几批人,就不再都分配到北医了。后来因为和苏联关系逐渐恶化,留苏学生回国后没有什么太特殊的待遇,仅是按一般程序安排工作,按着一般业务人员的培养程序培养。

苏联来华专家

访：我们知道除了向苏联派送留学生之外,当时还有一大批苏联专家来到中国,帮助指导中国各方面的建设。在医学领域,苏联援华专家的任务和贡献有哪些?

彭：起初,苏联来华的医学教育专家全部被安排在北医,凡是专家来了

---

① 陆如山,放射生物学专家,1954年留学苏联,1957年获莫斯科第一医学院研究生院生物学副博士学位。历任世界卫生组织助理总干事,卫生部医学科学委员会委员等职。

② 顾方舟,病毒学家,1951年留学苏联,1955年获苏联医学科学院医学科学副博士学位。1958年与合作者一起在国内首先分离出脊髓灰质炎病毒,并研制成功小儿液体活疫苗、糖丸疫苗。

③ 贺诚,原军委卫生部部长、卫生部副部长。

以后，在全国医学院校招一批骨干教师上北医来学，等于是在北医办培训班。

不过，当时来的医学基础学科的专家并没什么很出色的。例如来的一位生理学专家，确实也没什么本事，就是能讲巴甫洛夫学说，我们的生理教授根本都看不上他。还有一个药理学专家，他实际讲的是药剂学，就是医生如何开处方，先学拉丁文，如何开拉丁处方这套东西。所以说基础学科的没来什么强人。只是有一个比较有名的教授叫费德洛夫①，他是病理生理学专家，当时是专家组的组长。原来中国没有病理生理教研室，费德洛夫来了以后才建立起病理生理专业。他讲的都是病理生理的总论那部分，休克，缺血，水电解质平衡，发病学，等等。可以说病理生理这个学科基本上是苏联专家帮助建立起来的，北医还成立有病理生理教研室。

临床学科来的几个苏联专家水平稍高些，如运动医学、脑外科和小儿科方面的专家。北医三院的运动医学应该就是这个时期起步的，完全是苏联专家来了以后，调人建起来的，所以北医三院运动医学的建立，应该说苏联专家是有一定功劳的。著名的运动医学专家曲绵域教授原来是骨科的大夫，就是由此开始从事运动医学研究的，另外还有姜琪远、高云秋等人。儿科专家叫亚历山大洛娃，她来后主张小儿肺炎要开窗通风，认为凉空气对小儿肺炎有好处。脑外科的那个专家也不是很突出。

公共卫生方面有一位著名专家叫契特维利可夫，他是当时苏联著名的"一般卫生学"专家。他来了以后在北医组建了"一般卫生学"教研室。原来我们不懂"一般卫生"是什么，后来才知道公共卫生学院给医疗系学生上的卫生课称为"一般卫生"。不过几年以后"一般卫生"教研室就取消了，谁也不愿去，因为不能专于任何一门公共卫生专业，等于没有专业，只是个教书匠。那时候一般卫生教研室尽管是公共卫生学系的，但是

---

① 费德洛夫，苏联病理生理学家，20世纪50年代作为援中的苏联专家来到北医。

设在医院里,因为要给医疗系的学生上课。王绍贤曾经是一般卫生的教员,后来改做统计了。

访:苏联的公共卫生学科与美国的公共卫生学科有什么不同吗?

彭:说到公共卫生学科,那时候来了全套的苏联专家,流行病学、劳动卫生学、营养食品卫生学等几个学科都有苏联专家来。应该说过去国内没有卫生学科的这些东西,劳动卫生、环境卫生都没有。所以当时完全是用苏联的教科书,他们的专家来讲授,这就形成了中国卫生学科的基本结构。同时还学习苏联建立防疫站,公共卫生学院和防疫站是一对"双生子"。但是苏联的公共卫生学还属于比较早期的卫生学,俄国的学科多半

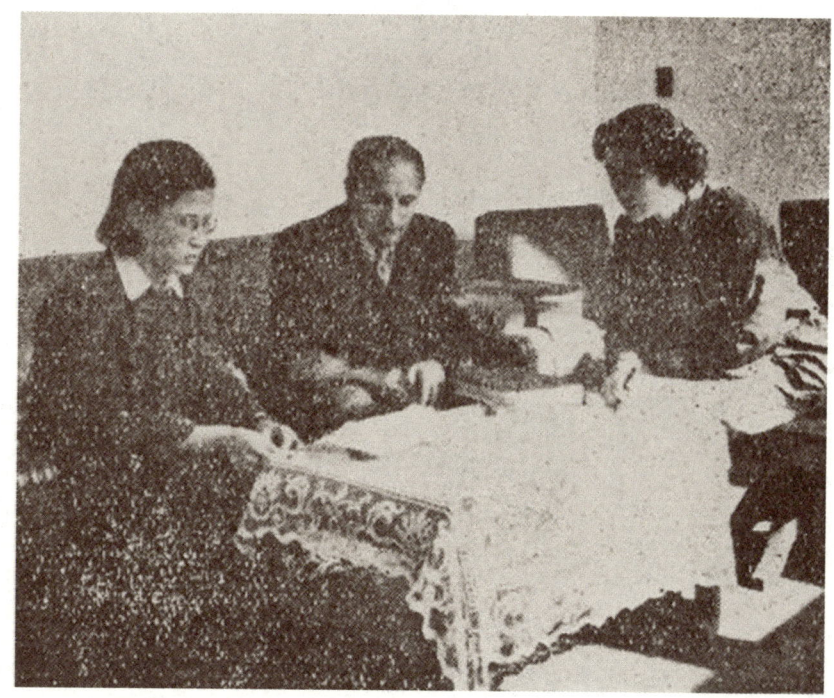

苏联病理生理专家费德洛夫与教研组主任李秀琴研究工作

是跟德国学的,再加上社会主义建设的需要,所以苏联跟美国的公共卫生学科完全不一样。

1916年在美国罗氏基金会的支持下,美国的公共卫生学科从医学院中分离出来,建立起独立于医学院的公共卫生学院。在当时,卫生工程——比如修建上下水道是公共卫生的一个重大问题。而这一专业并不是学医出身的人来干,其他背景也都能做。公共卫生关注的是与人的健康有关的所有问题,环境与健康是其中之一,至于环境怎么改善则属于卫生工程。所以在美国,各种背景的人都可以做公共卫生硕士,他们的公共卫生一开始就是比较宏观的,各个学科背景的人都可以学习公共卫生学的方法和知识,多是培养公共卫生的通才。从学科体系上看,美国公共卫生的各学科在硕士教育的基础上逐渐发展出了博士教育,逐渐形成了一个学科体系。这跟苏联的学科体制不一样,苏联的公共卫生学都只是本科教育,之后是副博士,没有一个宏观总体的导向,从我们经验来看这样并不利于学科的发展。

另一方面,防疫站是在苏联社会主义建设最高潮的时候建的,有两种卫生监督方式,卫生系毕业生的工作就是实行卫生监督。一个是预防性卫生监督,比如新建一座工厂,它的劳动保护和环境保护措施、设备如何,都要经过审查,防疫站就派人去审查图纸和规划。第二个是经常性卫生监督,就是监测有害物质的允许剂量,比如矽在空气中的含量是不是超过允许剂量,是不是可能造成矽肺。这些防疫站定期检查,给予指导。所以卫生大夫实际上是执法的,当然也做一些测量工作。这两种卫生监督确实有用,可是仅限于此。

访:为什么说苏联的公共卫生学缺乏一种宏观的视角?

彭:卫生监督应该仅是维护公共卫生的一种措施。他们的公共卫生专家对于居民区的卫生问题是个什么样的问题，缺少一个总体观念。这样，卫生系毕业生都不愿干卫生工作，因为都是很初级的测量工作，或者检查工作，作为专业人员没什么发挥作用的地方。所以卫生系的学生到防疫站以后都不安心，很多都转成做临床工作。60年代文化大革命中，北医卫生系的毕业生至少有一半都去做临床工作了。

苏联的公共卫生学科对我国的影响颇大，他们的公共卫生没有对人群的卫生问题进行研究，原来的流行病研究仅限于传染病，学科比较老，组织系统也比较老，防疫站这些卫生机构都难以适应疾病的变化和社会的发展。这样的学科架构，培养出的人才的专业也是比较窄的。

访：前面您谈到了学科体系方面的影响，教学体系方面的影响又是如何呢？医学院校的教科书也基本是采用全套翻译的苏联教材。

彭：有一段时期，医学也被贴上政治的标签——西医是资本主义的医学，中医是封建主义的医学，只有苏联医学是社会主义的医学。因此，当时的医学教材也都是完全翻译苏联的教材。苏联教材中有一个突出特点，就是"爱国主义"和"民族主义"的色彩太重，例如许多科学发明都归功于俄国科学家或是苏联第一，这种影响太大了，以至于我国后来编写各类教科书也都要去找中国的世界第一。此外，由于巴甫洛夫作为获得了诺贝尔生理学或医学奖的医学家，在当时成为苏联科学界和医学界的权威，因此要将整个医学体系都按照巴甫洛夫学说去改造，而闹出了一些笑话。

当时的教学方法是所谓三中心——课堂中心、老师中心和教材中心，校长、老师都得学习凯洛夫教育学。而在西方国家，大学教育是没有固定教材的，都是教授推荐学生看相关的著作。所以学习苏联的这种教材建设，影响非常大，直到现在。其实，教授很重要的一项责任就是指定什么材料给学生看，挑选著作、文章让学生去阅读。只让学生知道教材上这些内容，是不可能知道知识的来龙去脉，视野也会受到局限。幸好这种教材没有用太久，我记得应该是1955年用的，到1958、1959年就不太用了。

访：关于苏联模式对于中国当代教育，尤其是医学教育产生的影响，您有一个什么样的评价呢？

彭：在当时的历史背景之下，美国和其他西方国家对中国实行封锁，根本得不到任何帮助，不能派人去学习，也不能请人来。这种情况下只能学习苏联，当然西方的科学书籍和杂志还是有的。但是问题在于提倡全盘学习苏联，这样导致出现了偏差。原来以为苏联应该是先进的，后来才懂得苏联的科学并不都很先进，其科学的发展有些畸形。如国防科学工业很发达，但非国防科学工业就不怎么先进。向苏联一边倒以后，对于咱们的学科构建的影响是很大的。

在医学方面，苏联的医学都是以巴甫洛夫学说为中心。巴甫洛夫学说本身是有价值的，但是因此妨碍学习其他学说理论，就有问题了。例如忽视了孟德尔的遗传学，50年代的核酸理论等，中国医学界对这些方面的进展了解不多。直至文化大革命以后，免疫学家谢少文①教授说："咱们连IgG、IgM都不知道。"所以那几十年时间，西方医学许多重大发现和科学进展中国医学界都知之甚少。

苏联一直强调用巴甫洛夫学说改造整个医学。我国医学院校经常召开的学术座谈会就是巴甫洛夫学说研究座谈会。后来有人讲笑话说："所有的生理教研室没有不研究巴甫洛夫学说的。"中国这种一窝蜂的东西很厉害，学习苏联时生理科都研究巴甫洛夫学说，生理学科都建立隔音室，研究条件反射。

---

① 谢少文（1903—1995），微生物学家、免疫学家。浙江绍兴人，1926年毕业于湘雅医学院，1932年赴美国哈佛医学院深造。解放后历任协和医科大学教授、中国医学科学院基础医学院院长等。

　　思想改造的时候，职称在副教授以上的教员要在一定范围内检讨一次，说说自己的学习心得，就是所谓的"洗澡"。

　　教授中的右派，很多人是由于以前的历史问题，那一时期咱们党最容易算人家的"老账"，不只是对知识分子，党内也是这样。

第4章 思想改造与反右斗争

"洗澡"与"搓澡"

访:在我们回顾新中国医学教育历程时,您时常提及为中国现代医学事业发展做出了贡献的知识分子,而在高等医学院校的知识分子,无疑是医学教育的中坚力量。但是在新中国成立后,各种政治运动不断,知识分子问题也往往都是历次运动的焦点之一。我们如何看待这些问题以及对我国医学教育的影响?

彭:谈教育、科学和医学就离不开知识分子问题,有必要讲讲,因为讲医学教育离不开这个大背景。1951年11月30号的《中央关于在学校中进行思想改造和组织清理工作的通知》,可以说是关于知识分子思想改造的最初文件。知识分子改造问题是"文革"前教育十七年中的一个主要问题。在十七年里,对教育来讲,这是一条经常不断的线索。所谓知识分子问题,其实就是怎么看待这个队伍,怎么分析这个队伍。

解放以后,绝大多数知识分子都是拥护共产党政权的。真正离开大陆的人是极个别的，北大的胡适走了，但是跟他关系最亲密的教授都没走。1951年10月，周总理给京津地区大学的教授们作了一次报告，主要讲了两个大问题，一个是立场问题——民族主义立场、人民立场、工人阶级立场，总理讲自己怎么从民族主义立场转变到人民立场、工人阶级立场的。他觉得立场转变是一个最根本性的问题。他还讲到知识分子改造的三个途径，第一个是学习马列主义理论，第二个就是参加社会活动，第三个是自身的业务实践。当然他也说了说知识分子的一些缺点。总理讲了六个小时，听了以后大家觉得特有收获。在此之前，教育部组织过大学教师学习社会发展史。我记得先请艾思奇主讲，然后再请北大的文科教授来做辅导。来北医辅导的是北大中文系的教授，叫唐兰，非常有名。除了社会发展史，后来又学了《新民主主义论》和毛主席的哲学著作《实践论》和《矛盾论》。

参加社会活动就是组织教授们分批参加"三大革命运动"——土地改革、抗美援朝和镇压反革命运动。当时许多教授都参加了土地改革，文科院校的教师几乎全部参加过土改，同时还组织了土改参观团，大概参观三个月的时间。教授们参观回来以后要写心得，有些人写得非常好。例如北医药学系的王序教授是留学德国回来的有机化学家，曾经在国民党的兵工厂做过事，解放后表现很好，一直是学校的标兵。他参加完土改回来以后，就觉得确实是有立场问题，认识到了农民受地主的剥削，考虑到怎么样才能站到农民的角度去考虑问题了，这种体会是很深刻的。我认为参加完这些活动以后，教授们确实对国家形势和政策有了进一步的了解，立场确实也有了转变。

1950、1951年抗美援朝的时候，北大医院第一批援朝手术队的队长是

北大医院第一批援朝手术队

陈景云①。他是留学英国的,解放以后才回国,后来留在部队,成为301医院的著名专家。吴阶平也是当时手术队的,他们都立了功。另外,北大医院妇产科的严仁英教授,是林巧稚的学生。1951年她写了一篇文章,批判了美帝国主义的文化侵略。她是协和医学院毕业的,协和是美国洛克菲勒基金会办的,算是长期受到美国文化的影响吧,所以也一直对美国抱有好感。后来,严仁英在抗美援朝时期,参加过调查美国细菌战的工作,担任国际调查委员会的中方秘书,所以她在政治上确实比较进步。

当时的个人生活也反映出"革命化"的特征,如后来为我国原子弹研制做出了重大贡献的邓稼先与我校的解剖学教师许鹿希在1953年结婚时,

---

① 陈景云,骨科学家,1937年毕业于协和医学院,1948年入英国皇家骨科医学院学习。历任北平协和医院助教、副教授,北京医学院教授,解放军总医院骨科主任。在抗美援朝期间,任北京抗美援朝志愿手术队队长,对战伤晚期处理成绩显著,立大功两次。

让我去当证婚人，我记得婚礼是在一个医学院的教室里举行的，有一些同事、朋友参加，大家在一起祝贺祝贺，也很热闹。

思想改造的时候，职称在副教授以上的教员要在一定范围内检讨一次，说说自己的学习心得，就是所谓的"洗澡"。杨绛的小说《洗澡》讲的就是这个。学生也参加进来了，成立"搓澡队"，教授检讨完了，学生要讨论，发表意见等等，就是把以前的一些问题总结一下，像立场、资产阶级思想等问题，这个过程中就涉及解放前的一些"旧账"。例如，1947年，北京、天津地区的一些大学教授发表过《致书美国呼吁援华》的文函，"呼吁美国立即予中国民国政府军事及经济援助，剿除共匪，拯救文明，消灭极权主义，建立民主政治"。当时多数教授是同情民主革命的，这些教授却主张反共，这就是立场问题了，所以解放后就要检查，看看现在立场怎么样，转变了没有。北医有四位教授是签了名的，因此被认为是"反动教授"了。

访：那么学校对这些所谓的"反动教授"又如何处置呢？

彭：当时主管高教知识分子思想改造工作的是蒋南翔，他是团中央书记。应当说他在政策把握上比较好，我向他汇报工作时说我们有些教授看起来认识上很难达到所要求的那个水平，他表示赞同。比如有教授说："现在思想改造就像日本人把持山海关的时候，中国人过关，你要说是日本人就让你过去了，如果说是中国人就不让过去。所以，共产党爱听什么话，你就说什么，这样改造就能通过。"其实这都是一些平常的牢骚话，不必上纲上线去分析。说这话的人在工作上还是很不错的，就是非常直率的，有什么说什么。因此，我们对他也是挺客气的，并不跟他去算那些老账。我打个比方，就像跳高，非要让这些人跳过两尺才能通过，他们可能跳不过去，最多跳过一尺。所以蒋南翔说，你们学自然科学的人认识到什

么程度就什么程度,不要都"留拦住"。所谓"留拦住"就是思想改造没通过。当时教授们被编在一个小班里"搓澡",就是自己先检讨,小班的同学跟着一块儿讨论,大家认为可以通过了就不再提问题了,鼓掌通过;要是有问题就通不过了。在北医,教授们的思想改造还是都让通过了。不过,仍有一些教授认为有压力,不高兴这种方式。清华、北大有少数教授就是开了全校大会后才通过的。这种知识分子思想改造采用群众运动的方式,结果肯定是弊大于利,过于简单粗暴,伤害了许多人的心。

思想改造运动原来的初衷是好的,像总理的报告一样和风细雨的。但是实际上思想改造运动之后,知识分子就再不敢说话了,说错了话就会算账,而且包括对学术思想的批判。

协和医学院是重点单位之一,后来总理让曹禺写一个话剧,剧名叫《明朗的天》,就是写知识分子思想改造以后认识到了新中国的"明朗的天"。曹禺到协和找了好多人谈,也找我谈了一天。他后来也说剧中的人物就是以协和医院的医生为现实的典型。

思想改造之后是"忠诚老实学习",就是交待个人的历史问题,是否参加过国民党等这类问题。先是"镇反"——镇压反革命运动,然后是"肃反"——肃清暗藏的反革命,再就是清理中层[①]。这些运动在教授中的影响不大。即使有问题的,我们也仅仅是"背靠背审查",就是暗中审查,没有公开审查过,做得都比较慎重。我们公共卫生系的一个教授叫金宝善[②],曾经是国民党的卫生署长。1948年他到美国担任了联合国儿童急

---

① 中共党员的审查为"内层",机关和事业单位人员审查为"中层",社会人士为"外层"。
② 金宝善(1893—1984),公共卫生学家,中国近代卫生事业的奠基者之一。浙江绍兴人,1911年留学日本千叶大学医学部,后赴美国约翰·霍普金斯大学公共卫生学院进修,获公共卫生硕士学位。解放前曾任中央防疫处处长、中央卫生实验处处长、国民政府卫生署署长等职。1948年赴美任联合国儿童急救基金会医务总顾问。1950年回国后任中央卫生部技术室主任、参事室主任。1954年后任北京医学院卫生系教授、主任。

救基金会医务总顾问，解放后从美国回来。一开始安排他在卫生部的参事室工作，抗美援朝的时候觉得他不可靠，在卫生部里不合适，就调到北医卫生系当系主任了。1955年反"胡风反革命集团"时，对他"背靠背审查"了，北医做得还是比较慎重的，没有大搞运动。

1956年

访：经历了思想改造等一系列的政治运动后，1956年终于出现了比较宽松的局面，国家的建设和各项事业的发展也需要知识分子们的参与和贡献。这种转变对医学有些什么影响呢？

彭：1956年是最令知识分子们欢欣鼓舞的一年，是所谓的"知识分子的春天"。当年1月召开的全国知识分子问题会议上周恩来总理作了《关于知识分子问题的报告》，明确了要信任、支持知识分子的政策。毛主席亦到会称"革愚蠢无知的命，没有知识分子是不行的"。知识分子问题会议要解决"六不"问题，就是对知识分子的作用估计不足，没能充分发挥他们的潜力和积极性；对知识分子的信任不够，对他们的意见和要求不够重视；对知识分子使用不当，用非所学、用非所长；安排不妥；待遇不公，知识分子的生活待遇不够；最后还有帮助不够，知识分子入党不够。

当时党内部分人对教授入党在思想上总有点格格不入，他们认为教授这些知识分子个体主义很厉害（我不愿说个人主义）。他们是个体劳动出来的，总有点自己的见解，不能那么自觉自愿地去遵守组织纪律。所以就觉得这些人没有脱胎换骨地改变，是不能入党的。解放初期，曾经明确规定副教授以上暂时不吸收入党。这样把好多想入党的人就关在门外了，教授们对此也很有意见。"知识分子会议"解决了这个问题，对于教授入党的问题也就放开了。这样我们学校选择了吴阶平第一个入党。1956年的1月份，几乎在知识分子会议召开的同时，就给他开了入党支部大会，请了不少想要入党的教授参会讨论。对于知识分子入党，大家提得最多的问题就是担心有人借此"投机"。人们普遍认为知识分子应该"先专后红"，就是应该在专业上先有建树，再讲政治觉悟。吴阶平的入党在青年里影响很强烈，有人坚持要"先专后红"，要是"先红"就"专"不了了。这个事当时在学校影响还是很大的，吴阶平本人对这个问题是有正确认识的，他很早就想"红"的（入党），也不是先专后红的，而是又红又专的。吴阶平入党以后，又发展了好几个教授党员，如郑麟蕃、吴朝仁等。教授们也很有意思，他们那时参加修十三陵水库，挑挑子，一挑土一挑土往坝上送。回来以后就说看出了自己的渺小，原来觉得自己作用挺大，但是在这种劳动中自己只能是平等的一员。这点确实是知识分子改造中的一个要害，一个核心的问题，不能把自己估价得太高，只能和群众打成一片，为群众服务，这样才能做出一定的成绩来。这个核心问题解决了，教授之间的不服气、勾心斗角就都解决了。所以，不能说资产阶级思想在知识分子身上没有影响，要把这问题解决了，确实是一个很大的变化。

对知识分子的职务安排，北医还不错，我们的院长一直都是非党人士担任。在待遇方面，一度专门开设了"教授食堂"，公共汽车331路还开了"教授班车"。

1956年可谓形势大好，向科学进军，提倡个人刻苦钻研，成名成家，青年学生们特别积极。再加上做了十二年科学规划，教授们也觉得受重用了。不过有一个重大的失误，由于学习苏联，把科学院当成主要的研究基地。不像美国，非常重视大学的科研。这样就把很多大学的人才调到科学院去了。

访：就是把教学和科研分开来了？

彭：意思就是不把大学当作科研和学术基地。当时在协和的基础上建立了医学科学院，如果哪个学科他们缺教授，就到北医或者其他学校去挖人。我们当然没答应把这些教授都给他们，只是说算在医科院兼职。王志均、楼之岑都在医学科学院兼过职。北大的生物系倒是调走了好几个有名的教授去了中科院，我熟悉的植物生理、动物胚胎的教授都调去了。这是跟着苏联学，苏联的状态是有全苏的科学院，各个专业又都有各专业的科学院，比如农科院、医科院等等，然后又有农科院院士、医科院院士。苏联的科学院挺强大的，重大的学术研究都在科学院里进行。这种体制对一些学校影响很大，因为好多系里的骨干都被调走了。从北医调走的人不太多，所以影响还不算太大，但有一个问题，就是对于大学的科学研究的支持就比较差了。一拨卫生科研经费就都拨到医科院去了，不可能给大学科研经费的，没有经费怎么做研究？所以这种架构并不太好。一个好大学应该是研究型的大学，科学研究与教学应该是并重的。而学习苏联以后大学不可能有这样的条件，直到改革开放以后才有了变化。

1956年向科学进军的形势非常好，教授们特别积极，对学生们也产生了很深的影响。举一个例子，王志均在给55级王德炳[①]他们班讲生理课时，讲了加拿大的两个高年级学生在实习期间发现了胰岛素的实例，以此鼓励青年学生刻苦钻研，做科学研究。大家对此印象特别深，都想着以后要做科学家。

当时还有一项比较好的设想，就是院校的领导人都攻读一个副博士学

---

① 王德炳（1937— ），血液病学家，医学教育家。河南省方城县人，1960年毕业于北京医学院医疗系，历任北京医科大学教授、人民医院副院长、血液病研究所副所长、校长、北京大学党委书记等职。

位。那时候我还做过不少实验,因为公共卫生系的研究工作要下现场,我在学校当副书记下不了现场,所以到病理生理教研室做了费德洛夫的研究生。听了一些课,又做了好多实验,再加上自学,后因为政治运动被迫中断了。应该说1956年1月召开的全国知识分子问题会议调动了大家的积极性,教育、科研工作也朝着正确的方向前进了。

"顶风撒尿"

访:遗憾的是,1956年这个"春天"太短暂了。1957年初"广开言路"的整风运动随即演变成了反右运动,令很多人始料未及。我国的科学与教育事业再次遭到重创。北医的情况如何呢?

彭:5月份就开始了整风运动,到了6月就成了反右派,起先我们都不知道还有反右派,只知道要整风。整风就是提意见,1957年一开头只是以所谓的"小民主"的形式,开开座谈会,提提意见;后一段"大民主"就开始贴大字报了。北医当时因为个别人的生活作风问题贴过大字报,好像还没那么多的政治问题。我记得有一些教授提了一些意见,但也没那么尖锐。例如,金宝善说外国的卫生部长配备了好多秘书,工作效率很高;还有就是说咱们国家对预防医学重视不够。我们当时还觉得原来都不怎么敢向卫生部提意见,现在有人敢说了,是挺好的事儿。还有一个例子,口腔系的主任毛燮均[①],他觉得口腔专业不被重视,所以就说:"再

[①] 毛燮均(1901—1979),口腔正畸学科创建者,中国医学教育家。四川仁寿人,1930年毕业于华西协和大学牙医学系,曾两次赴美国留学,提出了毛氏错畸形分类法。1930—1942年在北平协和医学院任教,1942至1945年任北平市第一卫生事务所牙科主任。1945年后任北京大学医学院牙医学系教授、系主任,正畸科主任等职。

不重视，我就当和尚去了。"真是心里话都说出来了。

我当时在北京开的一次座谈会上还发了言，就说：整风这种形式挺好，教授把原来心里不敢说的话都说出来了。教授敢说牢骚话了，原来不愿说，不敢说的都说了，所以形势很好。后来形势变化了，我还为这事心里一直打鼓。

在划右派时，我们一开始在教员里划不出右派来，结果市委派了两个副部长，一个统战部的副部长，一个宣传部的副部长，来这里坐镇，找出了以前座谈会的发言记录，就是学校油印的小报，根据这个就定出几个右派。一位教授所谓的右派言论是"敲锣打鼓"，就说共产党像是要猴戏的，一敲锣打鼓教授里的积极分子就开始跳舞了，有的时候还没敲锣打鼓，把锣一拿起来，就有人跳起来了。他是在讽刺一些知识分子，我们也知道他的话是有对象的，因为教授里是有些人政府怎么说，共产党怎么要求，他就怎么办的。他还有一句名言就是"顶风撒尿"，是说给共产党提意见就像"顶风撒尿"，结果全撒了自己一身骚。其实这些只是言辞激烈了一点儿，有点讥讽的味道。可是那时候一挑出来，就被定成了右派言论。另外还有北大医院的一位耳鼻喉科的大夫说："你们领导人就是剥削，这门诊都是我们赚的钱，你们要多拿钱就是你们剥削我们。"所以他就说共产党也剥削。可他真正的意思是说钱是我们劳动挣的，而且还让我们非得多干，不干一定的工作量还不成，那时又没奖金这一说，逼得人都得尽量往多干，这不是剥削又是什么？这样就被划成右派了。

北医有两个大右派是中央统战部专门点的名。一位是药学系主任薛愚，他是民主革命时期非常积极的知识分子，九三学社的创始人之一，和共产党关系好极了，简直是无话不谈的。他对药学在卫生系统没地位，药师在医院里的地位有意见，他一直呼吁解决这些问题，处处都谈，老说药师在医院没地位,办公室最小,过的是暗无天日的日子。结果就说薛愚对药师们煽风点火,使得药师们一提意见就是"我们在医院里暗无天日,没我们的地位,我们呆的房子最黑"。中央统战部便认为他是个大右派、"大鲨鱼",想当卫生部的副部长,攻击卫生部的工作。所以这样,药学再也不敢说话了,医院的药师制度也建立不起来了,确实只是天天发药,没什么地位了。

访:北医当年有多少人被错划为右派?

彭:两百多师生吧。有些右派问题确实太不像话,比如有些学生说"现在都是什么画展,就只是毛泽东个人的画展",这样就给划成右派了。就划右派的过程来看,确实是上头督促的。

访:当时北医是如何处理这些右派问题的?

彭:1957年底开始处理右派,市委为准备向中央提出处理意见,讨论了好多次,我都参加了,最后就说学生右派里30%离开学校,去劳动改造,其他70%都可以不出学校,留校察看,还保留学籍,毕业后都分配了工作。教员里分成六类,一类是要开除劳教,这是极个别的;第六类是免予处分只戴个帽子就完了。

但是到1959年十周年国庆,彭真同志说北京要搞得跟水晶一样的干净,所

《北京医学院党外教授帮助整风 党群关系隔阂多 "顶风撒尿"意味长》1957年5月17日《健康报》第1版

以那些曾经有过历史问题的人都得送出去改造。我记得就有些原来留校处理的就给送出去了，好像是送到清河，打击是够厉害的。后来1979年平反的时候这些人也都回来了，一般的都给妥善解决了。

对于理工科的知识分子来讲，"反右"政策还是比较宽容的。那时，毛主席树了几个标兵，说明什么叫做右派，什么叫做中右。其中一个是北大的副校长傅鹰，他和王序是很好的朋友，教有机化学的。傅鹰也说过"没涮过试管的，怎么领导化学"，意思就是外行怎么能够领导内行。但是他说这话都指的是有具体事、具体人。所以，毛主席就说像这样的人不能划为右派，他不是从根本上反对共产党，就把他定为"中右"标兵。因为他认为傅鹰是理工科的，能为我所用，所以就只是"中右"，而把文科不少大知识分子都看成反面教员了。现在再看这段历史，我就觉得其实毛主席把文科的这些教授一直都当反面教员来看待。他从政治上考虑，要团结这些人。因为这些人都是民主党派成员，都是反对国民党的积极分子。可是实质上，在业务上他把这些人完全是当作反面教员来看的，像马寅初、梁漱溟、冯友兰、贺麟等都是例子。毛主席对人文学科的这种态度可能对以后产生了很大的影响。对教育来讲，只搞科学技术可以，但一讲到人文学科，他基本上就反对了，还认为心理学一半是伪科学，社会学就更不用说了。这些教授当时也算服气毛泽东。于光远曾经说过，这些社会学家自己也说："我们研究社会学，为的是推动社会进步。可是研究那么多年，有那么多分析，什么问题也解决不了。毛主席一个阶级分析，一套团结打击相结合，农村包围城市，一下都解决了，中国革命就成功了。所以，我们本事都不行，我们弄这套东西都不行。"原来我也觉得这些教授都很服毛主席，现在看来得说，毛主席不容人家不服他。

教授中的右派，很多人是由于以前的历史问题，那一时期咱们党最容易算人家的"老账",不只是对知识分子,党内也是这样。一般来说,有"老账"的人不能当第一把手,因为一把手要负决策失误的责任,有"老账"的人往往不敢冒风险作决策。所以文化大革命以后,我就要求调离北医,因为待在原地方,再犯错误,容易被人算老账,再加上对哪个职工有意见,要批评,人家也会说你是在打击报复,这样我觉得没法做事,不敢说不字。一说不字,人家容易说:"文化大革命的时候,我批斗了你,你现在就是打击报复。"所以北医"文革"前的党委书记杨纯就去医科院当书记去了,我说我也去那儿吧。可是后来,还是让我做一把手,先上北大医院做第一把手,粉碎"四人帮"以后让我到医学院来主持工作。我可以主持工作,但是觉得还有好多老干部还没解放,应该先找个老干部来做一把手,所以李资平就来这里主持工作了。后来他不当了,我就当书记。我把这个问题也彻底想通了,不彻底想通这问题,也就不太敢当这第一书记。

访:应当承认在知识分子思想改造和反右运动中,很多问题都是明显扩大化、政治化了,有些是学术观点问题,有些是善意的建议,都被说成是对共产党的攻击,还有对某个领导人的批评也被说成是攻击党,这不能不说是个深刻的教训。

彭:的确,在对待知识分子问题上,有很多界限不清的地方。1951年很多教授自我改造、自我批判的文章都在《人民日报》发表了。这类文章大多为了"顺应"形势,检讨"很深刻"。如我记得陈垣①说:"咱们有什么不服气的,咱们知识分子不就这么点儿本事。"梁思成说,蒋介石60岁生日的时候上面有人让他给设计一个鼎,他婉言谢绝了。他在检讨中

---

① 陈垣(1880—1971),历史学家、教育家。广东新会人,历任国立北京大学、北平师范大学、辅仁大学的教授,1926—1952年任辅仁大学校长,1952—1971年任北京师范大学校长。

说："我怎么就不拍案而起,大骂蒋介石一顿呢?"显然这样的"检讨"就是要求太过了。这一段时期内,有关知识分子的问题有许多界限不清的地方,如学术和政治不分,这是值得研究的。

还有一个就是个体与集体的关系问题,这个问题也是一直界限不清。举例来说,蒋南翔给青年讲过"社会主义觉悟是发动机"。清华有个青年就说了:"我比你还优越,我有两部发动机,你讲社会主义的发动机,我还有个人主义的发动机。我个人想成名成家,这动力也挺足的。"他的意思就是说个人奋斗也是成材的动力。因为知识是个人所有的,是个人资本。事实上确实是这样的,顺理成章的事。可当时总是批判这一点。文化大革命的时候,我就想为什么运动一到高潮就批判这些东西,就要人们都当螺丝钉,不当就是个人与集体关系没处理好,是个人主义。而运动过去以后,又觉得这股风不对,然后就说青年的爱好、兴趣不能当作个人主义来批。我觉得这个问题一直没有认识到应该怎么解决。个人想成名成家不是个人主义,个体与集体的矛盾,并不涉及意识形态问题。于光远曾经说:"彻底的大公无私是没有的,是不可能的。"于光远说这话说得水平太高了,不讲经济效益怎么能到达社会主义呢?结果《北京日报》的评论中说"有个大哲学家,跑到大邱庄来乱喊一通",大哲学家指的就是于光远。我就觉得这些问题到改革开放时期还没解决。在十七年中知识分子的一些基本问题其实都是这几个问题翻过来调过去。从政治上来讲,毛主席一直都讲共产党对知识分子领导权。这种认识对于教育有什么影响?现在还有哪些影响?突出的一条就是"崇洋媚外",这个问题到现在是否彻底解决了,我还不敢讲。先进与落后之间的矛盾和社会主义与资本主义的矛盾完全是两个性质的矛盾,而咱们确实总把古今中外,先进落后,跟资产阶级与无产阶级的矛盾放在一起,这就有些界限不清了。社会科学中总是在反自由化，要反自由化学术还怎么搞呢？

再深一步要考虑的就是学校管理的体制问题，是要"党委领导"，还是"教授治校"？我认为"教授治校"可能是最为核心的问题。我们总是对知识分子不放心，不让有决策权，怎么可能靠这些人出成果？包括教授对年轻一代的教育，是否真正能放手交给教授？我就觉得知识分子问题对教育的深层次影响还值得好好分析。

访：反右派对于知识分子的影响是很大的，很多人此后都不敢讲话了。那个时期共产党内一直在讲纯洁党性，多数会通过这种运动的手段，并且似乎逐渐成了一种传统。

彭：这个问题我也反思了多次。党内要清除反对派，要严格组织、思想、纪律的一致性，统一性，这是在任何用革命的方法夺取政权中不可避免的。延安整风的时候是跟王明的路线斗争，走农村包围城市的革命道路。我觉得要想革命成功，确实是列宁讲的，共产党非得是思想统一。思想一致，步调才能一致，组织上才能统一；思想组织统一、策略统一、理论统一，团结一致才能对敌。工人阶级一无所有，是手无寸铁，敌人是武装到牙齿，要想战胜敌人，就只有靠团结统一，铁的纪律这一套是必须有，思想不统一怎么能一致，所以思想上绝对一致，也是组织上纪律上完全统一。假如一架车上有虾、狗和鸟，一说革命，鸟儿飞了，虾儿下水了，狗儿跑了，那还能有什么力量？所以我觉得作为革命党必须得这样办，不这么办，夺不了政权。所以毛泽东把列宁的这一套理论在中国应用了。他把革命队伍当作文武两支队伍来看待，一个武装队伍，一个文化队伍。要想革命成功，没有文化队伍是不可能的，而文化建设就靠知识分子了，所以要把知识分子队伍改造成像军队一样。另外，实际上他对教育也是这么看的。比如大学生，被当作预备干部来看，都是干部待遇。一入大学,公费医疗有了,参考消息可以看了,都是按照干部来对待。可以说,毛泽东对大学是按照干部队伍来要求的。我觉得最根本的问题就错在革命时期可以这样要求,但建设时期就不同了。可是这个传统保存下来了,建设时期还这么搞,当然行不通。建设时期的教育本身就应该有不同的要求。现在按"三个代表"来看,要建设"先进文化"、"先进生产力",靠谁呢?主要靠的就是知识分子,不靠知识分子就不可能有先进文化、先进生产力。不从先进文化、先进生产力的角度去支持知识分子,老是从意识形态去要求知识分子,怎么可能百花齐放,百家争鸣呢?

因此,这种革命的意识形态对建设的影响可能还是消极因素多一些。当然也有一些积极的,比如在早期发动群众,搞除害灭病运动,确实能起到一定的作用。但是对于教育领域,我觉得还是弊大于利。

现在看1960年"三大革命"好像是胡闹,其实当时也是经过了很多思考的,虽然片面性很大。实践是很重要,实践出真知也没问题,要训练这种创新精神是很好的。但是什么东西都有度,当时太片面化了。

第5章
"文革"前的"折腾"

跃进规划与拔白旗

访：上次访谈中您提及了"教育革命"问题，在探讨新中国医学教育的过程中这一话题恐怕是无法回避的。20世纪50年代末的那场"教育革命"的风暴曾经席卷了中国的整个教育界，当然医学教育也不例外。

彭：1958年到1960年的"教育革命"是在贯彻党的"大跃进"方针下进行的。一开头总路线就是"多快好省地建设社会主义"，1958年2月18日《人民日报》发了一篇社论——《反浪费反保守是当前整风运动的中心任务》，文章大意是：我们国家现在正面临一个全国大跃进的新形势，经济建设、工业生产、农业生产要大跃进，文化教育卫生事业也要大跃进，要通过和结合反浪费反保守的斗争，提高干部群众的社会主义觉悟，打破妨碍生产力迅速发展的陈规，改进生产技术，降低生产费用，贯彻多快好省的方针，实现社会主义事业的全面大跃进。这样就开展了"反浪费反保守"的群众运动。

访：那么教育领域中的"反浪费反保守运动"如何开展的呢？

彭：1958年3月3日中共中央发出《关于开展反浪费反保守运动的指示》，指出"中央决定以两个月到三个月的时间，在全国进一步普遍地开展反浪费、反保守、比先进、比多快好省地建设社会主义的运动"。当时不仅工农业、交通运输业、党政机关等方面都已经开展了"反浪费反保守"运动，而且文教卫生单位也要求开展"反浪费反保守"运动。那时候我们也不知道在教育战线上怎么开展"反浪费反保守"的群众运动。所以，1958年3月北京市高校党委的第一书记蒋南翔组织北京市主要高校的负责人去上海取经，有北大、清华、人大等校，北医是党委书记曲正和我，学习他们是如何开展"双反"运动的。上海当时提得很明确——"对学校来讲，不红不专就是最大的浪费、最大的保守"，所以学校的"反浪费反保守"运动就要"红专跃进"。他们开展了大字报运动，搞得非常厉害，一夜间就刷了几十万张大字报，所针对的问题就是"不红不专是最大的保守，最大的浪费"。因此大学里的"反浪费反保守"运动就围绕着"不红不专"，怎么才能"又红又专"，如何在"红专"上"大跃进"这些问题展开了。

当时，教授们都要自己刷自己的大字报，要赶紧"跃进"，追求"又红又专"，就是所谓的"交心运动"。实际上就是让教授也要赶快思想革命，赶快改变那些不属于社会主义的思想。怎么改呢？那时叫作"交心"，有一点儿像宗教的忏悔，要一条一条地交待自己有过的错误认识。如有教授说过"现在除了空气不要票，什么都要票"，那么就要在大字报上检讨说"自己过去认为社会主义好，就是什么都要票，这是错误的认识，现在向党交心"。群众也可以贴大字报，促他交心。

访：从上海取经回来，北医是不是也仿照上海的做法刷起了大字报？

彭：当然刷了，都是前一天准备好了，第二天哗一下子就刷出来了①。所以就是在"大跃进"、"双反"、"交心"运动的这么一个背景下，搞起了"教育革命"。

前面所提到的"红专跃进"是贯彻"教育革命"的一个重要特征。当时大搞红专跃进纲要，很多单位都制定了"跃进规划"，进行所谓的"抛纲"。1958年6月北医也提出了"苦战五年，把我院建设成为全国最先进的共产主义医学院"的口号。当时学校制定了《北京医学院五年规划的十八项纲要草案》，列了要跃进的十八个项目，比如在学校规模上要怎么跃进，要达到多少招生人数，要怎样用三年时间就实现中西医合流等等。其实都是脑子发热，提出了这种不切实际的跃进纲要。个人也有个"红专跃进规划"，比如要在一定的期限内成为左派②。

除了"红专跃进"，教育革命中还交织了其他的元素形式。1958年8月，陆定一在总结中央教育会议的基础上撰写了《教育必须与生产劳动相结合》一文，文中写道，"教育工作中主要的错误和缺点，是教育脱离生产劳动"，并认为"勤工俭学，开始把普通学校教育同生产劳动结合起来。打破了普通学校长期以来轻视体力劳动的旧传统，改变了学校的风气，也对社会风气产生了很好的影响"。这样，"勤俭办学、勤工俭学、教育生产相结合"成为教育革命中的一项新指示。

那时候中央号召"知识分子要劳动化，劳动人民要知识化"，所以教育行业就要求开展"勤俭办学，勤俭生产，勤工俭学"的"三勤运动"。

---

① 《北京医科大学的八十周年》一书记载，1958年3月5日，在北医召开了一次反浪费反保守的动员大会，3月8日，全院就刷出来两万余份大字报。

② 《北京医科大学的八十周年》一书记载，当时的《新北医》曾发表过一些教授、职工和学生的个人跃进规划，并且"在一次全院性的汇报大会上，有的科室与学生班级甚至提出，要在几十天时间内100%成为左派"。

刚开始是康生管教育革命，他是中央教育革命小组领导人，来过北医。在他的鼓动下，药学系在十几天内就办了三个工厂，甚至几个学生在一块儿就能办起一个工厂。还有的学生去饭店端盘子，到商店当售货员，摆摊修鞋，所谓"勤工俭学"。

后来开了教育工作会议，发了一个正式的文件，中共中央国务院关于教育工作的指示——教育要为无产阶级政治服务，教育必须与生产劳动相结合，提出要十五年普及大学高等教育，还提出思想革命、科技革命和教育革命相结合，所谓三个革命相结合就是要参加生产劳动，发展科技革命、教育革命。这几方面交织在一起，群众运动从1958年就开始了。

北医的卫生系都下乡参加除害灭病和爱国卫生运动；1958年医疗系毕业班的学生到北京市郊区参加"乡乡办卫生院"的活动；1958年的十三陵水库劳动，学生们也都参加了，还有打麻雀。总之，整个那一段基本很少上课，教学都乱套了。

访：王德炳教授在他的自传《我在北医五十年》一书中也生动地描述过当年大家敲锣打鼓赶麻雀的片段，您当时的感觉如何？

彭：当年我也带着学生到商学院去打麻雀，那儿没什么人，在那儿住了三天，白天就敲锣打鼓赶麻雀（哈哈大笑）。当时总是说教育脱离了生产劳动、脱离了工农兵群众、脱离了政治，即所谓"三脱离"，所以要解决"三脱离"就要去劳动实践。

1958年11、12月我参加了大炼钢铁。当时北京团市委组织到密云大炼钢铁，我参加了团市委"密云钢铁公社"的指挥部。当时的一个工作就是砌小高炉，都是1.5立方的，一下砌了50个。有团市委的支持，所以要什么样的工人就找来什么样的青年工人。钢铁学院的学生当技术员，工人指导，一批大学生到那儿劳动。我负责管生产，实在是两眼一抹黑，都不清楚下一步还有什么事儿要做，一点预见性都没有。我可是体会了什么叫"外行领导内行"，比如怎么固定鼓风机，在那种简陋的条件下，这问题都让人为难。当时总得献礼，一会儿这还没做，一会儿那也没做，真是心里一点数都没有，所以我还买了很多有关开矿、修小高炉的书，想学习学习。建完小高炉以后，又发现煤气没法儿排出去，要是有人在小高炉顶端添加铁料，很容易就煤气中毒了。在学校里是把生铁都砸了，粗铁的楼梯都给砸了，然后炒钢。当时真是头脑发热。

在这段时间还进行了群众性的教学改革，例如要医学生当实习大夫时就能做一些难度高的手术，先简单地培训一阵儿，然后就去做像脾切除这样的高难度手术。"大跃进"不是提倡"多快好省"吗？所以学生也要快速成长。

科研方面也是发动群众大搞科学研究，记得当时北医学生搞了一个化铁丹治疗沙眼的小组。需要放卫星，短期内进行技术革命，天天都要献礼，谁都要想办法弄出点贡献，于是，尿泡鸡蛋都成了防辐射的新技术。还有让"高血压低头"，"肿瘤让步"等口号式的科研活动。

在高血压的群防群治方面，还有一些积极效果。那时搞高血压大普查，工厂里有所谓"红医工"，负责量血压，发配降压药。"降压0号"、"降压1号"这些复方降压片就是在这一时期为了方便高血压的普及治疗而配制出来的。当时提出越难的病越要攻，如让消化内科攻肝硬化这道难关，但是北医三院的教授都摇头说不行，他们攻不下来。疾病的预防、治疗和机理研究不是一回事，如疾病预防开展群众运动可以收到一定的效果，但疾病机理就必须要花时间进行深入细致的研究了。

还有一件事，就是"拔白旗"。当时北医拔了钟惠澜、毕华德两个白旗，这两个人都是卫生部点名让我们拔的①。钟惠澜原来是我在人民医院实习时的大内科主任。虽然拔了他的"白旗"，我们也没怎么批他，陈老总（陈毅）找他看病，他还照样看，1959年国庆节时候上天安门城楼也还照样上（他是政协常委）。对拔白旗的问题，北京市委还批评了我们："谁让你们拔的白旗？"我们说是卫生部，市委刘仁同志说："卫生部让你们拔你们就拔？"他对此很不以为然。

后来教授也被定为了"白旗"，他当时很不赞同通过群众运动来搞研究工作。他在1958年的教育大辩论中是被辩论的对象。当时要求教育与劳动相结合，当一个普通劳动者。有些教授想不通："知识分子怎么是一个普通劳动者？"所以有些人就说"非得搞群众运动"，要教育大辩论，教授便成了被辩论的对象。曾说过："我的神经解剖研究是高空作业，在显微镜下一个人看切片，怎么搞群众运动？群众参加不进来呀！"所以大家就批他，说"这个教授真是奇怪，非要研究畸胎"。

尖端专业与吃青苗

这一阶段工作就是"教育革命"。上海第一医学院在"教育革命"时期编写了两本书——《疾病防治学》和《正常人体学》。南方的学校都学上医，医学就只学这两本书，算是把解剖组胚生理生化病理病原等全都囊括了，所谓课程大合大并。上医还制定了"红专规划"，1958年派了三个人到北医来挑战，我不记得我们是怎么应战的了。北医当时的口号是"思

---

① 在康生主持的全国卫生系统技术革命、技术革新交流会上，钟惠澜、毕华德两位著名教授被定为"白旗"，此后北医又将臧玉诠、毛燮均、王志均三位教授作为"拔白旗"的对象进行了批判。

想革命、技术革命、教育革命三个革命拧成一股绳"。例如外科教改，就是教学生怎么做大手术，拿脾切除当最终目标，锻炼学生的外科综合能力。此外，还有学术思想批判，批判资产阶级的学术思想，在医学领域就是学习苏联医学家列柏辛斯卡娅的"新细胞学说"，批判德国病理学家微尔啸的细胞病理学。

背景资料：列柏辛斯卡娅与新细胞说

1945年，列柏辛斯卡娅发表了《细胞起源于生活物质以及生活物质在有机体中的作用》一书，声称发现了一种非细胞形态的"生活物质"，能够演变为细胞，从而推翻了德国著名生物学家微尔啸从病理学研究提出的"细胞来自细胞"这一科学假说。时任全苏农业科学院院长的李森科为这本书作了序，称她的发现是对科学的伟大贡献。尽管一些科学家对之进行过质疑、反对和批判，但因为李森科的支持，该学说受到广泛宣传，并被写进高等学校的教学大纲中，变成了生物学的基础之一。1950年，苏联政府授予列柏辛斯卡娅斯大林奖金，号召生物学家和医学家在此方面进行研究。但随后一些科学家按其研究方法进行重复性实验研究，检验结果证明她的研究工作几乎都是错误的，没有一项实验能够确认或者重复。到1956年，新细胞学说基本上被学术界所否决。

访：您刚才提到"教育革命"所崇尚的是群众性的技术革命、技术革新。在医学教育和医疗卫生中主要表现在哪些方面呢？

彭：在医学教育和医疗卫生中也产生了一批"教育革命的成果"，比如"慢病快治"。中国医学科学院的党委书记张之强曾经在《人民日报》上刊登了一篇题为《中西医结合综合快速疗法的创造是毛泽东思想在医学上的胜利》的文章，介绍了北京市几家大医院开展对高血压和神经衰弱、溃疡病、糖尿病、动脉硬化、瘫痪、青光眼、妊娠中毒症等三十种疾病的中西医结合综合快速疗法，并认为"取得了空前的疗效"。当时还提出了医护人员和病人都认识到了慢性病并不可怕，可怕的是丧失了同慢性病做斗争的顽强意志；慢性病的规律是可以被掌握的，关键在于解放思想，破除迷信。北医曾经与医学科学院合作搞中西医结合快速综合疗法，北大医院有两个组，一个是关节炎小组，一个是胃溃疡小组，研究气功、针灸等治疗关节炎、胃溃疡这些问题。在慢病快治这一阶段，北大医院精神科搞的神经衰弱的快速疗法也有些效果，如通过群防群治，病人自己交换意见，互相影响，集体治疗。后来发表了一些论文。

还有一个就是中医问题，那时开过一个保定会议，搞了一次中医药的展览，所谓"中医升帐，西医两旁伺候"，认为西医解决不了的问题，中医都能解决，并贴上了"立无产阶级卫生之气"的标签。此事我们后面再讲。

"教育革命"那一段儿，北医还办了一些新专业，其中有好几个都是和国防专业有关的。我记得1959年下半年开过一个会，国家科委、教育部一起开了一个高等学校的科学研究会议，康生对科研工作提出"立大志、下决心、攀高峰"的九字口号。会上就说国防科研应该有三个方面军，一个是国家科委，一个是国防科工委，再一个就是大学，要把高等学校作为科研工作的一个方面军来考虑。这样就把大学在科研工作的地位大大提高了。开完会以后，我们回来就商量，觉得有一定道理，大学也应该加强科研工作，非常愿意这么做。当时市委的宋硕还对我们说："我看别的工科的院校都钻国防的圈儿，不钻国防的圈儿没尖端，尖端都在那里头。所以你们北医也得想办法去钻这个圈儿，不然的话不可能是科技的最前沿。"

医学怎么钻呢？我们就到军事医学科学院去考察，回来后觉得医学院校也可以往国防的圈儿里钻，所以北医就办了一些新专业，包括ABC——防原子武器、防细菌武器、防化学武器，还有化学毒剂和高空生理。我们在军事医学科学院参观了高空生理的实验室，了解如何研究人在失重状态下身体的生理变化。高空生理的研究需要巨大离心机，当时我们医学院还没有条件购买那么个大家伙。即使这样也得办，我们考虑将来和军事科学院合作办这个专业。最后一共办了五个与国防有关的专业。同时又开办了生物物理专业，因为要办生物物理，还得建立物理、生物、数学这几个基础学科专业。办新专业需要调配预备师资，我们一方面从外单位争取人才，除此以外还要自己培养师资，于是就留校或者外调来一批1960年、1961年毕业的优秀学生。他们都是提前毕业的，所谓"吃青苗"，上边说我们这叫"吃青"，就像农作物在还没收割的时候就吃了，学生没毕业就让做专业工作了。

访：据说北医前任校长王德炳教授就是1960年提前毕业的，然后留在了生物物理专业。

彭：他就是"吃青"这一班的，就是应届毕业生还没正式毕业就留校开展工作了。钟南山①也是，他在文化大革命以后改成了呼吸科专业，回广州老家了，他的父亲是中山医科大学的教授。之前他和王德炳都是同行，当时所挑选的学生都是很优秀的。林克椿和郑富盛是生物物理的教

---

① 钟南山（1936— ），呼吸内科专家，中国工程院院士。1960年毕业于北京医学院并留校任教，1970年到广州医学院进修，1979年到英国进修。现任广州呼吸疾病研究所所长、教授、博士生导师。

授，曾经招收过生物物理专业的本科生，像邵集中、常元勋等一批人。生物物理专业的这批人很不错，后来即使不做生物物理了，但在转行的专业上都有所成就。

访：这些新专业后来的发展如何？

彭：1962年进行了部分调整，撤除了生物、数学、物理，仅保留了生物物理。ABC三个专业中，调整了B（防细菌）、C（防化），留下防原子专业，101、102、103编号的教研室都是防原子专业的，101是放射医学基础，102是公共卫生的原子防护，103是三院的放射病治疗。对于开办这些新专业，卫生部的崔月犁部长还批评过我们："这还叫医学院吗？不叫医学院了，加了那么多专业，还是培养医生吗？"因为同时我们还弄了点基础学科，培养师资力量，所以他就说："你们叫师范学院得了。"那时候确实是脑子热，后来才懂得这种办新专业的方法确实不行。

访：什么时候开始认识到这些问题？

彭：1959年初，总的形势开始有所变化，觉得这样不行，教育秩序都被打乱了。特别是1959年在上海锦江饭店开会，要确定七所全国高校的"重中之重"的学校，即在原来重点学校里还要确定七所重中之重。当时北京市委书记彭真在上海开会，打电话回来找刘仁，然后刘仁就把我们找去了，说让我们跟上医比一比，看实力如何。我和马旭那时估计我们北医在临床上不如上医，基础是有的我们强，有的他们强，总体来讲应该是打个平手，不相上下。基础学科中我们的微生物和药理比他们差点儿，因为没有著名的教授。后来北京市委还真派人给我们从上海请了两个教授来，一个上医的，一个上二医的，在北医呆了一两年后来又回去了。1959年北医还是评上了"重中之重"，上头明确这七所学校要着重提高质量，所以那一年我们就限制了招生，学制也改为六年。1958年教育大跃进的时候，我们招了1000人，一下比原来翻了一番，这样扩大招生以后，我们感到的确影响了教学质量，于是吸取了经验，后来就"泻肚子"，所以1960年就把医疗系一个班转到了二医（现为首都医科大学）。

同时，在1959年也确定下了一年中的劳动时间1个月，假期2个月，学习9个月。所以说1959年总的形势就是要调整，教学工作秩序都有所恢复。

1959年还有一段关于协和的插曲。时任国务院副总理的陆定一曾经找我们谈话，说中央一些同志去看病，一问多数医生都说是协和毕业的，所以就跟他说"是不是考虑考虑协和怎么办"。协和抗战期间被日军解散，停止招生，抗战胜利后在1947年、1948年招过两届学生，解放以后就停止招生了。后来经过研究，认为协和这个宝塔尖还要办，就办一个宝塔尖八年制，除了实行党委制，其他的完全按照老协和那一套去办。最初招生确定招30人。协和就这样办起来了，但最后没有一班完整的毕业生，好像是没来得及毕业文化大革命就开始了。

这一年的庐山会议以后，北医也进行了对"右倾机会主义"的批判，在党内批了两个人。一个政治教员，对大跃进有点儿意见，他曾说过："闭着眼睛怎么也避不开一个糟字。"其实当时大家对大跃进都有点牢骚，所以我们也没怎么批人伤人。到1961年我们给他甄别平反了，也赔礼道歉了。当时康生曾针对大学党组织提出过批评"党内专家""新富农"①等说法，幸好没有形成运动。应该说1959年这一段儿还比较平稳了，但是到了1960年就又出现了反复，技术革命、技术革新闹得非常凶。

---

① 指具有某种特权的"党内专家"，对一般知识分子而言，他们是党员，对党员而言，他们又是专家。

三大革命拧成一股绳

访：为什么1960年会出现这样的反复？

彭：这和大的形势有关系。1959年庐山会议实际上是纠"左"的，那时候毛泽东认为"左"纠得差不多了，两次郑州会议把共产风、平调都纠正了。庐山会议之前，彭德怀应赫鲁晓夫的邀请去了苏联。大概毛主席当时得到一点情报，觉得赫鲁晓夫有拉拢彭德怀的意思，这就成了政治问题。赫鲁晓夫一直反对毛泽东的"三面红旗"、人民公社化，并且讥讽大跃进政策，说中国人是"自认为比列宁的同胞更理解列宁"。彭德怀回国后转了一圈，听了一大堆意见，然后写了万言书，指出公社化以来的缺点错误。毛泽东却认为这些问题已经纠正了，彭德怀又拿出这些东西，那不就完全是要攻击他嘛。又因为彭德怀还有一些很刺激的话，如"小资产阶级狂热性"，"唯心主义"等等，毛泽东就认为这是对他的个人攻击，认为彭德怀闻了人家对大跃进、人民公社看法的气味，大概在莫斯科取了点经，就配合国内外敌对势力的活动，打着所谓反对小资产阶级狂热性的旗号，发动了对总路线、大跃进、人民公社的猖狂进攻。这样一来就不开会了，本来这会议就是纠"左"的，"左"都纠完了，彭德怀还要机关枪、迫击炮地批这问题。所以就把所有的中央委员都调到庐山去了，开始批判彭德怀。那时候毛主席还比较冷静，还说有彭德怀这种观点的人一定不要照着彭德怀来批判。我那时对毛泽东还是非常崇拜的，他确实能看出问题来，同时还能预见到一些可能发生的问题。庐山会议以后，就秘密开了军委的扩大会议，接着批判彭德怀，反右倾。

1960年5月，北大提出把思想革命、文化教育革命、技术革命结合起来，跟我们北医的口号完全一样，要三大革命拧成一股绳儿，并决定师生到校外去参加一个月的技术革新和技术革命运动，还要求5月15日以前要做好准备。当时全国开展以自动化、半自动化、超声波化、管道化为中心的技术革新、技术革命运动。为了跟上这种形势，理科的学生都到校内外参加技术革新的活动。我记得挺清楚，北医也全面搞超声波化，以药学系为主，基础医学院也有参与。连做饭也都是要超声波化，说是超声波化以后蒸馒头也快了，这是所谓的"土超声"。"洋超声"就是医用的超声波检查，A超、B超还都处于实验阶段，所以医学就要追这些新的东西，都想办法弄超声波仪器，照超声波的图像。同时还讲化学反应的管道化，就是化学反应不在试管里进行了，再加上自动化、半自动化，这样就说反应速度快了，效率高了。所有的工厂都要"四化"，都要技术革新、技术革命。北医药学系做的这类实验最多，实验的结果还可以写进教材。那会儿认为教材上的内容都是陈旧的，要适应技术革新和技术革命，要有新的东西，所以这些新的成果马上就能写入教材。即使不写入教材，学生所做的实验都是这种新的实验，再不做那些仅是验证书本上理论的经典实验了，训练基本功的实验都不做了。那时我们也去找教员讨论书本上实验有多么陈旧，要怎么改革实验。这样的好处是提倡创新精神，毛病就是把基本功的训练都甩到一边儿了。

访：回过头来看这些所谓的"革新"和"革命"，其实在一定程度上是有悖一般教育规律的。

彭：现在看1960年"三大革命"好像是胡闹，其实当时也是经过了很多思考的，虽然片面性很大。实践是很重要，实践出真知也没问题，要训练这种创新精神是很好的。但是什么东西都有度，当时太片面化了。教育本身是需要基本训练的,就是所谓的三基——基本知识、基本训练、基本技能。所以高教六十条出台以后,就特别注意"三基",又把老教师都请回来了,老教师的教育经验比较丰富,比较清楚"三基"都包含哪些内容。

在教育革命中,教师和学生的关系也是一个主要的问题。历史学家陈寅恪曾经就此问过周扬,他说1958年几月几号,"新华社广播了新闻,大学生教学比老师还好,隔了半年,为什么又说学生向老师学习,为何前后如此矛盾"。周扬只好回答"新事物总要实验,试验几次,革命、社会主义也是个实验。买双鞋,也要实验那么几次"。陈寅恪对这个回答不是很满意,说"实验是可以的,但尺寸不要差得太远"。[①]

20世纪50、60年代的教育界确实有点"实验场"的味道。50年代初期由于全面学习苏联的缘故,教育界也要求全面地学习凯洛夫的教育学,强调教师在教学过程中的主导位置,但是随着时局的变化,"教育革命"时期又走向了另一个极端,学生成为教学的主导。

凯洛夫的教育学是以教师为中心、课本为中心、课堂为中心,咱们学苏联的时候一直强调这三个中心,但是到批苏联的时候,就又批判这三个中心了,批得最彻底时就抛开教师,学生自己上讲台。这两种做法都是有片面性的。美国把这个问题处理得就比较好,他们大学的教授在课堂上最重要的任务不是系统地传授知识,而是给学生指定阅读材料。教授们找出最重要的问题,然后学生看有关的材料学习这些问题。在美国教科书根本不重要,大学根本没有教材。而咱们多年来一直在推行统一的教材,当然在具体教材内容的设计上这些年是有进步,但是整体的思路还是没有变。

因此,我觉得教育革命不能都说是荒谬的,它是想解决实践的问题,

[①] 参见陆键东著《陈寅恪的最后20年》,生活·读书·新知三联出版社,第281页。

解决"死读书、读死书"的问题,解决教学中教师的作用问题。但是方法不对,思路也不对。1958—1960年的教育革命是五花八门,教育常规受到了冲击,确实违反了教育本身的规律。教育的改革需要一个循序渐进的过程,绝不能靠群众运动进行改革,但是当时的想法禁锢在不靠群众运动不行的思路中,所以在这样的指导思想下造成了一种看似"闹剧"的局面。

学术思想批判也是如此。不可否认某些传统的学术思想有可能会束缚新学术思想的发展,但基于这一点就要进行学术思想批判恐怕站不住脚。50年代经常批判微尔啸的细胞病理学理论,说是要挖资产阶级学术思想的祖坟。实际上后来分子生物学的发展确实也否定了细胞病理学中的一些内容,因此只能靠实际的科学研究去突破原有学术的局限。而采用群众运动来进行批判学术,这种方法是不对的,实质就成了政治与学术不分。

教育革命中所提出的一些最基本的问题,现在仍然是很值得研究的,比如政治与学术的界限,教育与经济的界限,教育的社会功能等等。当时认为要靠教育改造社会,教育有政治功能,这有一定的道理。在革命战争年代训练干部,确实要靠教育,在党校训练完了以后就是为了搞革命。但是在和平时期,教育的功能应该更多元。

1958年到1960年三年里总是反反复复。1959年庐山会议纠了一点"左",但很快又开始批判彭德怀。1959年刚有点调整,考虑到重新开办老协和、北医也限制了招生规模[①],但到1960年技术革命、技术革新又起来了。

---

① 据《北京医科大学的八十年》一书中记载,1958年招收本科、专科生1020人,1959年仅招收本科生577人。

高教六十条与广州会议

访：大跃进和教育革命的激情，并未达到设计者所预计的成果，相反却引发了诸多社会问题，于是中央不得不提出一系列调整政策。在医学教育做出了哪些调整？

彭：从整个国家的形势来看，到1960年下半年粮食就不够了，热情也就冷下来了。毛泽东也意识到了问题的严重性，所以在1961年1月召开的八届九中全会上，提出要大兴调查研究之风，希望1961年成为调查年。1961年作了一番调查以后，4月份中央就出台了《农村人民公社工作条例（草案）》，也就是农村人民公社"六十条"。然后参照这"六十条"，各行各业都出台了调整政策，高教部有"高教六十条"（《教育部直属高等学校暂行工作条例》），中学是"中学五十条"（《全日制中学暂行工作条例》），小学有"小学四十条"（《全日制小学暂行工作条例》），还有科研十四条、工业七十条等等。高教六十条基本是好的，明确学校要以教学为主，并确定了党委领导下的校长为首的校委员会负责制，这样教授在学校地位能提高一点，能反映一点儿教育的特点。党委领导下这条不可能变，但是还能尊重一点教授了。

访：在高教六十条、科研十四条等文件指导下，这一年教育界进行了一些整顿、调整。北医据此制定了一个三年规划，您还记得当时都采取了哪些具体措施吗？

彭：1961年做调查研究那会儿，我在学校主管科研。当时就觉得献礼这一套办法不灵，所以下半年我做了几个临床科室的调查研究，有关建立研究室、配备专职人员、确定研究方向等。那时候知道频繁献礼是不对的，到底怎么去发展科学研究，要解决些什么问题并不十分清楚，所以那一年我专门做了泌尿外科、麻醉、成型这三个学科的调查研究，又跟当时的党委书记杨纯一起做了生理的调查研究。

我们选择泌尿外科、麻醉、成型和生理这四门学科是因为这几个学科在北医研究基础都比较强。我先找几个人开会。党内先开，或者找几个党外的教授开会，研究工作就找各科几个主要的人谈，开了八九次的会。各科都单独开会，了解以前都开展了什么工作，有什么困难问题，需要什么条件，再定以后的工作计划。那时吴阶平已经到二医去了，泌尿外科主要有沈绍基、吴文斌、孙昌惕，成型有朱洪荫、孔繁祜等。

访：在调查研究中都发现了哪些问题？

彭：1961年上半年我和杨纯调查了生理，给我们的印象最深刻的是王志均教授等人反映："我们天天上班来就看黑板，支部书记说干什么我们就干什么。"支部书记跟生产队长似的，分配大伙儿要干什么，大伙儿天天上班来看黑板。这以后，我们就觉得在科研方面不能搞这样的所谓"支部书记一竿子插到底"。没有专职的研究人员，没有固定的研究方向和长时期的研究工作是做不出成果的。那时候消化生理到通县去研究吃白

从生理生化楼走出来的医学生

薯与犯胃酸的问题，王志均觉得这个还可以研究，还有点道理。糖尿病的研究他也认为还是有道理的，因为和代谢有关。但是对于研究中医问题，他就觉得"你们老说研究中医是阳关大道，我看是个独木桥。我是没法儿研究中医"。所以我们很快明白了，研究工作不能是完全政策上的派发。后来"四人帮"曾经在学校搞军事化的组织管理，大搞所谓"教学联队"，都是连长、指导员这样军事化组织。粉碎"四人帮"以后，我们就赶快把这些都取消了。这跟当初的调查研究有点关系，懂得教学科研工作有其本身的规律，绝不能这样开展。"高教六十条"规定教研室党支部就是保障监督作用，业务由教研室主任当家，学校是党委领导下的校长为首的校委员会负责制。这比较符合教育的规律。

"高教六十条"提出来以后，中央就鼓励大家读书，要求懂得商品经济，学习政治经济学。毛主席自个儿也读了政治经济学，包括斯大林的《政治经济学教科书》，他还做了好多笔记。我们还想办法弄来他的笔记学习。1961年底中央办了读书班，就是所谓"要冷下来，坐下来，好好念书"。出了两本小册子，都是从原著摘录出的一段一段的，语录形式，就是想从理论上解决共产风这个问题。我参加了读书班，读了两个月的书。当时的读书班条件很优越，市委组织干部到友谊宾馆住八个礼拜，天天读书。这八个礼拜的学习还是很有收获的，认识到商品经济还得要，生产力不发展，物质不极大丰富，共产主义是不可能发展的。读书班大概办了两期。也就是在这段时间，我做了那几个临床科室调查研究。白天上读书班，晚上我就骑车到北大医院做调查。因为北大医院的医生白天都有医务任务，只能在晚上去了解情况。所以我一周去两三个晚上，到那儿去坐坐，找几个人谈谈话。

1961年粮食特别紧张，到哪儿吃饭都要粮票，市委食堂也是一样。

只有高级的点心不要粮票，就像桃酥这类东西，这还是陈云想出来的，弄点高级点心回收点儿钱。那会儿有"糖豆干部"的说法，十七级以上的干部给发点白糖、黄豆，高一点级别的给发点肉，再高点就有些特殊供应，但是也是很有限的。这种情况下，穷人富人都没吃的，所以大家也都没太大意见。我读过刘少奇的一次调查报告挺有感触。一个大队的支部书记把自己家的钱拿出来分配给队员。为什么呢？他说："我这是红旗大队，到年终一点分配都没有那不是给共产党抹黑了吗？"所以他把自己家里的钱拿出来分配，要保持自己红旗大队的荣誉。我看了以后觉得很受感动，但是这种状态又很悲哀。现在之所以有很多人还怀念那个时代，确实那个时代培养的一些干部有很强的社会责任感、集体荣誉感，这些还是挺重要的。不过，那个"革命激情年代"，有着对共产主义理想的信仰，确实有那种革命的激情，只是只开花，不结果。

访：整顿之后，1962年可以说是教育界的一个短暂平稳期。这一年在广州召开了知识分子会议，会上周总理作了《论知识分子问题》的报告，陈毅副总理则向知识分子们行了"脱帽礼"。

彭：这是一次很重要的活动。广州会议开完以后，就认为知识分子已经是劳动人民的知识分子了，所以有人就说这次会议是对知识分子脱帽加冕，脱了一个资产阶级知识分子的帽子，加了一个劳动人民知识分子的冕。对于"脱帽加冕"教授们反映都很强烈，口腔系的主任毛燮均就说："我也红了，我也是红的了！"

我记得周恩来有三次关于知识分子的报告，一次是1951年关于知识分子思想改造，总理以自己的出身给大家讲如何改造思想，影响是很大的；第二个是1956年知识分子会议的报告；第三个就是1962年广州会议的报告。这三个报告中的思想都是一脉相承的，总理一直都是这么个思想。

在这个报告之前，市委要摸一点情况，我就在北大医院那儿调查了老中青知识分子的思想状态，调查以后确实得不出资产阶级知识分子的结论，作为劳动人民知识分子的提法是合适的，特别是中青年知识分子，没有理由说人家是资产阶级知识分子，尽管家庭出身不好，但是社会责任感都很强，都是很积极的，一点没有所谓的资产阶级习气。例如，吴阶平的父亲想把家里的股票留给他，可是吴阶平拒绝了。他们绝对不会接受遗产，要是那样就成了剥削阶级，所以他们都要和家庭划清界限的。当时已经看不出来家庭出身对这些人的影响，更多的是新教育的影响。

访：由于广州会议的影响，1962年学校的教学工作是不是得到了进一步的恢复？

彭：1962年对教学秩序进行了整顿，医学教育中抓了住院医师的培养，我们制定了住院医师条例，在规范住院医师教材方面也都做了不少工作，指定了必读的参考书，规定了一些基本操作、手术操作的要求，还根据各科情况制订培养计划，安排科室轮转。北医的附属医院开始规范化助理住院医师的培养，有的科还弄了"导师制"，就是高年资的大夫负责几个助理住院医师，帮着制订学习计划，督促他们学外文，还要定期检查学习情况。

所谓助理住院医师，英文叫assistant resident，就是实习大夫以后的培训。那时候助理住院医师的培训大概是两至三年。1961—1962年医疗秩序和教学秩序都进行了整顿，比较正规了，可以说蒸蒸日上，学科的发展都处于一个黄金时期。1962年，学校评了一次职称。大家都很高兴。可惜的是1962年以后就再没有评定职称，直到"文革"结束后1979年才恢复。

1963年，我们觉得干部培养是最重要的问题，所以就选了一批中青年骨干，派给老教授做助手[1]。像韩济生[2]就是被调来做了生理学王志均教授的助手，他是1953年上海第一医学院毕业的。同时还建了几个研究室，王序的研究室，王叔咸的研究室，王志均的研究室，吴阶平的研究室，这些研究室后来应该说都是几个比较重要的研究基地。1963年胡传揆[3]、吴朝仁还参加了医学科研规划的会议，回来后就加快了这几个研究室的建立。

同年，我们还举办了一次毕业生的口试考核。请协和医学院的几个教授来口试北医的毕业生，看看他们的临床训练和临床思维能力怎么样。张孝骞、朱贵卿、张安等几个协和的内科主任都来了。口试完了以后对学生非常满意，尤其是一个叫陈增辉的同学。协和的几个教授都觉得她的思路和基本功的训练非常好，对她的考试特别满意。所以毕业的时候，让她可以自选工作单位和专业。当时她留在了北大医院，文化大革命中由于她丈夫是搞国防工业的，所以她和丈夫一起到西北去了，一直就只当了医务室的大夫。"文革"后回到北大医院，曾任副院长。

访：当时为什么进行毕业生的口试？

彭：卫生部想了解几个学校的情况，挑几个学生，他们派人来考，等

---

[1] 1963年9月5日，卫生部干部司发出文件《关于专家配备助手的几点意见》，指导各医学院校的专家选配助手工作。当时北医为13位专家选配了26名助手。

[2] 韩济生，神经生理学家，浙江萧山人，生于1928年。1953年毕业于上海医学院医学系。历任北京大学医学部教授、神经科学研究所所长。1993年入选中国科学院院士。自1965年起从事针刺镇痛原理研究，首先阐明针刺人体一个穴位引起镇痛的时间空间分布规律，进而证明针刺可促进神经系统中分泌出5-羟色胺、内啡肽等具有镇痛作用的化学物质，并发现改变穴位上电刺激的频率可引起脑中释放出特定的神经肽。

[3] 胡传揆（1901—1986），皮肤性病学家。湖北江陵人，1927年毕业于北京协和医学院，获医学博士学位，1932—1934年留学纽约罗氏医学研究院。历任北京协和医学院皮肤花柳病科教授，北京医学院院长，中国医学科学院皮肤性病研究所名誉所长等职。

于是检查教学质量,但是口试并不决定毕业不毕业。

　　1961 年我是主管科研,到 1963 年我开始分工管政治。那一段儿曾要求学习解放军,突出政治,在大学设立政治部,制定政治工作条例。当时北医的党委书记杨纯头脑很清醒,认为学校里边最重要的不是阶级斗争。当时她和张劲夫(科学院的党组书记)住在一个院子里,互相常有来往。张劲夫说,"我这党组书记只能干两桩事情,一桩就是后勤,科学家做研究工作的后勤准备得我去跑;第二个就是我得请些中央的同志给大家讲讲课",实际上就是政治思想教育。所以杨纯就说她只抓这两个事儿,不能主管阶级斗争。因为学校终归还是业务是最重要的。阶级斗争是中央说要天天讲,月月讲,那是没办法。所以她就让我去管。应该说广州会议以后的两年,局势比较稳定了,教育上有点慢慢走向正轨的意思。

北大与协和的"四清"运动

　　访:不过很可惜,教育并没有由此走上正轨,不久,社教运动又轰轰烈烈地开始了。

　　彭:1964 年,教育界的社教"四清"运动开始,这一下又不按"六十条"办了。社教运动一共是两个问题,一方面是本科生研究生都要参加"四清",学生都下乡参加社教运动。北医有一个毕业班到山东乳山县参加社教。另一方面就是单位中试点,当时北大是学校的试点,协和是医院的试点。

　　北大的社教完全是和文化大革命联系在一起的,其中的过程是错综复杂的。1964 年 7 月开始,中宣部 10 人调查组进入北京大学开始调查摸底。到 11 月,中宣部开始在北大进行社教运动,进驻北大的工作队发展到了

210人，都是各省市文教工作的干部或是各大学的书记，可谓大兵压境。中宣部的副部长张磐石任工作队的队长。北大的工作队进去以后，在没有和北大党委通气的情况下，自己进行了调查摸底，主要是看档案材料，进行知识分子串联，找基层的人谈话。调查完以后，工作队就有目的地在各系总支中进行了批判斗争，其中最尖锐的是哲学系。而这些，北大党委都不知道，完全被搁在了一边。当时对北大问题的定性是"领导权不在共产党手中的学系的数量很大"，所以运动一开始就是按夺权斗争进行的，对不少校系党员干部都进行了以夺权为目的的批判斗争。把工作中的缺点、错误上纲为两个阶级、两条道路的斗争。把1962年贯彻调整、巩固、充实、提高的方针，纠正"左"的偏差说成是复辟资本主义，把过去的政治运动中的某些过火斗争造成的党内矛盾说成是阶级矛盾，阶级报复。全盘否定了北大在新中国建立以来取得的成绩，说北大是资产阶级大染缸，实行的是资产阶级的统治，给不少校系领导干部戴上了资产阶级知识分子、阶级异己分子、资产阶级孝子贤孙以及走资本主义道路当权派等帽子，认定北大是烂掉的单位，要进行夺权。

当时宋硕是工作队的五人领导小组的成员之一。我跟宋硕很熟，我们在解放前就认识了，当时都属于华北城工部领导。1945年抗日胜利后，他回到北平担任北大工学院的助教并担任"北工地下党"工作，我在北医做教师地下党的工作。起初我们没有组织上的联系，解放前夕，上级要求"讲助会"加强联系，我们才在一起开会。1949年北京解放后，他去了北京市委工作，担任北京市委学校支部工作科科长，市委大学科学工作部副部长，并兼任北京工大第一任党委书记。

由于我们之间关系很熟，高校的工作又密切相关，我们常在一起议论这些棘手的问题。他也向我透露了一些情况。实际上他是被搁在一边的。

工作队内部是有一些不太赞成张磐石做法的意见,时任工作队党委副书记的常溪萍就反映了对张磐石的意见,结果被撤了职。工作队背着市委和北大党委,搜集材料,查看档案,找一些人串联,开座谈会,最后弄出材料就有针对性地进行夺权斗争、批斗。陆平他们不服,认为张磐石这套做法是不对的,就通过市委把事情捅到彭真、邓小平那里。接着中央出台了"二十三条"①,否定了秘密串联这套做法,提出"要对干部一分为二,要解放大部分干部,逐步实行群众、干部、工作队三结合"。1965年中央书记处对北大社教运动作出了明确指示,认为"北大是比较好的学校,北大的党是比较好的党,北大党委书记陆平是好人犯了一些错误,不应该把北大作为烂掉的单位,搞夺权斗争"。所以这以后就遵照中央书记处的指示,北大党员干部和社教工作队分别开会,按照"二十三条"总结北大社教运动,纠正前一阶段的错误认识和做法。3月9日至19日在国际饭店召开了北大党员干部会议,就是第一次国际饭店会议,由中共北京市委主持,市委书记处书记万里参加了这个会,做北大党员干部的工作。这些挨批的干部都一肚子的委屈,让他们都发发言,做做他们的工作。同时,工作队也开会进行总结。会后就开始了整顿,按照"二十三条"实行"三结合",检查了前一段运动工作中的主要缺点、错误,摘掉了给一些同志错误地扣上的敌我矛盾的帽子,工作队也作了初步检讨,张磐石的职务被撤了。7月29日,中宣部、高教部、北京市委又联合召开了北大党员干部整风学习会,也就是第二次国际饭店会议。这回是把两边的人凑到一起开会,所谓大伙儿和风细雨地进行讨论,希望能够解除彼此的隔阂,相互和好。这样就给北大党委翻了案,认为张磐石他们的做法是错的。结果只有哲学系总支书记聂元梓未按照整风学习会的要求清理思想,一直顶着,拒不做任

---

① 即1965年1月14日中央发布的《农村社会主义教育运动中目前提出的一些问题》。

何自我批评，仍然坚持工作队的错误，反对北大党委，并坚持积极批斗陆平的立场。后来到了文化大革命，康生和他们一接触，曾经还找过聂元梓谈话，她就刷了第一张大字报。

访：看起来北大社教运动中的种种斗争和文化大革命有着千丝万缕的联系，北大社教就像是文化大革命的一个序幕。

彭：所以我就觉得这一段非常值得思考。在大学中的矛盾是非常复杂的，要是搞宗派斗争，随便抓点东西就可以整对方。因为教育工作中不可能是一点问题没有，但又不是一天两天能解决这些问题的。在解决过程中的不确定性很强，想怎么给人戴帽子就能怎么戴，戴上帽子以后，这种思想又很难再扭转过来。北大社教就说明了这一点，工作队通过串联弄出来的所谓"积极分子"，一直都对中央的最后决定不服，到了文化大革命，就形成了一个很强的派系。一旦派性形成了，大家就不论是非了，要解决问题是非常困难的。在文化大革命中，总理为解决派性问题不知道费了多大的劲儿，像总理这种权威都解决不了，一般人哪儿还能解决得了。那时我总与宋硕聊，他的日子简直没法过了。

访：作为当时中共北京市委大学部的副部长，又是北大社教工作队的负责人之一，他当时的立场是什么？

彭：宋硕其实是支持北大的，这一点很明显。但是工作队是中宣部派的，后台是谁又不清楚，工作很难做。后来才知道幕后是康生、曹轶欧，但是那时他们都不出面。当年曹轶欧是被康生介绍到北京市委大学部当部长，我曾经见过她。她觉得自己在北京市委坐冷板凳，因为彭真、刘仁不怎么在意她。其实宋硕还是很尊重她的，我们也很尊重她，那时我们并不知道她和康生的关系。她一直有一种观念——彭真、刘仁的市委是针刺不进，水泼不进，让她一直在坐冷板凳。张磐石和康生、曹轶欧的关系，我就不大清楚了。这个人可能在思想上就是很"左"。

访：您刚讲到医院的"四清"试点是协和医院。

彭："四清"时，徐运北任协和医院工作队的队长，卫生部医政司副司长李永春和我是副队长。一共调了五六十人，有不少大夫，还有一部分做党的工作的干部，医科院各研究所都来了一个书记或者副书记，卫生部各司派出处长或副处长，或者是最得力的科长等。

协和的社教运动从1964年下半年9、10月份开始，持续了有半年多。刚开始的时候陆定一就接见过我们工作队的负责人，专门谈了"四清"的形式问题。他说："你们可别再去搞残酷斗争了，我们这批人可都接受过教训，都经历过AB团、延安整风，再不搞那种残酷斗争、无情打击了。我相信我们这一代再也不会这么干了。"所以我们在协和没搞残酷斗争这套东西，可是没想到文化大革命却又出现了。不过在当时的历史背景下，无限上纲那套"左"的东西是少不了的。

徐运北到协和开展"四清"运动，最初也没定什么框框，只是因为在卫生部眼里协和比较重要。当时的观念认为协和是帝国主义文化侵略的典型，所以要作为社教运动的试点单位。我们在协和的"四清"比较明确的是不整教授，只整党内，就是整顿党内的领导。当时也正赶上医疗队下乡，教授都跟着下乡了，张孝骞、黄家驷、林巧稚他们都去了农村。我们也是先搜集材料，串联，摸情况。当然协和党委与下边支部的联系也基本上是切断了。工作队分出了工作组，一个科三四个人，工作组便和科主任、支部书记在一块儿讨论，了解情况，还会和科里的每个人进行接触、谈话。同时让协和党委自己总结，做检查。我当时的任务就是参加党委的总结会议，他们一开会我就去，一句话也不说，只听他们讨论。其实就是让党委自己先检讨存在什么问题。那时候总讨论医疗服务的方向问题，到底是不是面向工农，是无产阶级统治，还是资产阶级统治。协和党委的林钧才他们就喊冤，说："这些科研计划项目都是上边规划下来的，我们按照规划做的，规划让做什么就做什么，怎么就成了资产阶级知识分子统治研究了？"

"二十三条"出台以前，我们在协和的党委内部开过会，各个科室党员都作了发言，提出了一些问题，比如"又红又专"，青年医务工作者是不是"又红又专"，有没有脱离劳动、脱离群众、脱离农村。还有领导权问题，是不是教授专权，有没有党委领导。关于研究方向也提了问题，我现在记不清了，可能是拿病人做实验的问题。其实就是治疗介入得比较晚，先观察一下病人的自然病程。也有借着做手术，未经病人同意，做肝穿刺这种事，当时也都批判了。

访：是因为手术中发现这部位有病变？

彭：有这种可能，也有些是想为研究取点材料。那时候肝穿刺是不许随便做的，研究标本比较少。另外还批判了住院医师的24小时值班制，因为这样住院大夫就没有时间关心政治了，完全是老协和那一套，两耳不闻窗外事，一心专钻业务中，是"只专不红"，不是"又红又专"。

协和"四清"中我们始终没有批斗教授，只是搜集了几个干部的政治历史问题材料，主要有林、董、吕三个人。董炳琨是管业务的，吕是管后勤的。正院长是林钧才，山东人，对知识分子还是挺不错的，很尊重知识分子，和医院各科大夫的关系都挺不错的。当时林钧才给自己戴了一个帽子，说他自己是"资本主义当权派"。杨纯则说："我们可没给你戴过任何帽子。"确实大家发言也都没给他戴帽子，我们从来没给他们这些院长戴过帽子。我跟他们都挺熟悉，协和"四清"的时候我就说："我也等着呢！我今儿整你们，哪天你们到我那儿就该整我了。"

1965年"二十三条"出来以后，钱信忠当了卫生部部长，徐运北突然下了台。起初连徐运北自己都不知道他要被免职，过元旦的时候还和我们工作队一起去医院给大家拜年的。结果元旦过完没多久，就突然宣布部长不是他了，我也不知道怎么回事。这以后他就不来参加协和的"四清"工作了，改由卫生部的党组副书记张凯负责了。张凯来了以后，把杨纯调来也当了副队长。因为他不能像徐运北那样天天盯着，徐运北当时把部长的日常工作都放下了，专门在协和蹲点，开展"四清"运动。张凯大概不想这么干，所以把杨纯调来负责协和的"四清"。这样协和"四清"实际上等于是不了了之了。

访：看起来卫生部工作队在协和"四清"工作还是进行得比较谨慎，当时有没有遗留下像北大那样的宗派问题？

彭：我觉得在协和的"四清"倒是没有在内部造成积极分子和党委很大的隔阂和矛盾。但是文化大革命中，当初所搜集到的材料就都被拿了出来，成了批斗的根据，而林钧才和董炳琨也成了主要的批判对象。后来要干部亮相的时候，我也被揪去过好几次，因为协和的许多干部都参加过"四清"工作队，造反派想解放这些干部，要批上边的错误路线，证明他们站在了革命路线上，所以我和杨纯都被揪去当靶子。我当时一听就知道其中的意思，就是为了让这些参加过"四清"的干部出来亮亮相。粉碎"四人帮"以后，我见到林钧才和董炳琨，老得跟他们检讨，林钧才对我说："你们准备的东西，文化大革命都适时拿出来了，都是现成的。"我就开玩笑说："'文革'前我整了你们，'文革'中我也挨整了，说我包庇走资派，文化大革命以后还得给你们检讨"，"当时我都准备好了，在协和我这么整你，到我们单位你也会这么整我"。其实后来大家关系都挺好的，挨整没什么个人的特殊问题，没什么个人特别的账，都是工作的账，那还不都是一样的。

所谓"赤脚医生",指既不脱离生产,也不脱离农村。可以说这些半农半医的赤脚医生是中国农村医疗队伍中一群特殊的群体。那个历史阶段,他们在乡村医疗卫生保健中确实发挥了一定作用。

第6章

"文革"时期的医学教育

值得一说的几个项目

访：如您所说"教育革命"真是"革"了教育的"命",教育秩序遭到极大冲击,随之而来的"文化大革命"对文化教育来说应该破坏性更大。对医学教育的影响主要有哪些特点?

彭："文革"时期的教育基本延续了"教育革命"的思路,值得肯定的东西不多。我想工农兵学员可以谈一谈。北医一共招了六届工农兵学员,从71届起,一直招到76届。最初招的是医疗系,后来公卫系、药学系也招了。医疗系、公卫系学制是三年,药学系两年到两年半。还有一个医护班,就是护士进修一年就能成为医生。估计北医大概前前后后有三千多的工农兵学员。

访：关于医学教育中招收工农兵学员,毛主席是不是有过专门的指示?

彭：应该是在1965年的"六二六"指示中,毛主席说过:医学教育用不着收什么高中生初中生。高小毕业学三年就够了①。这样一来，工农兵学员的整个水平就成了问题，很低。这几届工农兵学员，我觉得最主要的问题就是基础太差了，有的甚至就是小学生水平。我记得71届里程度最低是初小水平。我曾经与人交换过意见，也想过，咱们中国的医学教育就这么个水平的话，那么以后三羧酸循环②就没人懂了。因为学员的理科基础就是那么个状态，三羧酸循环就没法儿讲了。当然，如果有的医生不懂，治疗某些病还是可以的，但从一整代人来讲，却是一个大问题。这样的医学教育怎么可能培养出医学人才？

访：那么"文革"期间的医学研究工作又是什么状态？

彭："文革"期间，医学研究还有几个项目。比如"针刺麻醉"这个项目一直在进行，还有一些中西医结合的项目也有所展开。其间开过一个中西医结合的会议，是周总理主持的③。会议之后就制定了一些中西医结合的研究项目，像急腹症、小儿肺炎等等，主要目的是为当时的政治服务，要创造一个中国的新医学体系。

访：是不是还有"呼吸四病"的研究？

彭：对。所谓"呼吸四病"是指气管炎、老慢支、肺气肿和肺心病。因为毛主席患有气管炎，所以就发动群众运动，到处找新药。实际上像这样大搞群众运动，寻秘方找新药，所谓几十匹马一起上，最后往往是一匹马也找不到。我在密云下乡那时，从上到下都在找草药治气管炎。大夫判

---

① 毛泽东的"六二六"指示中提到："医学教育要改革。根本用不着读那么多书。华佗读的是几年制？明朝的李时珍读的是几年制？医学教育用不着收高中初中生。高小毕业学三年就够了。主要在实践中学习提高。这样的医生放到农村去，就算本事不大，总比骗人的医生与巫医要好。而且农村养得起。书读的越多，越蠢。"（摘自1975年第2期《朝阳医药通讯》）

② 生物体内糖、脂肪和蛋白质氧化代谢的主要途径，是机体获取能量的主要方式。

③ 1970年11月30日至1971年2月12日在北京召开全国中西医结合工作会议。

断治疗有没有效果，完全没有客观的判断，都是凭主观判断，比如病人来了就问："你怎么样？咳嗽好点？"病人说："好点。"医生再问："吐痰好点？"病人还是说："好点。"这样就算是有疗效了，完全没有所谓的随机对照，严格的客观标准。所以这样通过群众运动找新药，显然是不行的，劳民伤财。其实农村里气管炎确实很厉害，很多病人最后都发展为肺心病，所以说病例是很多的。但当时那种群众运动式的科研搞过一段时期后，的确不行，也没有找到什么特效疗法。

文化大革命中还出现了"甩手疗法"①、"红茶菌"疗法、鸡血疗法②等一些所谓的"创新"，结果也都是不了了之。

访：不是有几个中西医结合的研究还是被认为是有成效的吗？

彭：的确，真正做的、抓的，就是针刺麻醉等几个中西医结合的研究以及疟疾的研究。北医韩济生的针刺麻醉研究工作在文化大革命中基本没有中断。1964年辛育龄③（后来当过中日友好医院的院长，胸外科专家）在通县的结核病研究所（现名肺部疾病研究所）在针刺麻醉下做胸外科的肺切除术，这消息比较惊人了。钱信忠就把我们找去了，我也跟着去看了手术。当时总理就说手术实现了，可是针麻的机理还没清楚，所以钱部长让我们做这个研究。我回来后就找基础部负责人和韩济生、汤健谈话，希望他们来研究这针刺麻醉机理。

---

① "甩手疗法"是"文革"时期特有的健身法之一，基本思想是：甩动两手，能够健身。一时间，人们纷纷不停甩手，各单位推广了甩手操，以取代广播体操。

② 流行于1967年的一种保健术。方法是抽取小公鸡（也有说4斤以上重的纯种白色"来航鸡"最好）的鸡血几十到100毫升，注射进人体，每周一次。

③ 辛育龄，胸外科专家，河北高阳人。1947年毕业于中国医科大学，1951年留学苏联，获苏联医学院副博士学位。历任北京市结核病研究所研究员、胸外科主任、副所长，中日友好医院院长，中华医学会副会长等职。1965年开展了针麻肺切除术。

访：当时韩济生是王志均教授的专配助手，主要研究方向应该是消化生理方面吧？

彭：没错。他是1963年给专家配备助手时专门调来做了王志均的助手。那个时候王志均有两个得力的助手，一个韩济生，一个李伟雄。后来韩济生转向到了针麻的研究，李伟雄则转向了生殖生理，与计划生育有关的。两个人都离开了消化生理。所以王志均只能重新培养人，粉碎"四人帮"以后开生理学会时，他就说："我们生理教授差不多都去研究针灸或者计划生育，都快成同行了。"没办法，因为国家比较支持这方面的研究，但是他觉得消化生理还是应该研究的。

和韩济生一起组成针刺麻醉研究小组的还有汤健。汤健这人很出活儿了，是韩济生小组的得力干将。两人合作得非常好，出了很多成果。1984年汤健去美国学习，回国后想搞心房肽的研究，可能觉得针灸研究到头儿了，没什么可再做的了。所以他就和韩济生说他不干了，转而去搞心房肽的研究了。

1965年韩济生等人开始了有关针刺麻醉的研究，到"文革"初期研究中断了一阵子，组里的人也都下放劳动了。1971年西哈努克在北医三院观看了针刺麻醉下的甲状腺切除术以后，周总理再次批示针刺麻醉的研究工作要继续进行。所以韩济生他们被叫回学校，继续研究工作，当时还成立三人研究小组，有韩济生、汤健，还有北大生物系毕业的周仲福。另外，还有一个协和的同志任民峰，他被下放西北，在那儿又没什么事儿，所以经常在我们这儿待着，也参与了研究工作。我记得对外公开针刺麻醉是在北医三院，周孝思教授主刀，在完全依靠针刺麻醉的情况下做了一例甲状腺次全切除。叶剑英和西哈努克都曾来院观看过。①

针刺麻醉算是"文革"时期的一项研究。另外,中西医结合的研究也有一些项目做下来了,有了一些成果。比如急腹症,天津南开医院的吴咸中在那儿建了一个急腹症的研究室,筛选治疗急腹症的中药,确实发现了对肠梗阻很有疗效的中药。但是,还有一些中西医结合的项目,研究起来就比较困难了。举一个例子,小儿肺炎,"文革"中我曾经去病房了解过用中西医结合治疗小儿肺炎的情况。不用抗生素,只用中药,白天还好说,到了晚上,一旦病情有变化,出了问题,家长马上就不同意了。所以研究很难坚持下去,人命关天的事,可是如果用了抗生素,研究也就没法儿继续了。

这一段时期有两个问题要讲讲。一个就是整个医学教育基本没什么发展;第二个就是科研,还保留点,但是研究方法上有问题,有些甚至是非常不科学的办法。这样搞科研哪能出成果?我觉得总体来讲没有什么可肯定的,只有少数几个项目还做出点儿成果。一方面来讲,研究项目本身、研究领域就剩下那么一点儿狭窄的空间。另一方面,仅剩的研究工作中又采取了一些违背科学的方法。

"把医疗卫生的重点放到农村去"

访:"四清"运动结束后,毛主席在与身边医务人员的谈话中曾说道:"'四清'结束,农村的医疗卫生工作是没有结束的!把医疗卫生的重点

---

① 西哈努克于1971年4月29日参观了北医三院,观看了针刺麻醉下进行手术。

放到农村去嘛!"① 而 1965 年出台的"六二六"指示将卫生部批判成"城市老爷卫生部",在医疗卫生界引起了轩然大波。

彭:这里要回过头去说说"文革"前的农村医疗服务。其实"六二六"指示是毛主席和他的保健医生的谈话,钱信忠那时对毛主席的指示是特别注意,他后来就创办了农医系,给毛主席汇报,毛主席很满意。那时候医院自己开设"六二六"病房,为农民服务。农民看病嫌花钱太多,所以就要想法子怎么给农民省钱。很多医院自己搞了"六二六"病房,效果还不错。

到了 1965 年暑假,医学教育出台了两个"三分之一",其中一个是指医疗队要下去三分之一,就是城市医院要有三分之一的人下到农村去。另一个"三分之一"是指学生的课程要减少三分之一,这个源于"七三指示"②。起因是北京市委统计了师范学院学生的情况,然后出了一份简报向团中央汇报,反映学生身体条件不好,慢性病比较多。所以毛主席看到这个简报以后,就作出了批示,建议把课程砍掉三分之一。总之,在"文革"前的教育十七年中,教育的政治功能被发挥得淋漓尽致,给我们留下的教训太多了。

访:60 年代又掀起了一次农村巡回医疗队的高潮,毛主席还是要改变农村的卫生状况?

彭:1965 年 1 月毛泽东在召见钱信忠时说:"你们卫生部想不想面向工农兵?我看你们不想。为什么把医学教育年限搞得那么长!"钱部长回到卫生部以后,立刻就组织了讨论研究。1965 年 2 月 6 日中共中央就下发

---

① 参见《毛泽东思想万岁》(1958—1968),第 135 页。
② 1965 年毛主席对北京师范学院调查材料的批示中写道:"学生负担过重,影响健康,学了也无用。建议从一切活动总量中砍掉三分之一。"

了《关于组织高级医务人员下农村和为农村培养医生问题的批示》。到4月初，据统计有1520多个医疗队，18600名医务人员下到了农村，很多教授都去了，像协和的张孝骞、黄家驷都到湖南去了。我们北医组织了医疗队到通县、承德这些郊区。1965年"六二六"指示出来以后，我专门代表学校领导到密云去慰问咱们北医下到那里的医疗队，也算蜻蜓点水地了解一些情况。

访：毛主席在批评卫生部卫生工作的同时，也提出了如何培养农村医疗人才的问题。这对医学教育有什么影响？

彭：毛主席曾经跟钱信忠说"你得想办法为农村培养人才"，这样钱信忠就跟大伙商量，最后定了一个方案，就是医科大学伸一条腿到农村去。"1965年1月20日，卫生部党组向毛主席呈上一份报告，其内容是在15所医学院校中开办三年制的班，为农村培养医生。毛泽东于第二天就作了'同意照办'的批示。"[①] 这就正式提出来办三年制的农医系，伸条腿到农村去。钱信忠是在1965年1月被任命为卫生部部长的，1965年的3、4月份就办了农医系，一开始北医就接受了这个任务。当时北医的副院长马旭就亲自到农村去蹲点，在密云那里试办三年制农医系，算是专科吧。

访：北医办农医系是怎么个办？是在农村办，还是招收农村的学员到学校里来学习？

彭：所谓"伸一条腿"就是要把这农医系办在农村，在下边学，在下边教。农医系的方案出来以后，马旭就提出来由北医办，所以他就到密云蹲点去了。接着就组织了一个班底，包括基础各学科的老师，还有干部，在密

[①] 参见朱潮、张慰丰编著《新中国医学教育史》，北京医科大学、中国协和医科大学联合出版社，第113页。

云那儿租了房子办班上课了,实在必要的课程再回来上一点。各教研室都派去了一个老师,在当地还开了实验课。招的学生都是当地的,都是招高中生,高中没毕业但差不多已学了两年的也要。后来的赤脚医生是半农半医,但是这个农医系则是全日制。

现在看起来在农村办大专还是非常合适的,到了80年代,我们农医系的学生都成为当地卫生院的骨干了。不过很可惜,最后没怎么发展起来。现在九江医专还是坚持专科,一直都没有升级,一直是为农村培养大专生,美国的中华医学基金会也很支持他们。

访:农医系只办了这么一个班?

彭:就只这一个班,接着就文化大革命了,后来就没有再办。文化大革命中,这些人也造反,要造反回学校,要在学校再接着上课。他们倒是想复课闹革命。

访:前面您时常提到农村医疗问题是中国卫生的一个特色问题,您在

江西永修县"五七"干校

最高端的医科大学工作,是如何了解和看待中国的农村医疗问题的呢?

彭:我对农村有具体的生活体验是"文革"期间下放干校劳动时,是在江西农村。当时的生产力水平完全就跟诸葛亮时代一样,这一点给我特别深的印象。那儿耕地用的是樟木犁,还不是铁犁,大木头犁非常重。然后拿个竹竿驱头牛,身上穿的是蓑衣。南方的田地都是山垄,一垄一垄的。干校在茶山垄,最大的一块平面,在一个水平面的也就五亩地,别的都是零点二亩,一点三亩。我们在干校愿意弄些测量,把这些地都标上,比如连队一百多人,一百多亩,共几十块地。

访:您当时下放到了江西哪个地方?

彭:江西永修,1969年8月和卫生部的一批干部一块儿下放到江西永修县"五七干校"。当时我觉得,这样的地理条件是没办法机械化的。地都不在一个水平线上,最上头有一个水塘,像个小水库,小水库的水就一直往下流,这就是所谓的"水田"。这样一来,也不太可能施肥,水流一冲,就把肥料全都冲走了。所以种地就要先种草,像马齿苋这一类植物,然后再把这些草都翻到地里,就当是肥料了。化肥是极少施的,倒都算是天然肥料。有幸我们那块地没有血吸虫,但蚂蟥很多。耕地的时候,蚂蟥就吸在腿上了,只能休息的时候从地里上来再把蚂蟥都拍掉。因此我就联想到血吸虫的疫区,在那种生产力条件下,老百姓不可能不得血吸虫病的。那时候总说二十年实现机械化,老实说,就当时所感受到的生产力状况,我觉得是不太可能的。再加上插秧、拔秧,都是机械化最不好干的事。

农村的卫生情况更没法说了,村子里头都是放着养猪,路上或门口,弄块石头一挡,能不让猪乱跑就行,人都是光着脚。所以由于生产力的水平,我觉得在南方水网地区解决血吸虫的问题真是很难的。这是我对南方农村的一点儿实际体会。

访：对于文化大革命期间积极的评价可能在于农村医疗卫生服务方面，而其他方面的评价可能负面的更多一些。

彭："文革"中的医疗队下乡、开门办学、半农半医、赤脚医生，这些举措有值得肯定的地方，但是就医学教育长远的发展来看，这一套还是行不通的。当时江西医学院把整个医学院都办到农村去了，山东医学院也搬到下边去了，等于说校本部没人了，因为要求所谓的"屁股坐在农村"。我原来就想，这么做对于眼前或许有些好处，可是下那么多"蛋"，在农村办了那么多学校，最后的结果是根本办不下去。怎么可能办下去呢？农村那么样一个条件，怎么可能办好一个医学院呢？农村医疗问题终归是一个问题，解决起来很不容易，恐怕不能急。

访：当时卫生部曾经在农村搞过"两管五改"（管水、管粪，改水井、改厕所、改畜圈、改炉灶、改环境）的工作，应该有一些成效吧？

彭：实际上猪还是满处跑，要想有成效，难度是很大的。所以我的体会就是如果不结合农村整体建设进行全盘考虑，农村卫生工作真是太难开展了，哪里晓得到底能做到什么程度呢？其实江西那里（当时）还不是最落后的地区，还算是丘陵地带。

解决农村的卫生医疗问题确实是大难题，建国初期的50年代曾经组织了一批批医学院校的下乡医疗队，这些医疗队在乡村也是做了一些实际的医疗工作。那时候一到暑假，北医就组织了好多的医疗队下乡。我记得50年代初我们曾组织过"抗梅队"（治疗梅毒），到少数民族地区去。老师和学生一块儿到青海、内蒙那一带。这些都做得挺不错的，对学生来讲是很深刻的教育，对当地来讲工作也很有成效。另外也组织过医疗队到山东防治黑热病，到南方主要是防治血吸虫病。当时差不多所有的医学院校在暑假都去农村防病治病。到1953、1954年以后，医疗队下乡就很少了。因为院系调整以后，医学院校的工作都逐渐正规化了，学校的教学渐渐走向正轨，这方面的工作也就接触不多了。

赤脚医生

访：除了农医系外，您也提到了60年代的半农半医。1968年在《红旗》杂志上正式提出了"赤脚医生"的称呼，半农半医与赤脚医生是什么关系？

彭：在"文革"之前，在农村就有了半农半医的医务人员，后来《红旗》杂志提出了"赤脚医生"的称呼，于是"赤脚医生"就成为半农半医医务人员的正式名称。钱信忠对半农半医的设计方案是非常好的。要求学习三年，每年都是农忙的时候不学，利用农闲半年的时间学，这么三年下来，实际上等于学习了一年多，就可以当赤脚医生。目的是培养有初中或高中文化的人当"半农半医"。所谓"赤脚医生"，指既不脱离生产，也不脱离农村。可以说这些半农半医的赤脚医生是中国农村医疗队伍中一个特殊的群体。那个历史阶段，他们在乡村医疗卫生保健中确实发挥了一定作用。

老的赤脚医生都还不错，都是下乡的医疗工作队培训出来的。刚才说到的下乡医疗队就在当地帮助培训了赤脚医生。北医的医疗队在密云的各个公社都开办了半农半医班，培训赤脚医生，差不多有三分之一的公社都有北医医疗队的人。"留下一支不走的医疗队"，就是指培养半农半医，要不医疗队一走就什么都没有了。

1974、1975年的时候我在密云搞过赤脚医生的培训，办了一年的"社来社去"班。所谓"社来社去"，就是从哪来回哪儿去，哪个公社派来的，毕业了再回哪个公社去，专门培养赤脚医生，一年就毕业。同时北医在延庆、昌平也都办了这样的培训班。办这个班之前，我先到农村去做了一些调查研究，做了些了解。其实对农村第一线医生的水平要求是挺高的，因为病人没法转院，他要能就地急救。比如急性中毒，甚至于休克这些问题，他都要能够应急处理了。我在实地做了调查，对于赤脚医生都是什么水平，培训班要解决些什么问题，做了些了解。赤脚医生在第一线碰到的问题怎么能处理好，培训应该着重去研究他们第一线可能碰到的问题。比如服毒，在农村误服有机磷造成中毒是很常见的。再就是流行性脑膜炎。调查以后，我就知道为了能够解决当地的问题，哪些东西应该有针对性地教授给他们，他们也需要一定水平的理论知识。当然不能按着大学那样一科一科地教，教点儿基本的理论以后，再针对当地的实际医疗问题教授一些。我把这些问题排了排，然后就请北大医院的教授下去办这个班。

访：培训班学员的文化水平是怎样的？听说有个试点班，还教学生学点英文？

彭：培训班学员大多是初小毕业，还有几个中学生。那会儿我被"解放"了，代理了一段时间医教组的大组长。正好在搞"开门办学"①，所以我就在密云蹲点"开门办学"。这期间就组织办了一年的"社来社去"班。

当时我带了一个班的同学，736班，是个试点班。这个试点班还出了

---

①"文革"期间提出农业大学统统搬到农村去办，医学院也要面向农村，要求师生在为贫下中农服务的过程中学习防病治病的知识。因此，各医学院校便纷纷到农村去开门办学。

一段小插曲,那时候我让他们这个班学点儿英文,因为正好有个英文老师也跟着一起下去,学生也是挺愿意学的。所以有人贴大字报说是"回潮班",试点试成了"智育"第一的班,不是"革命"的班。但是议论归议论,也没真去批我。

当时提倡学"朝农"(朝阳农学院),医学院校怎么学呢?一个是学习上海的华山医院,开展医院办学,另一个是孙立哲自学成才,就这么两个典型。所以试点班就是要打破老三段,不是一门课一门课地进行学习,要带着学生下到基层去,教员也跟着下去。实际中遇到什么问题老师就教什么,学生就学什么。我带了这么一个班的学生和八九个老师,内、外、妇、儿科各一个,还有基础的几个,有生理的汤健、解剖的谭曾鲁、微生物的陈慰峰、生化的周爱儒、药理的蔡志基等。这就下到密云"开门办学"了。

在我蹲点的这一时期还有一桩事。当时建立了公社卫生院,密云水库北边有几个公社卫生院想开展腹部外科手术。所以我就让他们的几个外科大夫到北医的解剖教研室来学点解剖。因为外科大夫要在当地做手术,转病人太麻烦了。有条件的话,希望在当地能开展一些上腹部的手术。下腹部的手术有时还能开展一部分,上腹部就难一点,所以就让他们到北医学习学习。后来就有人刷我的大字报,说:"都是下去闹革命的,哪还有上来的?"幸好北京市卫生局的局长与我挺熟的,发现此事后立即制止了,没让闹起来。

访:他们在北医怎样进行学习?需要做人体的局部解剖实验吗?大概学习了多久?

彭:那时城里都没什么学生了,我们就找了几个解剖教研室的老师给他们讲讲解剖课程。当然要做局部解剖,不了解实际的人体结构怎么能开展手术？当时大概有六七个，都是库北几个重点卫生院的外科大夫。目的就是让他们提高一下，否则，公社卫生院的医生没有这些解剖知识，做外科手术太危险了。

其实他们学习的时间也不长，可能就几个礼拜。重点学习了几个部位，比如腹部。对于这些基层的外科大夫而言，临床技能的培训更为实用，基础理论只能根据临床需求选择性地学习，主要综合到临床内容中讲授。像《正常人体学》、《疾病防治学》两本书对于赤脚医生可是很有用的。

实际上在农村确实有非常大的空间有所作为。我刚提到的陈慰峰那时也下放到县医院工作，是我们试点班的老师。那阵子我就和他商量说"你帮他们县医院把微生物培养搞起来吧"，因为县医院里没有细菌培养，要做细菌培养就得送城里头来。所以我们就想办法在检验科里头开展细菌培养。县医院当时都比较困难。密云县医院虽然修了楼，但是像细菌培养这些东西都还欠缺。医生多是医专毕业的，大学毕业生只是极个别的几个。

这里有一段插曲，就是我前面说到的赤脚医生孙立哲。他在文化大革命时是很有名的，也是学"朝农"时期自学成才的一个典型。当时的说法就是"延安有个孙立哲自学成才，自己做了很多手术"。

孙立哲是清华附中的学生，下乡到延安去的知青。他在窑洞里做了几十例手术，包括上腹部的胃大部切除。而且他完完全全是自学成才，没有任何外来帮助，完全独立地做了这些手术。那时他可是赫赫有名的，是赤脚医生标兵。有很多传言说他做了多少多少手术。为什么做这些手术？怎么自学的呢？1974年北京市卫生局就派了北医和北二医的一组人到延安去考察他，了解这些到底是不是属实，如果是真的，那么教育改革应该怎么样吸取他的这些经验。我们这个调查组里有黄楚庭、李光弼、陆绍美，他们有的是外科里的一把手,还有二医①的解剖教员和人民医院管教学的副书记吴景春。我们认真地调查了他的病例和手术,结果证明孙立哲做手术的情况确实属实。能找到的病人一个一个我们都访问了,他的病例记录我们也仔细核实,也都完全属实。然后他就和我们讲自己为什么要做这事儿,怎么学的这些。他说当地实在是太艰苦了,都是山路,没有交通工具,病人只能人抬着往县医院送,重病人几乎不可能活着送到医院。所以他就下决心要在当地做手术,就开始自学。他真自学了不少东西,学习笔记我们都看了。他自学了一段儿以后,趁回京探亲时,又托人联系到北京的酒仙桥医院,在那儿又学习了一段儿。他还培养了一个麻醉师,叫杨柳青,另外还有一个助手。这几十例手术都是他们这一组人独立完成的。粉碎"四人帮"以后,当地想让他当延安地区的卫生局长,他不当,后来去澳大利亚念学位了。这个事能说明点问题,就是破除"老三段"是有可能的,但也就只能做个手术匠,再往前发展就困难了。所以孙立哲自己坚决要系统学习,就出去读学位了。那时候树了十几个赤脚医生标兵,还送赤脚医生去参加世界卫生大会,完全是出于政治考量。想用孙立哲这种方法去解决农村医疗问题是不可能的,孙立哲也只是一个特例,仅仅是一个个案,总体上不可能靠这种法子解决问题。

对农村医疗问题的思索

访:20世纪60、70年代您有过在农村生活、生产的亲身经历,又参与过赤脚医生的培训工作,那么您对于解决农村医疗问题有哪些体会和想

---

① 现为首都医科大学。

法呢？

彭：在60、70年代解决农村医疗人才主要有两个措施，一个是半农半医，培养赤脚医生；一个是伸条腿，培养三年制的专科医生。那时县医院、卫生院里头基本没有本科毕业的医生。中专毕业的有那么一部分，但是也不多。在乡的医药合作社（后来转成乡卫生院了）里仅仅有些老中医。我在文化大革命中到干校去以后，曾经到河北的淮淀插队，属于宁河县的一个大村子，村子有几千号人。他们村子就有一个赤脚医生门诊部，当时我就觉得他们的赤脚医生工作开展得相当不错，确实能处理一些农村里的医疗问题。所以培养赤脚医生是一条路。

到开门办学的时候，要求带着一个班的工农兵学员到农村去学临床课，因为要结合生产实践，临床课不能在大医院学，都要到地方去。所以我就到了邯郸、邢台地区考察，太行山地区也去了一些地方，当时也给我留下了十分深刻的印象。太行山地区是食管癌的高发地，我们在卫生院里看到患食管癌的老太太瘦得不成人样，一点东西都吃不下，最后完全是因为营养不良，人活活给饿死了，可是只能眼睁睁地看着，没有一点办法。在个别的乡卫生院、中心卫生院里，有下放的河北医大的大夫，有大夫做过肾上腺切除术，可这样的病人又能碰上几个呢？确定在县医院开展开门办学以后，医学院校的大夫带着学生到下面去看当地的病人，当地的医生也跟着学点儿。

考察了一圈后，我心里有点数了，知道在大一点的县最好办两个县医院，因为幅员太大，送病人太麻烦。除了县医院以外，还有中心卫生院，一个中心卫生院再附设几个一般卫生院。以后我就代理了医教组的组长，1974、1975年自己带了一个班到密云开门办学去了。同时又请北大医院的医生在那儿办了一年培训赤脚医生的"社来社去"班。当时我感觉让病人转院时赤脚医生陪着病人上县医院是一个很好的措施,这样他还能接着在县医院学到东西。所以我认为医疗网、双向会诊等这些本身要是一个教育网才行。把赤脚医生的培养放到当地县医院的视野中,既能培养提高赤脚医生,又能了解到赤脚医生医疗工作中的问题是什么,上边的医生和他们一块儿讨论着解决。医疗预防网要是个教育网,而且这个教育网又必须是长期的。赤脚医生都是些没有受过充分教育的人,当医生他肯定不是完全合格的,要想办法让他合格。而且即使派了合格的医生到那里了,他们也不可能在农村待得住,所以既是医疗预防网,又是教育网才行,才能让这些赤脚医生进一步学习,进一步向合格发展。这是我比较清楚的一点认识。

其实我始终没有弄清楚"把医疗工作的重点放到农村去"到底应该怎么做。道理上讲我觉得完全是正确的,但一到实际卫生工作中就觉得这个问题难以解决,即使到现在也还是这样。这个问题和卫生资源的"倒三角"问题很类似,世界卫生组织讨论过很多次,也拿不出好的解决方案。医药工作的重点放到农村去始终是个大问题,文化大革命中刘少奇讲过要城乡兼顾,我也觉得很有道理,可是当时却被说成是对抗毛主席的路线。我感觉这问题要好好研究,我现在也得不出一个很明确的意见,应该怎么办才是正确的,只是觉得这个问题会存在于一个很长的历史阶段中。究竟怎么做才算医疗重点在农村呢?美国农业人口很少,不存在这个问题。

因此我觉得应该正面去探索这个问题,没有必要拿这个问题去给别人扣帽子,尝试各种解决办法就行。比如文化大革命中山东医学院、江西医学院把一个学校分成好几个,搬到农村办学去了,但是这样办,看起来行不通。从医学要发展的角度看,恐怕不能这么办,医学院校还是应该办在城市里。因为医学院是必须集中到一定规模的,否则没法儿取得一定的经验进行医学教育，尤其是临床学科。我认为随着经济的发展，为农村培养的医学人才应该总是在不断过渡，开始是三年制，可能在不太发达的地区医院这也是比较难的，但是随着经济条件的发展，医生的水平也要提高，所以要创造一种不断提高的机制。否则的话，这种水平的医生到那里时间长了以后，他占了那个地方，再派合乎正规训练的医生去大概很难得到群众的信任。群众已经信任这些医生，所以问题关键是怎么帮助他们再去提高。这种进修还不同于别的进修，有一个质量的变化。别的进修就只是随着整体医学的发展不要落后就行，而这种进修则是一种阶段性质量的提高。三年制和五年制是有一个很大的不同，在基础理论等方面的认识上还有很大不同，完全大换血显然是不现实的。所以怎样把目前的学历教育与毕业后的继续教育结合起来，这可能还是一个中国特色的问题。这就又联系到教育和社会的关系，教育理应推动社会的进步，但是由于条件所限，又不能为那些经过充分训练的人发挥才能搭建舞台，这个问题在医学上很明显。

80年代我又去了密云。农医系的毕业生想聚会一次，非得找我去。那次他们对我说北医办的农医系开花了，他们都成了县医院和中心卫生院的骨干了，人才到这时候起了作用了，经过了一个相当长的成长周期。这样从实践看起来，农村的医疗人才，大专还比较合适，好一点的县应该和城里一样，用本科生，只要经济发展上去，我看是完全可以的。九几年的时候，我去过云南思茅地区，就觉得地区医院，所谓地级市的医院，无论如何要按三级医院的要求建设。但他们那儿也存在孔雀东南飞的问题，留不住人才，不少到广州、珠江三角洲去了。

访：北医在思茅还办过一个教学班？

彭：办过大专班。当地人说这班学生尽给他们露脸。有人上老挝参加

1984年与西藏医疗班的同学在一起

执业考试,大专班毕业的人都能考过,别人都考不过去。后来这班学生坚持在县医院工作的都不多。现在看起来,连大专班的人都不愿待在那地方,留不住人是个问题。我记得1993年去的时候,思茅那里还留住了些人,但还是留不住最好的,可能经济再好些能留住点人。像在广东一带县医院工作的内地医生,以前都是在内地市级医院工作的。我前些年去过顺德、南海的市(县)医院,牙科的博士硕士都好几个。那条件是真好,都是海外华侨投资建的医院。

访:80年代后您依然关注农村医疗问题,曾经出任过农村卫生协会的副会长。

彭:大概是1986年以后一直到2000年的事情。农村卫协是个民间团体,主要关注和讨论一些农村医学问题。在中国存在着一些特殊的农村医疗问题,在国际上并没有太多的人关注,因为像美国这样的发达国家不存在这些农村医疗问题。

访:您认为中国的农村医疗主要有哪些问题?

彭:我觉得中国的农村医疗问题就是三个问题:医疗保障制度问题,医学人才问题,医疗卫生服务机构问题。这三个方面应该是三位一体,要一揽子去解决才成,单独去解决,不可能解决好。三个方面得协调起来,比如只有建立了农村合作医疗保障制度,才能保证农民看得起病、医疗卫生机构的经营和医疗人员的收入。所以要研究这三个方面要怎样互动,作为一个package往前走,哪一方面超前或滞后都不行。我曾了解到了一些经验，比如改革开放以后，因为没有了集体经济的依托，农村合作医疗差不多都吹光了，乡卫生院几乎没什么资金买设备。有些地方就采用集资的办法帮助乡卫生院买设备。然后谁集资谁就能得到点优厚的待遇，适当地有些经济上的优惠，这样还能把人才养住，留住一些人才。所以实质上还是要三者互相统一、协调起来一块儿发展。当年我们农村卫协就农村医疗模式问题作过很多研究讨论，可以看到国际上的先进经验，多半是这三方面的统一结合。现在解决了农村合作医疗是很有好处的，这样可以保证筹资。但是另外两个方面不解决也不行，还是不能充分发挥筹资的作用。没有好的大夫，乡卫生院建不起来，没有好的医疗卫生服务机构为农民服务。

同时，我也想过通过农村问题看看决策问题，农村医疗问题的决策是个什么状态？90年代，我们政协组织了一次关于农村社会发展的调查研究，希望推动合作医疗，中央也开过几次会研究这个问题。但收效甚微，推动起来很困难。那一时期国务院认为合作医疗是加重农民负担，一说合作医疗，就觉得是在加重农民负担。因为推广合作医疗要筹资，再加上政府财政支持有限，完全靠农民自愿交钱确实挺难的，总要出台些强制性的措施，这样一来就成了要加重农民负担。所以我发现在决策中真正把农村问题认识到位是个非常非常艰苦的过程，决策民主化也很难实现。最早咱们国家的资本金积累其实都是靠农村的积累，实际上是剥削农民积累下来的。从剥削农村来积累到现在需要反哺农村，工业要支援农业，政府要拿钱支持农村社会发展。这一个过程的认识应该说是好的，也是一个艰苦的过程。

在农村医疗问题中，我感觉决策问题可能是最重要的。前面说了社会医疗保障、医疗人才和医疗服务机构三个问题。其中社会医疗保障不可能完全靠农民，农民的年收入就那么点儿，拿不出那么多的钱去投保。现在的情况就比较好了，政府财政加大了这方面的投入，实际出了大头。第二个问题是适宜农村的卫生人才。我总觉得人才的水平应该随着时代的发展不断提高。最初我们限于条件只能用那些没有经过充分训练，严格上说不够合格的人。但是还要考虑到怎么用这些人，怎么巧妙地用。这就是我上面提到的教育网的问题，无论如何县医院要成为一个培养赤脚医生的中心，有了这种觉悟可能才能真正地对县里的医疗问题有帮助，对赤脚医生有提高。这与世界卫生组织所提倡的培养五星级医生是相符的。卫生工作者要训练出一种全局观念，能看到整个人才队伍怎么培养，不是就看一个病怎么治好。我想中国特色就是农村问题，中国社会进步最主要的也是农村的进步，那么大个农村怎么现代化，怎么和国际接轨？所以医学教育也好，医疗卫生工作也好，要放在这样一个背景中，联系这些问题去分析、研究。这可能就算从实际出发，有现实意义的工作了。

现在我一个深刻的印象,就是原来只想怎么学习西方,而现在就觉得有一点中国特色的问题是可以研究的了。这些研究或许对世界问题的解决能有所帮助。要做创新性的大学,对世界没有贡献是不行的。

第7章
确立创一流学校的奋斗目标

知名大学要有自己的"王牌"

访：粉碎"四人帮"以后，医学教育开始步入正轨，改革开放使得我们发现中国现代医学已明显地落后了，又面临着如何追赶国际先进水平的任务。北医如何确定发展方向呢？

彭：新的历史时期比较重要的问题就是创一流学校，这成为改革开放以后学校总的奋斗目标。1980年北医召开了第六届党代会，在此之前主要做了一些恢复性的工作。一是恢复了招生，1977、1978、1979三届都是招收五年制，1980年起恢复招收六年制。第二是学校的管理体制改变了，改为由卫生部直接领导，时间是在1978年。同时北医、北京中医学院、上海第一医学院、中山医学院、四川医学院五所医学院校被确定为由教育部和卫生部双重领导的学校，即所谓重点大学。1950年代初北医收归卫生部领导，脱离了北大；1958年改到地方，1962、1963年又收归卫生部，到了文化大革命时期又改为由北京市领导。这一段时期，学校的体制一直变来变去，也很难确立长远的发展规划。第三项恢复工作就是评定职称了，将教授的职称恢复起来了。1979年就恢复评定了第一批，评了大概三十个教授，六十几个副教授，还有讲师、助理研究员等等。

访：您所说的"创一流学校"，在当时有具体的目标指向吗？

彭：1980年9月，北医召开了第六次党代会。一方面总结了以前的经验，比较重要的几条包括加强和改善党的领导，而这个问题中心就是对待知识分子的问题。另外还有总结办学经验，实际上是把科研、教育和医疗这三个问题并列放到同等重要的地位，当时提出的奋斗目标是到20世纪末，要使北医成为进入国际先进行列的医学院校。对于学科建设问题，提出"力争有一批学科处于国内领先的地位……成长一批世界上一流的学者"。一个好的大学，世界级的知名大学，就像冯传汉所说的需要有自己的"trump card"——王牌，没有几张王牌不行，学校要有几个王牌学科，教授要有王牌大师。大学没大师怎么能算大学？大学要知名最重要的就是教授，总得有一定数量的教授是世界一流的。当时希望本科生教育"尽快地进入世界较高的水平"，并且"培养出相当数量、合乎规格的硕士生、博士生和专科医生"。所以1980年的党代会明确了北医的发展思路，就是赶超国际水平，在国际上要跻身先进行列。

访：既然1980年北医的领导层就确定了跻身国际先进行列的发展思路，那么必然涉及资金筹措、人才培养、学科建设等一系列的具体问题。当时有过什么样的规划？

彭：1980年北医就从教育部获得了世界银行500万美金的贷款，北医是贷款项目中唯一的一所医学院校。这个贷款是最实惠的，对北医的发展很有利。当时王镭在教育部工作，所以他就为医学院争取上了这个项目。他为非综合性大学争取了一个医学院，一个农学院。

访：北医不是属于卫生部和教育部双管的院校吗？

彭：医学院校主要还是卫生部管。刚开始发展，最主要的就是筹资，要想办法从政府那儿获得资助。教育部希望他们不仅仅是教育部直属大学的教育部，而是全国高校的教育部。假如资助项目不包括医学院校和农学院校，那不就成了理工科大学和综合大学的教育部了？所以医学、农学总得各选一所，这样就把北医和农大都排进世行项目里去了。可以说北医沾了这个光，500万的贷款是非常解决问题的，既包括设备，也包括了人员培训。免疫学的流式细胞仪，药学系的一些核磁分辨设备都是那时引进的。如果没有这些设备，科研水平是不可能提高的。另外一部分钱则作为人员培训的经费。原来大家就是喜欢搞硬件，弄设备，可是从这个项目看起来，人员的培养也是很必要的。通过世界银行贷款出外交流的人，我记得好像差不多100人吧。有了这笔贷款，北医的科研条件比较快地就上了一个台阶，最早出了一批科研文章，这就可以在医学院校中站住脚了。两年以后，卫生部也开始争取贷款，卫生部的贷款主要是拨发给它的直属院校，给北医也拨了一点儿，但是不多。因为我们前面已经得到世界银行的贷款了，所以就说"教育部已经给你们北医了，卫生部就不给了"，到最后我们还是争取了200万。

1986年北医召开了第七次党代会，那时我们比较明确的、最实在的就是学科建设，学校要想高水平，很重要的就是学科。首先要把科研、教学、医疗以及国内国际的交流和人才队伍这一套纳入学科建设，并逐渐系统地加以建设。为此，我们就把医学院的这些学科的队伍都排了排队。

访：怎么样的学科"排队"呢？

彭：我们把学科分成了两部分，一类是重点学科，一类是主要学科。主要学科就是各个专业领域中最重要的学科，比如临床学科中的内科、外科，公共卫生中的流行病。而重点学科就是从目前条件来看在国内外都比较有地位的，从北大医院来讲就是泌尿外科、肾内科等，人民医院就是血液病和肝炎研究。到1989年教委审批，通过了北医的11个学科作为全国的重点学科。当初希望国家对重点学科能多些支持，而我记得后来的支持力度也并不强。

1993年2月12—13日，国家教委组织教育司、研究生办公室和国务院学位办公室一行人到北医考察生理、病理等重点学科。后来还提出了几点意见——"除了原来的11个全国高等学校重点学科点外，还有些学科有潜力加强建设……国家再重点建设投资是不可能了，但是学科相关联的配套设施和重点学科还是可以再增加一些投入的"，并且中央已批准实施"211工程"建设项目的指示也于此时正式传达到了北医。15日，在校党委常委会上就对申报"211工程"项目进行了讨论，并开始组织了"211工程"领导小组、工作小组，着手材料申报和论证工作。

实际上，北医进入"211工程"，中间有一段曲折。卫生部曾经有一个想法，觉得给北医的支持已经很多了，所以想平衡一下，就希望让上海医科大学第一批进入"211"，北医等第二批再说。听了这消息以后，王德炳和我们都急了，王德炳就说："假如不批北医进211，我非得辞了这校长的位子。"我还说他这不成了"要挟"（笑）。后来到国家计委、教育部等部门做了很多工作，获得了一

1990年代，在重点学科发展研讨会上讲话

些支持。当时在卫生部里要求平衡的意见还挺多的。原来卫生部对北医的支持都是没有太多异议的，1985年北医被确定为7所重点学校之一后，卫生部也都给北医投钱了。因此卫生部就说"卫生系统的基建经费你们北医拿去了大数量的"，当时卫生部的直属院校有13所，他们就觉得这次"211"应该让别的院校先进。后来北医和北大合并，有些同志就不十分高兴，觉得支持了半天还是走了。所以那时我就经常讲，卫生部要办什么事情，在北医借房子、用房子这类的事，我们都应该无条件地支持，像卫生经济研究所、医院管理研究所都设在了北医。

访：不过后来两所学校都是第一批进入了"211工程"。

彭：后来也是两家争执不下，就都第一批进了。第一批进入"211工程"的高校有100所，结果太多了，国家拿不出那么多钱支持。

北医与北大的合并

访：您刚提到北医与北大合并，2000年两校正式合并，北京医科大学更名为北京大学医学部。据我们了解，实际上从1994年北医与北大开始联合办学起，有关两校合并的问题就有所酝酿。

彭：北医肿瘤所的李吉友教授和北大教务部负责人挺熟，在一起聊的时候说到了两家要不要合并的问题。北医曾经在正式的校委会上还讨论过一次这问题，当时有相当一批教授是不赞成的，觉得北医的这块牌子不能丢，丢了太可惜了。许多教授认为他们那一代人为了北医的牌子付出了很多的努力，都不想丢了这块牌子。不过，学校领导的意见还是比较一致的，认为从长远来看，合并还是有利的，从当前讲是有利也有弊。目前像咱们国家的这种大学还是靠吃皇粮，卫生系统是不可能总拿卫生事业费支持医学教育。以后北医如果不归属教育部，到时候他们想给北医支持都是不可能的，而以前我们都是想了各种办法，才能在教育部得到支持。我们一直和王镭保持着密切联系，他先在高教处，后来到了高等教育司，他还总为医学院校说话。教育部中北大、清华毕业的人较多，他们一般都想不到医学院校。这样我们觉得与北大合并，对于近期的经费争取有好处，学科问题则从长远看是绝对有好处的，对于学科交叉、融合都有利。而最大的弊端就是两个，一个就是北医的牌子没了，第二个就怕北大在管理上统得太厉害，这样不利于北医自身的发展，特别是不利于医院的发展。与北大的协作，如果务实的东西得不到，结果管理上的障碍还挺多，北医就会比较被动了。

但从整个国家来讲，一所真正的综合大学都没有，只有理工科或文理法的综合大学，没有涵盖理工农医的综合大学，也是说不过去的，所以合并对于国家的教育有好处。其实从1993年起我们就讨论了合校问题，长远的方向是明确了，但还是要一步一步走，不能急。为什么呢？因为要是合并了，上边一个钱不给，什么支持条件都没有，很多困难问题都不解决，这样的话我们就先不要合并。所以总是一点一点地往前推进，最实质的那一步老是没有迈出去，总在等待时机。不过我们内部的意见都比较统一了，和北大的人也都比较熟，我们分析认为北医和北大合并是最有条件的。因为从历史上看，1950年以前北医和北大就是一个学校的。但是，如果1950年北医不从北大分出来成为卫生部直属，北医是绝不可能发展成这么大规模的。综合大学中的医学院没有这么大规模的，国外的剑桥、牛津、约翰·霍普金斯、哈佛的医学院每年最多招生100多人，像咱们招收这么多数量的学生，医学院成为大学的一个"大肿瘤"。合并以后遗留的问题还是挺多的,通过改革将来还是应该能解决的。我的看法就是——实质上将来改革的方向应该是"教授治校",大学应该是比较独立的。

附属医院与专科培训

访:但是北医与北大合校后,北医隶属于教育部管理,这就出现了一个问题,北医的附属医院的管理归属如何解决?

彭:这个我们早估计到了。教育部的事情这么多,绝对难以估计到这个医疗教育行业的全部问题,同时现在教育部也不可能管医院,这应该是卫生部的事情,这个问题是很难解决的。那时我就和王德炳商量,总得想一切办法能让卫生部支持、管理医院一个时期,当然是短时期的,卫生部也不可能长时期地当医院的总院长,长远来看将来要演变成为行业管理。但是怕会遗留一些行政管理的问题,就希望通过卫生部能有一些渠道去解决。当时是希望卫生部和教育部是不是能合办一个北京大学医学中心,这样来解决医院的管理问题。但是最后也没建成,卫生部的顾虑挺多,就搁在一边了。实质上有关医院管理的问题也不完全是因为两校合并才出现的,原来直属卫生部时,这些医科大附属医院的管理问题就没解决好。医学院校的这些医院都是在各个地区很重要的医疗机构,华西的附属医院在整个西南地区是首屈一指的,中山医学院的附属医院是两广地区的医疗中心,但是卫生部对于这些医院的管理没能建立一个很好的沟通渠道。因为医院问题太复杂了,改革起来牵动性太大。咱们总想把公共卫生的体系建立起来,一直喊要"建设好社区卫生机构",可是这些大医院不与基层医疗机构统一起来管理,总是对立着怎么能行?所以我说医院现在是苦日子、乱世，各路神仙显神通，很是有空间的。

访：记得我们在谈论建国初期的中国医学教育时，您曾提及50年代初期，在高等医学教育中实行三年制的"专科重点制"，其中包括了妇科、儿科等专业。这种举措主要是为了应急，由于当时的医务人员太匮乏。而"文革"后又在本科教育中设立五年制的专科培训，是出于什么样的考虑呢？

彭：某些医学专业设置是因为在原有的计划经济体制下，有些专业吸引不来本科毕业生，因此就希望在本科阶段先把专业固定下来。"文革"结束恢复本科招生以后，曾经对医学教育的专业进行过调整，也开会研究过专业设置问题。80年代末90年代初的那几年曾经扩大了一批专业的本科招生，比如妇幼卫生、精神卫生、医学检验等，相当于是把毕业后教育放在了本科阶段。

当时很有意思，起初卫生部在广州开了一次会，研究专业问题，我也参加了。会上基本否定了招收妇幼、精神病、医学检验等专业的本科生，认为这些都应该放在毕业后教育中，不能在大学本科设立这些专业。可是后来不到一年，教育部在南京又开了一次会，结果是把这些专业都通过了，在本科教育中就设立了这几个专业。不过慢慢地这些专业还是办不下去了，因为专业面太窄，毕业生很难分配到合适的工作，最后也就都取消了。

访：不过对于本科的医学检验专业个别院校还有所保留。

彭：把医学检验放在本科教育中是有一定好处的。过去做医学检验的或是学临床医学的转做检验，或是学化学或生物的转做这行。文化大革命中北大生物系的领导还和我说"我们干脆转成检验专业吧"，因为觉得在当时生物专业没用，医学检验还有点实用价值。

为什么不重新设立法医专业？

访：在专业建设方面，我们留意到一个有趣的问题。中国医学院校中的第一个法医教研室是1931年8月在北医建立的，中国现代法医学的创始人林幾曾被聘为教研室的主任教授。1935年司法行政部曾令"冀、察、鲁、绥、陕、豫、晋、甘、新疆九省高等法院：嗣后凡遇疑难重案，如因法警设备未臻完善，未能即时检验或鉴定者，应酌情就近送往北平大学医学院（北京医学院前身）处理"。可见在解放前，北医的法医专业是全国首屈一指的。可是为什么时至今日，北医都没有再重新设立法医专业？

彭：历史上北医的法医专业确实是最强的，林幾的法医教研室在北医也发展得很好。后来法医专业的高慧真和赵经隆也是做得相当好，但文化大革命期间，他们被调到了公安系统。此后，有人建议恢复法医，我坚决不同意，因为要是在北医恢复法医专业，北医的法医一定要做到全国最高水平。有一段时间王镭一直让北医筹建法医系，还承诺可以给予资金支持，但是我一直都没答应。北医建一个专业不是全国第一就不行，再建这个专业实在是太费劲了。不过华西医科大和中山医科大还一直在积极恢复这专业，但是毕业生分配很难办。因为往往是部队的转业军人稍经训练就能分到这些职位，所以法医专业的人去了以后没职位。我的看法是完全从学术上去建立这个专业困难不小，解放后这方面的专业基础太薄弱了，但是要是建了，不办成全国顶尖的，在北医这样的学校是待不住的，所以还是不建为妙。

世界银行贷款和 CMB 恢复资助

访：要创建一所世界一流大学，恐怕首先要了解当时的国际水平是什么。北医是如何加强国际交流与合作的？

彭：改革开放以后，国际交流的问题就成为一个值得重视的问题。要办一个国际的一流大学，没有国际的交往是绝对不行的。刚开始的时候就尽量利用一切资源"请进来，走出去"，想各种方式学习西方。这里有一个大问题就是寻求各种基金的支持，刚才讲了比较早一点的时候北医争取到世界银行的 500 万美金贷款是很管用，还有 CMB[①] 的支持挺大，其他就是各种民间渠道了。

1980 年北医的马旭院长通过一个民间团体出国考察，到美国去了两三个月。他回来以后，我们就一块儿商量，觉得无论如何每个教研室得有三个教员到国外去待一段，大概一年左右的时间。这样才能促使教员各方面的水平能较快地提高。

访：世行的贷款曾经支持了近 100 人出外交流，他们全部是北医的医学专业人员？

彭：是的，所以说北医因此受益真不少。

访：当时通过什么方式选拔出这批人员？有没有考核或是选拔考试？有什么推荐标准吗？

---

① China Medical Board，美国 CMB 中华医学基金会，始创于 1914 年，是美国洛克菲勒基金会的分支，1928 年并入美国中华医学基金会。1928—1951 年，资助北京协和医学院。1951—1980 年，中断了与中国的交往而资助其他东南亚国家。1980 年开始至今，恢复对中国医学教育的资助。

彭：我记得有一定的考核，但是没有考试，都是通过教研室推荐。主要是根据教研室的发展来考虑，比如有些人是考虑培养成将来的业务骨干。但是如果是学科带头人也要培养，否则回头当不了学科带头人，工作不好开展，所以这些都是综合考虑。还要考虑英文水平，这些人出去之前，都要进行简要的语言培训，英文都还不错。

访：这些派出人员都有哪些教员？童坦君①教授是在这一时期出国深造的吗？

彭：他比较早，属于教育部派出的交换学者，应该是1978年考上的。当时考上的没几个，咱们北医考上的还有沈渔邨，她比童坦君稍晚一点儿，是世界卫生组织的名额。那时候凡是英文好点儿就吃香了。记得我1980年去美国的时候，童坦君已经在那儿进修了。

访：在此之前的尼克松访华对这类中美两国间学者的学术交流有影响吗？

彭：1972年的时候曾经组织了一个医学会代表团到美国交流，北医生理系的顾蕴辉、北医第三附属医院胸外科主任医师周冠汉参加了。我曾经看到过尼克松接见他们代表团的照片，上面有林巧稚和吴蔚然②。

访：您指的是1972年10月，以吴蔚然为团长，傅一诚为副团长的中华医学会医学代表团访美一事③。这应该是"文革"期间医学团体罕见的一次与美国的交流，他们回国后有没有产生什么影响？

---

① 童坦君，中国科学院院士，北医基础医学院生物化学教授。
② 吴蔚然，外科学家，1920年生，江苏常州人。1946年毕业于华西协合大学医学院，历任北京协和医院外科副主任、北京医院副院长等职。
③ 1972年10—11月，中华医学会医学代表团曾应邀前往美国、加拿大、法国进行友好访问。据1972年10月11日《人民日报》载，时任中华医学会外科学会副主任委员、中国医学科学院首都医院外科副主任吴蔚然为代表团团长，时任中华医学会副秘书长傅一诚为副团长，其他成员包括林巧稚、吴学愚、李彦三、刘士廉、渠川琰、韩锐、周冠汉、张树勋、徐家裕、吕聪敏、王连生。代表团在美期间受到时任美国总统尼克松的接见，先后在华盛顿、纽约、波士顿、芝加哥、堪萨斯、旧金山等地进行了学术访问。11月3日《人民日报》对代表团行程进行了报道。

彭：他们回来以后，是作了一次报告。但我那时被打倒了，就只是听说。他们讲得还是非常保守的，不敢太多讲，完了以后还有人刷了他们的好多大字报。

"文革"时期的环境是不可能进行这类交流的。从1979年以后国际交流开始多一些了。比如美国学界曾组织了到中国的专业旅游，中华医学会的people-to-people项目，相当于专业人员旅游。这些美国教授都挺愿意参加的，中华医学会就找单位接待一下，给点儿钱。

访：是中华医学会组织与美方合作开展交流项目的吗？

彭：中华医学会是代办，他们只找到一些学校来接待这些美国专家，北医接待这些教授等于是帮了中华医学会的忙。当然我们也都愿意接待，在交流中有一个很大的好处就是有时还能获得一点支持，碰巧的话就可以让他们那边反过来接待咱们的人过去一次。

马旭曾说他去了美国，转了一圈才悟出来，首先我们要请对方的教授来中国访问，一般来华时间是一周，由我们接待。然后人家才能邀请我们的人做访问学者，去学习半年或者一年。悟出这么个理儿，下面就顺利了。所以我们就赶紧改建招待所，把原来的老留学生楼里的屋子改造，两间改成一间，建成客房，作为外宾招待所。客房的设施条件也还是比较简单，有厨房、洗手间，能洗热水澡。国外的这些教授对于住这样的客房倒没有什么意见。在美国也有这种形式，类似于公寓，没有宾馆的服务，但教授对此都还比较习惯。这样我们就和国外的一些大学定了不少的君子协定，就是他们的教授来中国一次，我们免费接待，然后他们接收咱们的教员去进修半年到一年。

访：马旭院长在1979—1980年访美期间结识了美中教育协会主席刘汉民先生，他曾经帮助北医与一些美国学校建立了联系。随后北医就选派了一批学者去美国进修。当时是如何结识刘汉民先生的呢？

彭：我记不太清了，好像也是世界卫生组织的人介绍的。他是个牙科大夫，很热心做这桩事儿。后来刘汉民还帮忙联系了国际 Kellogg 基金会，资助了一个项目叫"基础卫生保健与领导能力培养"，意思就是想为中国医学院校培养领导人才。通过这个项目咱们国家出去了 6 个人，上海 3 人，北医 3 人——王德炳、王绍贤和陈育德。

我们原想一个教研室最少 3 个人要出去过，最好能是技术骨干。此外就是管理干部，也争取能有点机会让他们出去参观参观，这样有好处，不然的话，管理办事的人不支持，很多事情就不好办。总之，就是要通过各种渠道，争取到官方的、非官方的资助。世行贷款、世界卫生组织的项目中我们的人都有派出去留学的。韩济生、沈渔邨都是世界卫生组织的交流学者，都是参加了卫生部的考试选出来的。还有教育部的出国留学生，这些人是要出去攻读学位的。

等到 1980 年 CMB 恢复了和中国的来往。1949 年以后 CMB 与我们断了交往，资金投入转向了其他地区。中美建交以后，1980 年 CMB 才又恢复了和中国的交往，与协和、北医等，一共十几个院校合作。

与日本的民间交流

从北医来讲，最初和日本的民间交流来往比较多。比如米勒[①]就为我

[①] 汉斯·米勒（1915—1994），内科学家，原籍德国，生于德国杜塞尔多夫市，1939 年毕业于瑞士巴塞尔大学医学院，获医学博士学位。同年 9 月到达延安，参加抗战中医疗工作。1951 年 1 月入中国国籍，1957 年加入中国共产党，1979—1983 年任北京医学院副院长。20 世纪 70 年代初，米勒积极组织力量开展防治乙型肝炎的研究工作，在其努力下，北京医学院人民医院从日本引进了较为先进的诊断技术及疫苗制作技术，开展起乙型肝炎研究，并率先研制成功国内第一批乙型肝炎血源疫苗。

们介绍过这样的国际合作。因为他夫人是日本人,所以日本的卫材株式会社支持米勒提出的与日本的交流。办了两桩事儿,都挺不错的。一个就是白壁①的项目。白壁是日本消化界挺不错的头儿,顺天堂医院消化内科的教授。日本是胃癌的高发区,早期胃癌的诊断工作是日本最重要的工作,对胃癌早期诊断的研究也特别重视。白壁首创用双

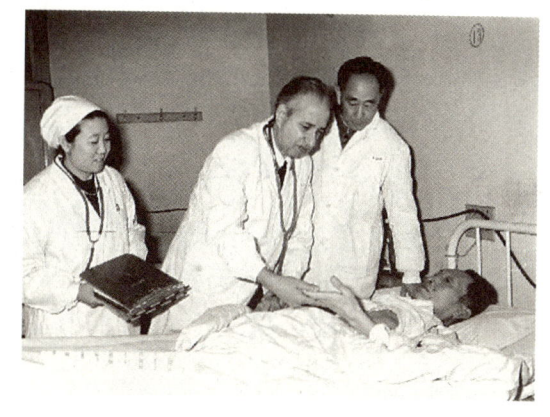

米勒教授和医生一起查病房(1981年摄)

重对比造影法进行X光胃肠造影,就是在钡餐造影的同时,给胃里充上气,黏膜就会变成薄薄的一层,这样就能看得非常清楚了,易于早期发现胃癌。顺带说一句,在日本有些疾病的预防项目也包括在他们的医疗保险之中。比如开展胃癌的早期诊断,40岁以上的人每年可以有一次免费的X光胃肠造影。过去日本胃癌的死亡率是第一位的,目前已经降下去了,不再是日本死亡率第一位的疾病了。当然这里边还有很多其他的因素,但和这种预防性的诊断措施也大有关系,完全可以做到早期发现,早期治疗,而早期胃癌的治疗效果又是相当不错的。

白壁是最早采用这种新技术来诊断胃癌的。我们选派北医三院消化内科的林三仁教授去日本留学。林三仁回来后在国内做钡餐造影的这些设备、经费,都是卫材株式会社资助的。白壁也帮着林三仁在中国做这个项目。我发现这日本人是很有意思的,卫材株式会社资助了北医三院一台东

---

① 白壁彦夫,日本东京顺天堂大学医学院内科主任,1981年6月被北京医科大学聘为名誉教授。

芝的X光机，而卫材株式会社恰恰是专门做钡餐试剂的，大概也是看中了中国的市场，将来钡餐在中国是一个大市场。所以这种大企业将支持专业技术的交流活动，非常巧妙地与其业务结合在一起。这种结合并不是腐败，而是比较成熟的企业的做法。我还发现另外一个挺有意思的问题，日本的这些教授，他们都有自己的合作小组。比如白壁的胃肠疾病研究组里，既有做病理学的、影像学的，还有内科临床医生和流行病学的教授，一共四个人，他们四个人老是一起上中国来。只要白壁一吆喝，"跟着我上中国去"，四个人就一起来了，当然设备和钱都是卫材出的。这四个人都是不同医院、医科大学的，可以说是学术上、业务上的"四人帮"，他们这个帮一直是非常牢固的，有一个人还当私立大学的校长呢！

　　白壁和林三仁一直这么一步一步地深入地合作了十几年，一直到白壁去世。所以我们就发现，这样的国际合作最好能够找到像卫材株式会社这样公司的支持。我们也帮了卫材株式会社不少事儿。他们要拍一部电影《日本人跟药》，讲述卫材株式会社的发展历史，希望廖承志给题词，我们也帮他们联系了。他们要在中国拍景，因为日本的汉药都是从中国来的，同时也想对中国的草药多有些了解，这些我们都帮忙了。这种交往一直持续一二十年。

　　米勒还介绍了一个国际交流项目，关于乙型肝炎疫苗的研究。日本有一个研究乙肝的学者叫西冈久寿弥，他是东京大学毕业的，曾出任日本京都一个医学研究所的所长，专门作乙肝的研究。咱们这儿是人民医院的陶其敏[①]去学习的。这个项目是研究血源性的乙肝疫苗，最早是从血浆里头

---

① 陶其敏，北京人民医院消化内科主任医师、教授。1931年10月生，江苏苏州人，1956年毕业于山东医科大学医疗系。1972年开始从事病毒性肝炎研究，率先在国内纯化了乙肝病毒核心抗原，此抗原成为我国乙肝核心抗原的标准品。1975年研制成乙肝血源疫苗，也为我国乙肝的预防奠定了基础。

把抗原抽出来的，现在都是基因疫苗了。这种血源性疫苗是陶其敏他们最早做的，都是西冈教的。那时候还有一段插曲，西冈说"我教给你，告诉你，可是你绝对不能跟别人说"。因此卫生部要汇报的时候，陶其敏都不敢汇报，一汇报，生物制品检定所就知道了，那当然人家西冈就不乐意了。这样呢，卫生部就对陶其敏很不满意，说"你对我们还封锁"，米勒也没办法，这个问题也是国际合作很容易碰到的。后来我们（专家局）给了西冈一个友谊合作奖，他到中国几十次。他当时也有一个"帮"，有一个临床内科医生，还有一个自治医科大学做病毒研究的。他们来中国非常频繁，就像买了月票似的，说来就来。有一次长春那边传言乙肝的转阴率很高，西冈就把其他几个人都叫来，一起去长春了解情况。由于火车票很难买，结果就把他们安排在乘警室。他回来就说笑话："我又过上大学时代挤火车的日子了！"他们到那儿调查以后发现所谓的高转阴率都不真实，化验指标都是出在边缘上，就很难排除假阴性。

访：除了您提到的与白壁、西冈的合作交流项目以外，20世纪80年代北医与日本自治大学也曾有过合作。

彭：有一段时间我们每年都会派人去自治大学进修一段时间，比如三院的内科主任许祖钵、基础医学院微生物学教授冯树异，他们都是去做过短期的研修。当时所有的旅费、生活费用都由自治医科大学提供。

这个自治大学很有意思，它是由日本的各个县（相当于中国的各省）出钱，专门培养到农村服务的医生。集资是依靠各个县，学生入学是免费的，但是要求毕业后要到偏远地区工作9年，9年之后，才能自个儿找工作。在这里任教的老师都是东京大学的教授，所以教学水平是非常高的。他们第一届毕业生100%全部通过了日本的国家考试（日本的医学生毕业时要通过国家的统一考试），这个成绩是很惊人的。自治大学的理事长原来是日本红十字会的理事长,钱信忠到日本的时候,他们想和中国的一所大学建立关系,钱信忠就说:"你们到北医去吧。"1980年我去了日本,算是和他们签了约,之后每年我们都派几个人到那里研修6个月,他们有几个教授也到我们这里来交流过。那时候实际上是他们支持我们,接收我们的研究生和进修医师。十多年后我们和自治大学的合作慢慢地中断了,但是当时的合作关系还是很好的。自治医科大学对于日本偏僻地区医疗事业的发展起到了非常好的作用,培养出来的学生都是哪来哪去,哪个县报送来的学生毕业后还回那里工作。

访:这和中国60年代办的农医系很相像。

彭:但是他们算是高级的,培养出来的是经过充分训练的医生,做偏远地区的医疗服务,水平质量都和别的医科大学一样。东京大学算是日本最好的学校,自治大学的教授很多都是东大的。

当时自治大学的校长叫中尾喜久,我们和他也挺熟的。日本的医学会比较穷,医师会比较有钱。但是医学会每四年要办一次全国性的学术会。80年代中期,中尾喜久组织的那次会议曾邀请了我们参加。这个会办得很盛大,当时的总理大臣和皇太子都出席了开幕式。会议讨论了三个方面的问题——knowledge、skill、humanity,医学会的讨论一定包括这三个方面的内容,最新的科学进展,还有最新的技术(科学和技术其实是两个东西,可咱们老放一块儿说),然后第三个就是人文。我记得那次会议的讨论专题是老年人(的健康),从这三个方面的最新进展去讨论如何维护老年人的健康。所以,医学的方向要通过这三个方面共同去引领。在日本,每四年举办一次这样规模的医学会议,每次都有一个新的讨论主题,这是非常好的,其实日本有很多东西是很值得我们学习的。

中美预防出生缺陷和残疾合作项目的"国际化"与"本土化"

访：在这些国际合作交流项目中，中美预防出生缺陷和残疾的合作项目可以说是比较成功的一例。从1991年北医与美国CDC合作在中国境内开展"预防神经管畸形"的研究开始，时至今日，这个合作研究项目仍在持续深入地开展，1998年希拉里·克林顿曾专程出席了北医与美国CDC签署的"开展预防出生缺陷、残疾和因环境因素造成的健康危害研究合作意向声明"的仪式。我们了解到您也参与了这个研究项目。

1991年，代表中方在中美预防出生缺陷和残疾的合作项目协议上签字

彭：这个项目挺有意思的。最初我还没怎么介入，仅是一般性地了解。1983年在"欧洲中国围产检测研讨会"上，发现在中国北方神经管畸形的婴儿病死率很高，所以咱们和美国就有点合作研究的意向。我大概是1987年开始介入这个项目的。

1984年卫生部批准北医与美国CDC接触，严仁英和钱宇平①两位教授便多次与美方进行接触，但是一直到1991年这个项目才正式启动。1987年我到美国的CDC谈这个问题。他们跟我谈的时候这个项目的中方负责人还不是李竹，另有他人，但是美方不太愿意和这个人合作。大概是因为发表文章的事情，本来是商定要双方一起出文章，不能单独发表。但是这个负责人有点不想这么办，和他们谈了这个问题。美方就很不高兴了，就不太愿意和他合作了。正好李竹在他们那儿学习，最后就决定和李竹合作了。接着1989年的"六四"风波又是一个坎儿，项目就暂时搁浅了。"六四"以后美国那边还专门派了一个大夫来了解国内的情况，跟我谈了半天。应该说其间主要的波折还是"六四"。

访：这种大规模的流行病学研究涉及面很广，也就是说这个项目在人群现场调查阶段，需要干预性地让一部分孕妇服用一定量的叶酸，因此是不是会牵扯到知情同意等伦理问题？

彭：最初的中美预防神经管畸形项目历时7年（1991—1998），覆盖中国南、北方30个县（市），共监测了47万妇女，监测了26万例出生结局，报告出生缺陷12 000多例，其中有850多例属神经管畸形。同时投放叶酸增补剂1 700多万片。最终得出结论：如果妇女从怀孕前开始到孕后3个月，每日服用0.4 mg叶酸，在北方高发区可减少85%神经管畸形的发

---

① 钱宇平（1921—1997），流行病学家。浙江省杭州市人，1944年毕业于湖南湘雅医学院医疗系。历任北京医学院流行病学教研室主任，流行病学教授。

生，在南方低发区，可减少41%神经管畸形的发生。

这种人群的预防干预当时国内还很少，但是因为叶酸属于维生素，对人体没有任何害处，问题还比较好解决。另外，对于空白对照组，也当然还要告诉被试者具体情况。但是由于文化水平的影响，这些人可能不太能理解。不过这事儿本身来讲，不会对他们有任何伤害，所以口头知情同意就行。关于知情同意问题曾经专门开过一次研讨会，美方派了几个专家来，把各地负责现场的人也找来，就是商量怎么找一个方式解决这个问题。最后基本是口头告知他们，赤脚医生签字，不一定让他们摁手印，因为农村对摁手印特别腻歪，觉得成了杨白劳，准是什么坏事儿。

访：除此之外，有没有遇到其他什么样的障碍？

彭：最大的障碍是报告出生缺陷婴儿的出生，因为家里认为生出一个畸胎、怪胎，是大不敬的事情，肯定是做了坏事，才生出一个怪胎，往往不愿意报告这种事情，所以要得到出生缺陷婴儿的出生报告，同时要为当事人保密，还要照相记录，这点难度很大。

访：那怎么解决这个问题呢？

彭：只能教育，那时的教育工作是挺重的。李竹专门请了大众传播媒介的人帮助开展这方面的工作。建设一个这么庞大的人群现场，组织工作是相当繁重的，从卫生部到大学，再到各省市相关部门，最后还要落实到各个县，甚至是村卫生所的医务人员。他们最终发表那篇文章，仅是作者大概就罗列了几千人，所有县里的妇幼保健工作者都得给人家署名。这种大型的人群试验参加者相当多，组织工作就特别麻烦。

在"神经管畸形"研究成果的基础上，这个项目仍然不断深入发展，1998—2002年完成了第二阶段的研究计划，进行了"妇女增补叶酸对儿童生长发育及健康影响"的随访研究以及"先天性风疹综合征患病率监测的可行性研究"。之后，在2002—2007年里开展了第三阶段的研究，包括通过产前和产后超声波诊断监测先天性心脏病；确定中国先天性心脏病危险因素；山西省出生缺陷高发区危险因素的确定及制定干预策略。看起来今后还将有不断发展的潜力。

不久前我还去开了这个项目新的立项会。李竹现在把这个项目扩展为关于"妇女儿童家庭保健"的大项目，这是进行预防医学研究的一个趋势。现在，这个项目不仅仅研究个别人之间的代系关系，还研究整整一代人、一个群体的代系关系。比如说研究在三年自然灾害期间出生的人及其子女的健康问题，这些人的孩子健康状态怎么样？有没有什么特殊的问题？一扩展成这么大的一个课题，一下就把美国的NIH（美国国立卫生研究院）给吸引来了，NIH参与进来那可是了不得的。目前确定的第一个研究课题是NCI，即儿童白血病，要做几十万例的样本，研究各种因素对这种疾病的影响，而且是从孕期保健入手。孕期保健到现在为止，还没有一个很系统、成型的研究成果。围产保健是有，但围产主要是生产前、生产后、新生儿这一段儿。而这个项目则是从妊娠期入手，解决妇女儿童的健康问题。然后进一步扩展到学龄前儿童卫生、学校卫生，还有社区卫生，可以说就是过去咱们老说的"从摇篮到坟墓"，而且还是群体性的研究。所以这个项目还真有启发，我觉得这是一种很新的研究思路。

访：这是一个回顾性的还是前瞻性的研究？

彭：都有。因为做过神经管畸形的现场调查以后，积累了几千万人的样本。我觉得一开始李竹的想法挺好，他设计了三个监测系统：出生缺陷的监测、围产的监测和儿童健康的监测。其中围产期的监测当然就把妇女保健给纳入进来了，儿童保健则是监测到七岁。这三个监测都一直坚持下来了，所以手上积攒了相当数量的人群数据指标。刚开始做神经管畸形项目的时候,我就说要尽力把这个项目做好。因为公共卫生研究没有人群现场是不行的,临床研究需要建设三级医院,公共卫生研究就需要建设调查现场,而这个现场的建设可比三级医院复杂多了,困难多了,但是一旦建设成功以后则是受益无穷。将来这个项目如果做得成功,那真是引领公共卫生工作。比如对于现在面临的慢性病的问题可能产生影响不小,对将来慢性病的医疗服务会很有影响。

访:这样的项目似乎成了医学领域中的"大科学"了,就像人类基因组计划,研究机构本身就很庞大,需要各个方面,各个参与国家协作完成。

彭:所以说这才是国际水平的合作。原来咱们只是学点人家的先进东西,现在能够达到一个平等合作的水平了,彼此的优势拿来互补,把美国先进的概念、方法、技术拿来运用到咱们这么大的人群中。这种人群国际

1998年,出席中美预防神经管畸形项目签字仪式时与时任美国总统克林顿的夫人希拉里会面

上哪也找不着，咱们的人群还有自己的特点。这两个加在一起，就是优势集中。这个项目已经开展了17年，现在把NIH也吸引来了，研究内容不断地在扩展，有了这些研究项目才能养得起这个现场，反过来有了这个现场，研究水平才能不断提高。

所以从这些交流的例子中，我们就取得了一点儿国际合作的经验，在国际交流中的经验是非常重要的。从跟人家学东西，拿过来，到发挥我们的优势与人家合作，进行世界先进水平的研究。这种"国际化"和"本土化"的问题我觉得是在交流中比较重要的问题。

访：谈到"国际化"，一个大学是不是能吸引世界各地的学子前来交流学习，也是衡量一个大学够不够"国际化"的标准。

彭：确实，国际留学生也是表现一个学校在国际上有没有声望的一个指标。我们这条还不行，过去有些地区并不太承认咱们的学历，现在当然好多了，但是在外国招留学生还是有些困难的。

访：通过这些国际交流，尤其是成功的案例，您对于打造具有世界一流水平的大学，有什么深切的感想与体会？

彭：要想成为国际一流的大学，不做出具有创新性的成果是不行的。李竹的那个项目最终把NIH吸引进来了，而实际上NIH是很难支持国际的合作项目的。因为美国纳税人的钱，很难拿出去支持别的国家做研究，如果对美国没用处，是不会支持的。韩济生的针刺麻醉研究曾经获得过他们支持，因为美国自己较难开展这方面的研究。肿瘤医院的游伟程做的林县食管癌研究NIH也支持过，因为在美国没有食管癌的高发现场，所以只能支持咱们研究。目前李竹的这个项目应该说是发展到了国家合作的一个新阶段。研究工作就是创新，能拿到美国的钱做科研是很不容易的。美国CDC主要做的还是偏重于实际的工作，还不完全是科研，主要是疾病控制，有点服务的意思。和CDC的合作能把我们的公共卫生工作提高一个水平，我们的现场能够做国际的项目就说明技术达到了一定的水平。到了和NIH的合作就是说明你是有研究想法的，所研究的问题本身也都是国际上最前沿的问题。有了这种前沿的思路、方法才能做出前沿性的研究成果，才能有所突破。

另外我觉得还要注意的问题就是对世界和人类的发展有贡献。一方面就是对于其他的发展中国家要能有所贡献，就是说我们有了一定的能力，达到了一定的水平后，就应该做些贡献。世界卫生组织曾经考虑过将中国的初级保健工作给其他发展中国家做示范，帮助他们培训干部等等，甚至于一度都曾筹备具体的机构，可惜没有能认真做下来。另一方面，就是我们和发达国家的交流合作，应该站在开展更为深入研究项目的立足点上。现在东西方交流，实际是西方往东方交流，是完全不平衡的状态，东方能给西方的思路成果寥寥无几。中国翻译到西方的书有影响的就《道德经》和《孙子兵法》，而在两三百年前中国还有一些哲学书对西方是有影响的。季羡林总讲"三十年河东，三十年河西"，就是说可能以后西方文化要掉过头来学东方文化了。现在国际上的一些民族矛盾问题，比如伊斯兰世界的冲突，伊拉克问题，这些西方处理得不是很好，而东方的这些处理得相对好些。在这方面是不是能对中西交流有所启示呢？

2006年9月国际文化精神病协会在中国开了第一次会议。协会的头儿曾文星和我非常熟，1980年他曾参加了在咱们这儿开的一次文化精神病会议。那次认识了以后我们老有来往，所以这次他非让我在开幕式上发言。我就说：非常赞赏选择在中国来开，第一在处理多民族的文化问题上，中国确实解决得比较好，虽然在历史上蒙古族、满族都统治过汉族，但是最终都能与汉族融合、同化，能达到民族的和谐。从中国的历史来讲，在这方面确实有成功的经验。第二个从心理上讲，中国人的性格有其独特之处，比如容忍、讲究修身等，在外界环境难以改变的情况下，中国人有较强的适应性。但是中国在这方面的研究也确实远远落后于西方，因此在中国开这个会，等于是进行文化精神病的扫盲，对我们是很大的帮助。如果从东西方文化交流的角度来看，我们要能深入地做些研究，可能会有更多的贡献。现在我有一个深刻的印象，就是原来只想怎么学习西方，而现在就觉得有一点中国特色的问题是可以研究的了，这些研究或许对世界问题的解决能有所帮助。要做创新性的大学，对世界没有贡献是不行的。

"先做三年的硕士论文,再做三年的博士论文,这得两口气儿,何必要两口气儿呢? 要是一口气儿读完博士不就完了嘛,一口气儿能做出水平质量比较高的文章。为什么非得念完硕士,再喘口气儿又考博去?"

第8章 医学研究生教育

从硕士到副博士

访：研究生教育是高等教育中，尤其是医学教育中的一个很重要的课题。您能回顾一下医学的研究生教育情况吗？

彭：解放前北医曾经招收过研究生，主要是在几个基础学科，像生化和微生物。当时本科毕业以后读两年可以获得硕士学位，科学硕士。那时并不要求有很出色的研究工作，只要求本科毕业后，再学习一些与本学科有关的课程，写一篇很小的论文就行，也不需要答辩。解放前辅仁大学、燕京大学都有研究生院，很明确地规定生物系毕业后再读两年可以得硕士学位。

访：那时候也是导师制吗？

彭：不是的，没有指定的导师，就是念研究生院的课程，然后做一篇文章就成了，就给了硕士学位。当时临床没有研究生。解放后还有这样的研究生，招的数量不多。生理有个叫梅镇彤①的，北大生物系毕业的，她是1950年招的生理研究生。后来我们把她送到苏联去学习了。她回来后到中科院上海生理研究所去了，在80年代当过这个所的所长。解放初期研究生的招生是极个别的。

到了1951年就开始送留学生去苏联了。苏联的制度是副博士，要求学习三年，完成论文答辩后，可以获得副博士学位。这一阶段在苏联拿到学位的有吴旻，他是同济1950年毕业的，后来做肿瘤遗传学研究，也做了院士。还有医学科学院的顾方舟，是1954年留学苏联的，后来做小儿麻痹疫苗研究，很有成绩。北医1951年就送去了一批教员，像精神科的沈渔邨、许迪。1955年又选送了一批大学毕业生。

2008年与顾方舟教授在一起

访：在向苏联送留学生这一段时间，国内有没有招收自己培养的研究生？

彭：那时国内研究生的招生就中断了，解放后的研究生制度还没制定出来。我回想起来好像是在1955年后在大学毕业生里招了很少数的人，参照着副博士那样的要求招的。当时也没有统一的入学考试，仅是个别的

---

① 梅镇彤，生理学家，1928年生，浙江杭州人。1951年北京大学医学院研究生毕业，1955年获苏联科学院巴甫洛夫生理所副博士学位。历任中国科学院上海生理研究所研究员、所长等职。

推荐。正规毕业生很少，因为很多政策都不够完备，再加上那时候的大环境背景，要上山下乡、联系实际、与生产实践相结合，所以总是受到干扰，几乎不可能很正规地毕业。北医真正授予副博士学位的研究生很少，大多数人由于各种运动都中断了学习。我能记起来的毕业生有北大医院肾内科的王海燕，她算是正式毕业了。还有北医人民医院心内科教授马万森的研究生朱震等。

访：依据什么条件，确定哪些专业可以招收研究生？

彭：主要是看专业自身的条件，哪个专业有能力培养研究生就可以招生，没有十分明确的硬性规定。

1978年以前的研究生招生基本上是三次起伏，1952—1954年，1957—1958年，1966—1977年三次招生，中间三次又都中断了。有些是自己不愿意学，有些是老师也不想带了，认认真真做下来的比较少。医学科学院的院长巴德年①是刘思职的研究生，1968年毕业的。文化大革命前这批研究生中断学习的比较多，或是自己也不愿学了，或是学校也不愿弄了等等，多方面的原因。我记得好像是都给了毕业证书，但是没有授予副博士学位。确确实实拿到学位的有刚说的王海燕，还有黄萃庭的研究生杜如昱（历任人民医院普外科副主任、外科主任、人民医院院长、教授）。认真读下来的人在工作中确实不太一样，专业基础都比较强，当时算是"又红又专"了，像北大医院的院长汪丽蕙也是那时的研究生。研究生教育在文化大革命前大概就这样的状态，总是受到冲击，一说解放思想，破除迷信，教授都不要了，研究生教学也就中断了，到苏联去学习的人中间也有中断学业后回国的。

---

① 巴德年，免疫学专家，1968年研究生毕业于北京医科大学生物化学专业，任中国医学科学院院长、中国协和医科大学校长，1994年当选中国工程院院士。

访：是由于中苏关系恶化而中断？

彭：跟那个没关系。就是要回来"跃进"，要一天等于二十年，读书搞学问的事不干了。历史环境的影响真是很厉害。1978年恢复了研究生招生制度，北医也在那一年就招了"文革"后的第一批研究生。这一批人的素质还是不错的，因为好多都是本科毕业以后坚持自学的，所以自学能力都很强。

那时候就统一招生考试，也有面试，和现在差不多，有这么严格的一套。北医在这方面做得比较严格，招来的学生质量不错。第一批招收的学生数量比较多，因为校领导看得比较清楚，一定不能大学毕业生教大学。一些教授就说了，咱们这些大学教员、教授里边都没有研究生学历，研究工作都做得不够。所以让这些人去培养人，他就只能够教书，不太可能会培养出研究能力，也难以发展学术思想。在那个时候要想改进本科生教育，在师资上来讲是没有可能的，条件都不具备。那时候我和王序聊，他就说："像这样大学毕业教大学，我们药学系的教员多半没有研究工作的经验，让他怎么教学生独立思考呀，教员自己本身没有研究经验是不成的。"那时候领导在这个问题上的认识比较清楚，所以1978年一招生就招得比较多。当时培养能力还不行，过去没有经验一下子培养那么多研究生。老师可能还没有评教授就要带研究生，一些老师就有点犹豫，但有些学科的老师比较有远见。如免疫学科的龙振洲，是1951年北医的毕业生，后来做微生物的免疫。他在困难时期、文化大革命中自己念书念得比较多，把现代免疫学这方面东西看得很多。有一天晚上他跟我谈，说："你看现在免疫学已经发展到什么地步了，分支学科已经很多了，免疫生物学呀，什么临床免疫，肿瘤分子免疫等。可我们的免疫太落后了。"因为那时候免疫在微生物里边，就是传染病的微生物免疫这么窄。我记得很清楚,文化大革命刚结束后,在中华医学会开了一次座谈会,免疫学家谢少文就在会上说:"我们简直太落后了,IgA、IgM 我们都不知道。"他是免疫专家都到这地步了。文化大革命有十年之久,实际上在文化大革命以前,西方对咱们封锁;咱们也闭关锁国,在窝里批判,批判到连一点外面的书报、杂志都看不到了。文化大革命后期把英美杂志都要停了,觉得钱也少,又挨批判,干脆索性把杂志都停了吧,所以中断了好多年的杂志。

访:在与苏联关系恶化前,是不是还可以从苏联那边的渠道了解一些国际上的科学信息?

彭:实际上苏联也很落后,他们的杂志上也没有多少西方科学的研究进展和成果。闭关锁国对科学技术的影响显然是消极的,当时一位教育部的副部长批评教授们说:"你们看不到美国杂志简直就'如丧考妣'。"我当时听后感到非常刺耳。早在抗美援朝的时候,就批崇美、亲美、恐美的"三美"思想了,批得非常尖锐。

访:1978 年恢复招生后就开始实行导师制了?

彭:是的。那时候龙振洲一个人一下子就招了八个研究生。因为他早就看到了免疫学科要大发展,大发展最关键就是培养人才,培养研究生是人才培养的一个非常重要的渠道。当时的科研管理部门天天跟我说:"他一下招八个,带得了吗?以前也都没带过研究生。"意思就不想让他招那么多。我说"他招八个,自有他的道理",很支持他,后来这八个人也都顺利毕业了。龙振洲不仅只是招研究生,还想好了毕业后他的这些学生都再上哪儿去深造、学习。他看了挺多的国际文献,对国外的研究情况比较了解,然后就想办法把他的这些研究生都送出国了,就留下来谢蜀生和马大龙。所以我一直念龙振洲的好处,对北医免疫学科的建设是非常有贡献的。如果想要建一个学科,看起来就要这么建,把学科发展、人才培养、对外交流等几方面捏在一起去发展。后来免疫从微生物里独立出来发展了，借着招这八个研究生就把整个学科给带起来了。

"无论如何医学博士的培养问题需要另外单独考虑"

访：恢复研究生制度后，在医学教育领域一直存在着一个特殊的问题，就是有关临床医学博士研究生的培养。由于临床医学的特殊性，曾一度出现"博士不会看病，会看病的没有博士学位"的尴尬。您如何看待这个问题？

彭：恢复研究生招生之初，我参加过一些教育部的会议，当时教育部的副部长黄辛白主管此事。那时候我提出来，医学博士学位的问题需要特殊考虑，不能完全按着培养科学博士的方式走。实质上中国的研究生学位制延用的是苏联的副博士、博士学制。当年比较明确的是第一步先恢复硕士学位，硕士学位实际上就是完全参照苏联的副博士制度，只是副博士改称硕士。因为中国的经济还不发达，不可能培养那么多博士，又不能按照英美的方式去培养硕士。因为英美的硕士实质上是职业学位，比如大学本科毕业生想当中学老师，就要先获得一个硕士学位，做公共卫生工作也得有硕士学位。但是这些硕士都不需要做论文，仅仅是听课，学习这方面专业知识课程，最后进行一些相关的实践、实习就可以了。因此我当时就认为中国的硕士学位如果按照苏联的模式的话，实际上就还是所谓的科学硕士，需要按照作论文、进行答辩这样的程序培养。当初上边就确定了这么样的硕士培养方案，但是我们也还是坚持说"无论如何医学博士的培养问题需要另外单独考虑"。可是那时国务院的学位委员会里医学专业的就两个人，一个是吴阶平，一个是上医的石美鑫①，这两个人在学位委员会里的声音不大，理工科的专家完全听不进去，就觉得"你们医科学位太特殊了，我们这学位委员会搞不了"，所以最后都得按着统一模式做。

1978年恢复了研究生制度后，就严格地按着这一套去做了。在实行的过程中，就出现了两个问题。一个是硕士跟博士的关系问题，因为最终不培养出博士是不行的，偌大的一个中国无论如何得培养出自己的医学博士来，从各方面来讲都需要培养博士的。可是按照硕士读完了再读博士的方式培养一个博士要六年，大学本科毕业先是三年的硕士，然后再读三年的博士。对此我们的教授提了好多意见，李肇特就说："先做三年的硕士论文，再做三年的博士论文，这得两口气儿，何必要两口气儿呢？要是一口气儿读完博士不就完了嘛。一口气儿能做出水平质量比较高的文章，为什么非得念完硕士，再喘口气儿又考博去？"但是我们怎么跟上级谈也不成，谈不通。后来没办法，我们就自己弄"硕博连读"，就是在学硕士的期间就给学生机会转成博士。只能采取这种办法，因为国家通过的这套规矩我们破不了，知道本身的规矩是怎么回事，然后只能想办法去适应这些规矩。因为我们知道从国外讲硕士学位是一回事，博士学位是另外一回事，咱们国家老是扭着，当然这里边也有咱们的特殊原因。咱们国家经济比较落后，一下培养不了那么多的博士，所以先培养硕士。这样的策略在一定的历史阶段应该是允许的，但是发展到一定阶段以后就应该调整了。整体上总不调整，所以我们现在就采取另外的办法调整，就尽可能地培养硕博连读，同时也继续招收硕士生、博士生。

访：后来又有一种形式叫作直博。

---

① 石美鑫，胸心外科专家，新中国胸心外科奠基人之一，1918年1月出生于福建省福州市。1943年毕业于国立上海医学院。曾任国务院学位委员会第一、第二届委员（1980—1995）。

彭：硕博连读和直博实际都是一个意思，都是为培养医学博士。

第二个就是你说的临床博士（MD）的培养问题。原来临床学科实际上招的是实验研究生，结果出现了好多人说的"有博士学位的不会看病，会看病的没博士学位"。那时的临床研究生实际上名字叫医学博士，把 MD 和 PhD 联合起来对有些学科来讲是非常好的。比如做内科主任，最好是 MD 和 PhD 的联合学位。内科大夫进修过生化以后，我们有的到上海生化所去进修一年两年的，回来以后水平就大不一样了。比如北医三院内分泌科教授黄大有，原来是人民医院内科主任，后来当了三院内科主任。他写了两本很不得了的书，一个是《物理诊断学》，一个是《化学诊断学》，都是他自己写的，不是那种"主编"出来的。他在上海生化所进修过两年，所以生化和临床生化特别强。当然内科的基础就非常强了。

但是考虑到中国的情况，我们还是想了一些办法来培养临床研究生。因为如果不这样去导向的话，大家都愿意当研究生，都愿意去攻读博士学位（医学科学博士，PhD），那么临床学科就难以发展了。所以非得有临床学科的博士学位，要求临床能力特别的好，不要因为搞了两三年的实验室研究工作，结果把临床技能都丢了，即使拿了博士学位，跟别的临床医生相比也没有了竞争力。临床领域的竞争是很激烈的，临床实践基础更是重要。这样我们的策略就是，第一步先把医学八年制转变成博士学位。当时协和的临床医学就是八年制，但也不给博士学位，最多给硕士，但给硕士有什么用？国际上都不通行。所以就要想一切办法，先把八年制变成博士学位。我记得1984年在武汉开了一次专门研究医学学位的研讨会，吴阶平也去了，他当时是医科院的院长。我们交换了意见，都觉得应该先想办法把协和的八年制变成博士学位。对此我们有充分的理由：第一，解放前协和的八年制就给医学博士学位，解放后没有了，难道我们的医学教育落后了？博士培养不出来了？不如美国人办的协和？第二，和其他学科相比都是要攻读八年，为什么不给博士学位。所以当时的想法就是先把协和八年博士保住，开了很多次会议，最后总算是破了个口——就是经过考核，多数的优秀毕业生可以授予博士学位。到后来基本上八年制的毕业生都能获得博士学位了。

然后我就跟吴阶平商量第二步，想法儿办好六年制。因为我们觉得六年比较实在，把实习大夫一年也包括在内，日本和欧洲的一些国家基本都是六年制。所以我觉得六年制应该是大宗的，但是六年制的学位怎么能有医学博士呢？中国没医学博士不行，就要想办法把六年制怎么变成医学博士，所以后来想出"临床研究生"这么个名堂来。在这当中，1988年，当时任国家教委高教司的副司长王镭插了一杠子，在华西医科大搞了个七年制。他也是好意，就是七年制先定为硕士学位，这样医学研究生的待遇问题也就好解决了。我们北医那时候根本不想弄七年制，就是想将来怎么想办法把六年制变成博士。可是王镭非要搞一个七年制，他是教育部司长。他招了一批人在华西医大论证七年制，论证完了以后教育部就批了，开始试办七年制。这样我们就招不成了，北医也不能就只招六年制，否则就招不到好学生了，学生是愿意长学制的，好学生都去报考有七年制的学校了。那时各个学校的七年制模式都不太一样，有的是五二模式（五年医学基础、临床理论，两年临床实习），有的是四三模式，北医是三二二（三年基础、两年临床理论、两年临床实习），实际上最后两年等于把毕业后教育纳入了一部分。解放前的七年是二二二一，两年医学预科（在沙滩那儿念），再是两年基础课，两年临床课，一年实习大夫。现在的七年制各种模式都有，不过多数还是把毕业后教育都纳入两三年当中，不仅仅是一年的实习期，把住院医师培训都或多或少地纳入了一部分。然而这七年制又给不了博士学位，上不上，下不下的，非常麻烦。所以我们老想着要建八年制，七年和八年只差一年，结果差了那么多，硕士学位和博士学位就一年之差，不甘心，特别是王德炳不甘心。这个看法大家都是共同的，打算还是让协和的八年制能获博士学位，然后七年制改为八年制，变成直接攻读博士，也不要什么硕博连读了。因此跟北大合并以后，王德炳就赶紧抓住机会建八年制了。因为合并以后觉得完全有条件办八年制了，所以他就和时任北大校长许智宏谈了这个想法，结果也通过了，2001年开始试办八年制。

但是这样的八年制也不是没有问题，还是有一大堆的问题难解决。这八年制到底包不包括毕业后教育呢？八年制的学生要当住院医师，但又没有处方权，法律上不合法；干着住院医师的活儿，又没有住院医师的待遇。所以有人就建议完全学美国，医学教育实行本科后教育，即读完本科后再读医学院。但多数人建议要从中国情况出发，不一定都学美国。国际上也是，美国医学是八年，日本、英国、德国都是六年制。咱们国家这种经济状态也不一定非得学美国，美国已经是八年制了，改也改不回来了。而咱们这个八年制弄得四不像，好多问题难解决。我一直建议在八年制中把毕业后教育纳入一部分进来，至于纳入多少，可以具体研究商量。医学的毕业后教育非常重要，但从国家目前的状态来看毕业后教育还不能太正规化，所以可能医学院校纳入两至三年的毕业后教育会比较好。我们做住院医师规范化培训已经好多年了，这里涉及一个二次分配问题，在美国是住院医师培训完了以后，才能自己去找工作。但是在国内，目前的这种状态问题太多，所以不如八年制这样一贯下来，学位也这样一贯下来，训练也就比较充分了。但是将毕业后教育到底纳进来多少年，是不是都培养成专科大夫，像内科的心血管大夫，到这种亚科的程度，还是需要研究的。

所以临床研究生也算是中国特色吧。没博士学位,好的学生不来,毕业后的待遇等好多问题解决不了。要确立临床博士学位就需要破好多别的规矩,又适应不了,老是这么扭着。应该说把 MD、PhD 这两种学位界限划清楚是完全科学的。现在尽可能地这么走,但是还走不太通,走不太顺。在协和"四清"的时候我看得挺清楚,美国的 MD 在协和都做不上去。像罗惠元是张孝骞的弟子,是约翰·霍普金斯的博士,后来做的是遗传学。因为临床实践的机会太少,在内科里头做不上去,当不了内科教授,最后做的是遗传学教授,然后挂到内科里边。在协和那边,内科教授要查房,得说出个所以然,病人怎么处理,教授要能当家做主的,所以光做基础研究怎么能上得去呢?在别的大学可能还好点,像我们这儿如果他在临床上再自己努力努力,可能勉强还行,要是不努力也不行。所以研究生的制度对于临床学科的发展一直是有点障碍的。有些窄的小学科还好办,像眼科、泌尿外科等等,临床医疗和科学研究工作还可以兼顾。

严格这种研究生制度是应该的,不严格容易乱。但是严格这么做,统得过严,确实也会出现一点问题。比如说北医很有名的眼科教授李凤鸣,他也当过眼科学会的头,但不是博士生导师。因为眼科的博士点通过得比较晚,当时他已经 60 岁了,所以就不能再评导师了。结果他培养出来的学生好多都是博士生,甚至于博士生导师。有时这也会对一些学科发展有点影响,比如说北医的神经科,以前没有那么多博士生导师,老没有博士授予权,所以招不来好的学生,研究工作也就上不去,对学科队伍的培养是有点影响的。

医学辩证法后来推出来了好多学科,一开始都是在医学辩证法学中活动,后来渐渐独立出来了。最明显的是医学伦理学,当年我们医学辩证法中讲的很多问题都涉及医学伦理学问题。自然辩证法听起来好像都是自然学科的问题,但是实际上很多社会科学也应该在里头。卫生经济学最初的讨论也是在医学辩证法的交流活动中。

第9章 医学与哲学

医学辩证法

访："一个民族想要站在科学的最高峰，就一刻也不能没有理论思维。"恩格斯的这句话一直是您的座右铭，在多年的工作中您一直很注重理论思维对于实践的指导。1956年您曾参与了自然辩证法研究规划的制定，此后一直致力于自然辩证法在医学领域的研究与应用，20世纪70年代您曾为北医的研究生亲授此门课程，后又在北医成立了自然辩证法研究组。80年代主编《医学辩证法》教材，创办《医学与哲学》杂志。您能讲讲医学辩证法在中国逐渐成长的历程吗？

彭：我想先简单说一下自然辩证法学会的活动，因为医学辩证法的重要活动都是在自然辩证法学会的组织下开展的。

自然辩证法的宣传和学习在中国有着悠久的历史，但是在粉碎"四人帮"以前没有怎么太成气候。我记得北大哲学系里有自然辩证法组，1953

年招了两个研究生，其中一个叫胡文耕，是北大哲学系毕业的。① 但是自然辩证法作为一个学科来讲，当时还不存在。

1956年，国务院组织科学规划委员会制定了十二年（1956—1967年）科学发展远景规划，自然辩证法研究规划是由于光远主持，集中了一些自然辩证法工作者和对哲学有兴趣的自然科学家参加，共同讨论制定的，我记得当时叫"数学和自然科学中的哲学问题"。那时候有苏联专家也来帮助这方面的学科规划，大概有九个问题，例如化学、数学、生物中的哲学问题等等，并创办了《自然辩证法研究通讯》，另外1956年6月在中国科学院哲学研究所成立了自然辩证法研究组，当时由于光远负责，后来查汝强、邱仁宗等都是这个组的。

这个研究组是新中国的第一个自然辩证法专业研究机构，而《自然辩证法研究通讯》是新中国第一个自然辩证法的专业学术刊物，也是由这个研究组主办的。1956年的规划虽然是个规划，但以后没怎么太具体实施。不过成立研究组和出版专业刊物却是两项十分重要的举措。

背景资料

在1956年的规划草案的说明中指出："在哲学和自然科学之间是存在着这样一门科学，正像在哲学和社会科学之间存在着一门历史唯物主义一样。这门科学，我们暂定名为'自然辩证法'，因为它是直接继承着恩格斯的《自然辩证法》。但也有人不同意，认为在目前还是以'自然科学和数学中的哲学问题'来称呼比较确切些。"当时的规划草案中

---

① 另一个研究生是蒋继良，生物系毕业。他们的导师是苏联专家萨波什尼科夫，胡文耕的导师还有生物系教授赵义炳。

> 拟定的九个研究题目为：一、数学和自然科学的基本概念与辩证唯物主义的范畴；二、科学方法论；三、自然界各种运动形态与科学分类问题；四、数学和自然科学思想的发展；五、对于唯心主义在数学和自然科学中的歪曲的批判；六、数学中的哲学问题；七、物理学、化学、天文学中的哲学问题；八、生物学、心理学中的哲学问题；九、作为社会现象的自然科学。

访：当时苏联专家也参加了自然辩证法的学科规划？

彭：就是请了些苏联专家来指导了一下，但是关于马列主义，苏联存在的最大问题就是教条主义，这个问题太严重了，最后造成了苏联的垮台。在苏联，自然辩证法学科稍好一点，但也是有教条主义的问题。恩格斯将自然科学中的哲学问题综合起来写了《自然辩证法》这本书，这本书本身不是教条主义的产物，确实都是对自然科学最新进展的哲学概括，都是恩格斯自己写的札记。

我曾看过一篇文章讲凯德洛夫揭发苏联的教条主义：他请了几个西方的哲学家，然后又请了苏联的哲学家（都是院士），让他们一起讨论问题，他在旁边什么也不说。西方的哲学家请苏联的哲学家讲讲什么叫反映论，苏联的院士哲学家就背出列宁的阐述。西方的哲学家觉得不满意，让他们再用自己的话解释解释，苏联的哲学家又背一遍列宁怎么说的。所以凯德洛夫就说那时候苏联的哲学家教条主义太严重了。

在中国，早在延安时期已有自然辩证法的学术活动，20世纪50年代以后才开始将自然辩证法作为一门学科来研究。于光远主持了1956年自然辩证法的学科规划工作，后曾兼任中科院哲学所自然辩证法研究组的组长,他一直很积极推动自然辩证法学科的筹建。于光远思维非常活跃,我记得钱三强讲过"于光远像个搅拌机,问题提得非常多,他到哪儿,哪儿就活跃了;李昌像个推土机,一步一步地向前推动工作"(钱三强、于光远、李昌均毕业于清华物理系)。于光远说大跃进以来,他做的最大的一桩好事儿就是1958年8月在青岛举办了遗传学问题座谈会。

访:20世纪80年代自然辩证法学科算是进入了一个全新的发展阶段,您当时如何想到要推进医学辩证法的发展?

彭:1979年的3月份,钟林来找我。我原来不认识钟林,所以还有一个原来在北医工作过的傅愫和(当时已经在哲学所的自然辩证法组工作)一起来找到我,说让我去张罗医学辩证法。我倒是挺有兴趣,就答应了。但是没有什么功底,只是过去于光远拉着我参加过一点儿活动而已。60年代我们北医就组织过一些这方面的活动,也讨论过一些问题,写过一篇文章——《预防为主的哲学思想》,找了冯传汉、李天霖①、杜水泊几个人一起写的,发表在《北京医学院学报》1960年第二期,用了一个笔名——冯天水。那时候就考虑成立一个自然辩证法学习小组,60年代也讨论过"撒大网"、"大包围"的问题②。当时觉得

《预防为主的哲学思想》一文

---

① 李天霖,流行病学家,北医公共卫生学院教授。
② "撒大网"指医生开各类检查,"大包围"指开大处方。

需要从哲学上把这个问题理一理，因为最根本的问题可能还是要追到这个层面上。

访：您接受的筹备医学辩证法的工作之后，起初是从何处开展工作的？

彭：考虑了一段儿，就想着先开一次医学辩证法的讲习会。所以我就找了艾钢阳（协和医院的一位副院长）、张慰丰（南京医学院医学史教研室的）、周寿琪（上二医毕业的，苏州的卫生局长，很有头脑的一个人）、邱仁宗，还有北医的阮芳赋、常青几个人来筹备，开了一两天的会，讨论了邀请哪些人来讲，准备讲什么问题。会议的其他准备工作由自然辩证法研究会承担，他们有专职的干部负责。这样大概筹备了有半年多，最后确定1979年底在广州开会。

新医学问题

访：这次全国医学辩证法讲习会从1979年底开始到1980年初结束，期间都讨论了哪些问题？

彭：都是当时大家关心的热门问题，那时候大家最关心的就是新医学派。"文革"中就有人说："再过几年中国有颗大卫星——新医学派，就要诞生了。"当时好多中医学院都与医学院合并了，成立了新医学院，甚至新医大学。比如天津中医学院搬到了石家庄，与河北医学院合并，组成河北新医大学；南京中医学院就与南京医学院合并了，叫江苏新医学院。所以大家就想到底应该怎么去认识这个新医学派，如果按着新医学派的办法，等于把中医和西医放在一起成为新医学系，怎么可能呢？这样下去中医学的专门训练就会没了,根本不利于中医的发展,而且中西医两家也都不满意,老有争论。我们觉得这个问题确实过去有太多经验教训了,确实值得讨论。

访:讨论到如何对待新医学派、中西医问题,需要邀请中医人士参会吧?

彭:当时请了中医学院一位很有名的中医,还有一位上海中医学院的老中医,我们请的都是名老中医。还有"西学中"的,像谢竹藩。同时还请了中医研究院的院长季仲朴,原来他是卫生部科教司的司长,文化大革命中下放到中医研究院当院长。他一直和我有接触,对中医问题一直很苦恼,也做了不少中西医的研究工作。他是中央大学心理系毕业的,在延安教生理的,所以科学基础是非常好的,很有头脑。也请了卫生部中医司的老司长吕炳奎,他是个老中医。所以各种各样的人都请了,也都是挺权威的人士。

访:当时对于这个问题的讨论都有什么观点?

彭:当时我们觉得中西医恐怕是一个长期共存的问题。把新医学派当作中国医学发展的方向和政策恐怕是不恰当的,应予以纠正。在这个会上大家讨论的意见就是三驾马车——中医、西医、中西医结合,当然中西医结合算匹小马——长期共存。所以干脆成立中西结合医学会,这样中西医结合学会的筹委会就在这次会议上成立了,讨论完了以后,就写报告准备筹建中西医结合学会。

现在看起来这个会对新医学问题的解决是有益的,1979年底1980年初开了这个会,1980年3月5—14日,卫生部召开了全国中医和中西医结合工作会议,提出"中医、西医和中西医结合三支力量都要大力发展,长期并存,团结依靠这三支力量"的方针,实质上就采纳了"三驾马车"

并存的建议。此后，大家对于这个问题都比较明确了。会上挺有意思的，有人说："这是尼姑、和尚和牧师的问题，牧师怎么能领导和尚呢？"这是一个很有意思的比喻，将尼姑和尚比作中医，牧师就是来自西方的西医。因为这些都有文化特点，所以就都拿宗教作比喻。季仲朴原来就担心中医问题，不知道会是什么结果。这样的一个结果他也是挺满意的。不过中西医问题恐怕是要一直讨论下去的。

医学辩证法也是个大口袋

访：除了新医学派这个焦点问题，这次会议还有哪些其他的讨论题目？

彭：当时还准备了好多别的方面的讨论，比如邱仁宗就准备了生命伦理学，讲了六七十年代生命伦理学的进展和所遇到的难题——人工生殖、安乐死等等。预防医学专家、现在是中山大学教授的梁浩材那时候也参加我们的讲习会了，作为主要发言人之一，讲了"大卫生观念"这个问题，算是社会医学的内容吧。在医学辩证法中是把社会医学放在一个很重要的地位的。当时卫生经济学的问题也有人写了一篇文章，讲了讲。有关生物医学工程、临床思维等发言都引起了与会人员的兴趣。

另外，大连的几个代表，包括杜治政，还有大连的一个卫生局的副局长杜力群，他们和我们讨论想办《医学与哲学》杂志，这样很快在1980年初出版了第一期。讲习会确实解决了比较多的问题，学刊问题是解决了，一个学科没有一个刊物是根本组织不起来的。

访：广州讲习会邀请了医学界（包括中医、西医）、哲学界的有关学者以及卫生行政部门的人员参加，讨论了若干问题，卓有成效地解决了新医学问题的争论。您觉得这次会议最大的收获是什么？

彭：讲习会算是提供了一个交流讨论的平台吧，能够比较充分地讨论问题。我觉得医学辩证法的活动就是创造一种条件、一种气氛，能够自由平等地讨论问题。至于结论也不能说就是一定的，能有结论就得出结论，讨论不出结论就一直讨论下去。只有不断充分的讨论才有好处。

以后我就感觉到自然辩证法的活动一开始就建立在反对教条主义的良好基础上。那时候于光远就一再说："之所以叫自然辩证法，就是尊重马克思主义，尊重恩格斯的自然辩证法，但是自然辩证法的内容是完全开放的。"所以人家问："自然辩证法到底是什么？"他说："就是一个大口袋，什么都能装，人家没装的就装。"他还一直主张"跨学科的东西要都伸手，不要缩手"，就是不要认为一跨学科，那个学科研究，这个学科就不研究了，所谓要各个学科都伸出手去，然后再握手，跨学科只有这么做才行，他的这些思路对我来讲都是挺有好处的。以后的自然辩证法学科就是这么做的，医学辩证法学科也是这么做的。

医学辩证法后来推出来了好多学科，一开始都是在医学辩证法学中活动，后来渐渐独立出来了。最明显的是医学伦理学，当年我们医学辩证法中讲的很多问题都涉及医学伦理学问题。自然辩证法听起来好像都是自然学科的问题，但是实际上很多社会科学也应该在里头。卫生经济学最初的讨论也是在医学辩证法的交流活动中。我记得当时研究卫生经济的学者杜乐勋就参加过医学辩证法的活动。后来逐渐发展就专门建立了卫生经济学会了。所以卫生经济学也是从自然辩证法这个领域逐渐开始的。

我觉得医学辩证法好的一点就是学风好，脱离开了教条主义的影响，因为一谈马克思主义，教条主义就太严重了。另外就是所谓"联盟"，我们一直强调哲学工作者、医务工作者还有管理者相互联盟。第三个就是跨学科。这些应该说都是比较好的风气吧。

广州讲习会可以说是一个良好的开端，建立起自由交流的平台，树立了好的学科风气。两年之后（1981年12月6—12日）在南京召开了第一届全国医学辩证法学术讨论会，又进一步明确了医学辩证法的教学问题，当时的卫生部副部长崔月犁和教育司司长朱潮也参加了会议讨论。

崔月犁从头听到尾，也发了言。他的爱人是中央党校自然辩证法研究班的，他非常支持在医学院校里开展自然辩证法的研究工作，同时认为中专都应该开展这方面的工作。

访：那么对于如何在医学院校里开展自然辩证法的教学工作，当时都有什么样的意见？

彭：对于这个问题，我当时的意见是绝对不能在本科生里边开展。本科生开设这个课只会助长教条主义，因为他们还不怎么了解医学，这种情况下学习医学哲学问题非得成了教条主义。中医学院对于开这门课程是最积极的，因为他们觉得中医就是讲辩证法，所以他们的本科生就开始学了，中医辩证法是由中医学院单独编写教材的。而西医院校中，后来有些学校在本科生中开设了医学概论、医学导论、医学史等这些课，教授一些相关的内容吧。

访：哈尔滨医科大学是比较早就开设《医学概论》的医学院，他们在1981年就为本科生开设了这门课。这次会议之后，在1982年9月协和医科大学也开设了这门课，并且请了艾钢阳、邱仁宗、高昌烈做兼职教师，您也被聘为课程顾问。80年代初自然辩证法又被确定为理工农医硕士研究生必修的一门马克思主义课，在1984年7月7日召开的中国自然辩证法研究会常务理事扩大会上，教育部的有关人士又再次强调了自然辩证法作为研究生必修课的决定，并且建议加强这方面的教学。

彭：教育部决定在研究生中开自然辩证法课，作为政治课的一门课程。当然这个课本身来讲作为政治课有点中性，是可以的，我们也是积极支持的。

确定了在研究生中开这个课后，比较大的问题就是教学框架，编写教材，所以这次会议上也讨论了这些。那时候大概定了教学的几大部分：自然观（自然哲学）、科学观（科学哲学）、方法论；但是医学自然辩证法还有一些特点——疾病观、人体观、治疗观都应作为很重要的内容。后来还加了临床思维，这是医学很重要的一个特点。但是这方面没有什么研究工作，作专著恐怕也不行，就主张写一本《临床思维与例证》，用例证教学，这种办法可能是最好的。所以就请了一些临床教授，像白求恩医科大学的李明瑚、李嗣春，还有华西医科大学的彭逢友等等，讨论编写了这本书，1988年由广东科技出版社出版。

在广州讲习会期间就曾对教学资料的问题有过讨论，此后1980年8月在吉林召开了一次小规模的教材问题座谈会，初步商议了编写教材的设想，最终在这次南京会议上正式做出了编写教材的决定。

1982年卫生部又签发了医教字35号文件，委托北医负责召集，15所医学院校参加，承担教材的讨论和编写任务。3年之后，也就是1985年人民出版社出版了我主编的《医学辩证法》教材，这是我国第一本医学辩证法教材。

那时候讲医学辩证法要考虑到自然辩证法的内容，因为就一门课，就光讲医学辩证法又不太好，但是觉得自然辩证法的内容太多了也不成，这个问题一直不好处理，不过多数人还是赞成医学辩证法有所侧重更好。同时还涉及教员问题，有些教员是自然辩证法出身，讲医学辩证法没法儿讲。所以有人就建议编本《医学辩证法》教材，这次南京会议上就把编教材的事儿确定下来了，然后1985年就出版了《医学辩证法》，当时是试用教材，没作为统编教材。

访：1987年根据卫生部教材办公室第一号文件的精神，决定把《医学辩证法》作为全国高等医学院校的选修课教材。于是1988年在广州中医学院召开了《医学辩证法》一版教材的编写大纲讨论会，肯定了试用教材的作用，讨论了不足和修订方案，1989年10月在湖南医科大学召开了教材初稿的讨论会。1990年正式出版了仍由您担当主编的一版教材。

彭：1990年出了这版教材，以后就总再版。后来我说"我干不了"，所以一直推着没干。最后由冯显威主编，我主审，在2002年出版了《医学科学技术哲学》，作为卫生部的规划教材供研究生使用。实际上现在都是各个学校自个儿编书。自个儿编书一个是教学的需要，有自己教学的想法；第二个就是教员都要职称，没有发表的东西不成。

学科的框架定好了，还有一个问题就是培训师资。三至六个月的培养。硕士点当时不可能办，没教授啊，学位也只能是搭"自然辩证法"的车。人大、师大、东北工学院几个自然辩证法比较强的地方招研究生。医学自然辩证法的教员多半都是其他学校哲学系培养，然后自个儿再学点儿专业的。后来，武汉创办了《医学与社会》杂志，又确定了研究生的课程，培养了师资，出版了教材，医学辩证法这个学科慢慢地成形了。

医学辩证法作为一个学科存在基本的框架——杂志、队伍、学风和联盟确实渐渐形成了。在杂志方面，大连那边出了很多力，我一开始还审稿，后来没时间审了，成了挂名主编。我们原来一直主张的联盟，就是刚提到医学辩证法工作者同医学专业人员以及管理学科人员的联盟，也一直这么延续下去了。

西方没有自然辩证法这个词儿，所以咱们的自然辩证法对应的西方学科多半是科学技术史、科学哲学以及科学技术与社会，对应这三个学科。用咱们的话来讲，研究对象就是自然界的辩证法和自然科学的辩证法、自然科学的方法论，再加上技术辩证法，人与自然的辩证法，也可以说是马克思主义的自然哲学、科学哲学、技术哲学。

医学模式的转变

访：第一届全国医学辩证法学术讨论会中不仅探讨了医学辩证法的教学、教材问题，同时会议还有一个很重要的主题——"医学、健康与社会"，主要讨论了医学模式的转变问题。当时您作为召集人主持了会议，请您谈谈这方面的情况。

彭：这个会是自然辩证法研究会医学哲学专业委员会开的第一次学术会议，医学模式的转变问题会上讨论得比较多。

我是在1980年第3期的《医学与哲学》读到恩格尔（G. L. Engel）的一篇文章的。文章刊登在不很显著的"外文选载"栏中，译者是邱仁宗，当时用的是笔名黎风。后来我和阮芳赋、常青讨论了这篇文章，觉得这是个比较重要的医学问题。尽管是外国人提出来的，但是这问题本身十分重要。那时候咱们还没有认识到医学模式的转变，仅仅觉得生物医学这东西影响太厉害了，就像恩格尔说的在生物医学框架内没有为社会、心理和行为方面留下余地。

我记得那时北医的精神卫生研究所有些对外交流活动，一些外国教授

《从生物医学模式到生物心理社会医学模式》一文

介绍"stress"——应激①。"应激"确实对疾病影响非常大,可是当时的中国医生对此基本没什么概念。这样我们三个人就一块儿写了一篇文章,在这个会上讲了。结果反应很强烈,我记得很清楚,有些人就说"对生物医学模式好像否定得太多了"。其实我们只是说这是个发展的过程,也充分肯定了生物医学在医学发展中的重要地位和取得的成就。当时争论得非常激烈,我都没料到,特别是医学科学院的几位专家反应很大。当时最核心的就是把生物医学模式和生物—心理—社会医学模式对立起来了,而又看不到生物医学模式的局限性。当然公共卫生界对此非常赞成,但临床界的反应是很强烈的。

访:当时这个问题在国内的临床医学界恐怕还没有受到关注,第一次提出讨论可能会引起比较大的震动。

彭:是这样的,有些人一听就觉得怎么这么贬低生物医学模式,临床工作不就照着这个开展的?一直是生物医学模式指导临床医疗工作,怎么一下就把这个模式说得有这么多弊端?其实我们不是这个意思,只是他们把两个模式对立起来了,不认为生物—心理—社会模式是一个必要的发展。

南京的这次会议等于打开了一扇窗,这次讨论让国内医学界关注到一种新医学模式的转变。这种理论概念模式的转变不知道要多少年的发展,

---

① 应激是指机体对各种内、外界刺激所作出的适应性反应的过程,最直接表现即精神紧张。

要求马上转变是不可能的，但是观念上还是要慢慢转变。观念问题是很重要的，但很多正确观念的推广不是有立竿见影的效果的，仅是当时能做多少就尽量做多少。我发现台湾有好多词儿很有意思，说观念要有一个"发酵"的时间和过程。

我一直认为对西方的一些研究要充分注意。西方硬科学方面的研究大家往往都注意了，但软科学方面却会忽略一些。西方的科学技术比较先进，他们会比较早地碰到一些问题，所以我们要去注意，同时努力真正去领会其中的奥妙。很多问题是会重复的，环境保护是最明显的。这个问题咱们不能说觉悟得晚，70年代就开始注意了，还设立了环保办公室。那时候就认为在环境问题上不能重蹈西方的覆辙，可实际上最后还是在重蹈覆辙。这些是非常难以逾越的，相当困难。在医学领域，我多年以来一直说在慢性病的问题上我们能不能避开西方国家走的弯路。他们提早碰上了，我们早晚要碰上，能不能提早解决这个问题。

一些思想观念在当时的社会可能没有很大的影响，可是从整个社会的发展来看，就会发现它起到了深刻的作用。所以说思想者是孤独的，因为不一定大家都能了解和接受这些。他们的时钟要比我们现实的时钟快一步。

"医学目的"的再思考

访：80年代您将生物—心理—社会医学模式传播到了中国，现在这一模式已经为人们所接受，并且逐渐渗入到医疗实践中。随着医学模式的这一转变，"什么是医学"又一次引起了思考，"医学是科学"已经不是

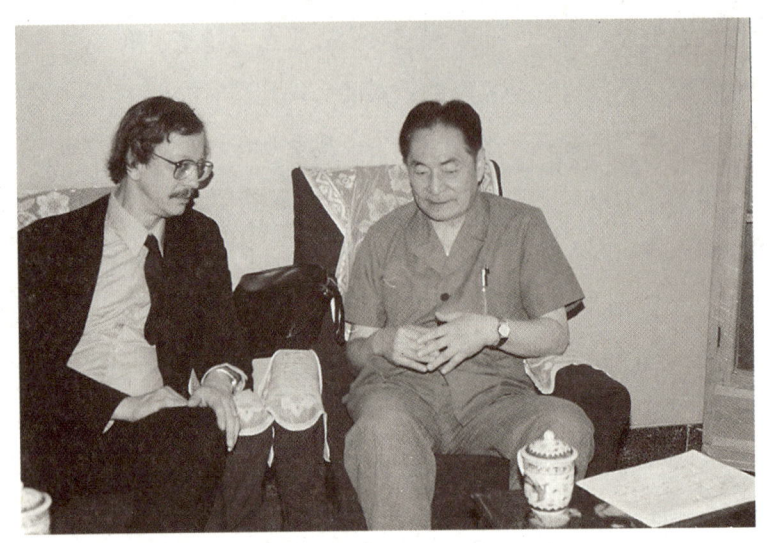

1990年与美国医学伦理学家Engelhartd在一起讨论

完满的答案,医学面临着新的定义。您对于此的思考是什么?

彭:"什么是医学"是医学辩证法需要讨论的一个问题,我有一个定义——曾经在学术活动上也提过——"医学是医学科学和医疗保健事业的综合,医学是自然科学与社会科学的综合概念;构成医学的三大支柱是生命科学和保健科学系列;哲学和社会科学系列;数学和技术科学系列"。医学本身是科学体系,特别是生命科学部分是一个科学体系;另外医学又是技术;第三,医学又是整个社会结构的一部分,医疗卫生事业是体制化的医疗卫生体系。这三方面综合在一起才是医学。如果说一个国家的医学水平高,绝对脱离不开这三方面去评价。一个国家在医学领域的科学发现少,但医疗服务体系却很不错,也不能认为它的医学水平就低,但是说这个国家的医学水平很高也说不过去。而假如说有科学发现,但是医疗服务体系的水平很低,那也绝对不能说这个国家的医学水平很高。这点和农学很相像,比如袁隆平的杂交水稻,中国在这方面的研究水平是很高的,但是同时还要有一套推广体系,能够真正见效那才是水平高。医学与此有类似之处。所以我对医学这么看:是科学,又是技术,还是社会建制——医疗卫生事业,三个方面是互相关联的。

访:正像您所讲的,不能把医学简单地理解为科学,也不能停留在技术的层面,虽然发达的科学、精湛的技术使医学拥有了对抗疾病的强大能力,但是伴之而来的是医疗费用的飞速上涨,同时当代医学在慢性病的治疗中陷入了困境,这些引起了人们对于医学目的——仅仅是延长寿命,降低死亡的再次反思。您在90年代早期就积极投入到这场医学目的的再讨论中。

彭:医学目的的再讨论最早是在1992年,美国的哈斯汀中心(HASTING CENTER)提出的。哈斯汀中心是很权威的医学哲学研究中心。当时提出这个问题的背景就是医疗费用飞涨,但是医疗服务效果并不令人满意,出现了所谓的"医疗危机"。虽然在医疗管理等方面做了很多工作,但是都不能很好地解决问题。所以哈斯汀中心就考虑应该从更深的层次来讨论和解决问题。

医疗费用上涨过猛的问题,我早有所接触,记得开一些国际会议时看过一些西方国家的资料,20世纪60—80年代这段时间医疗费用的增长速度十分迅速。比如拿1960—1990年日本和美国的材料进行比较:平均期待寿命,1960年日本是68岁,美国73岁,到1990年日本提高到79岁,美国为76岁;5岁以下儿童死亡率,1960年日本是37‰,美国31‰,1990年日本6‰,美国11‰;1990年日本人均医疗费用1 538美元,美国是2 768美元,差不多是日本的两倍。美国经济实力强于日本,医学发展状态也属于前列,为什么这30年来两国的变化相差这么大?有人分析认为,日本在1960年以后,加强了脑卒中和肿瘤等疾病的预防,从而推迟了发病年龄，减少了病死率，延长了平均期待寿命，提高了生命质量。我知道日本在这段时间把胃癌作为很重要的防治对象，40岁以上的人每年都能做一次钡餐造影，从而可以进行早期的诊断与治疗。脑卒中的预防他们也做了很多工作，很注意预防高血压，最后脑出血很少见，基本控制在脑缺血阶段了。高血压的知晓率和控制率都做得很好。他们在中老年疾病的预防上下的功夫比较大。所以很多问题不从医学最终的目的这个根本问题上去解决是不行的。

美国哈斯汀中心是这场医学目的再讨论的发起者之一，1993年7月曾邀请和组织了9个国家的专家在布拉格召开了关于"医学目的"计划讨论的国际会议，提出了一个关于"医学目的"国际计划的初稿文本——《医学的目的：形成新的优先项目计划梗概》。哈斯汀中心的主任丹尼尔·卡拉汉（Daniel Callahan）曾致信吕维柏教授，希望中国的医学界也参与到这个讨论计划之中。

最初哈斯汀中心请了美国、英国、法国、德国、瑞典、荷兰、西班牙、捷克、匈牙利这9个国家的专家讨论"医疗危机"问题——医疗费用增长太猛，但最后医疗质量、水平都不好，老百姓不满意。后来他们感觉到需要请发展中国家也参与讨论，因此想邀请中国（我们分析可能因为咱们国家有中医的关系吧），就给中医研究院的吕维柏写信。另外还有印尼、智利、丹麦和斯洛伐克。之后又举行了6次的国际会议，对以前讨论的初稿进行再讨论。

访：丹尼尔·卡拉汉教授在信中希望吕维柏教授能组织一个小型的工作组来处理有关这一计划的问题，比如参与国际会议，并在国内组织有关"医学目的"的讨论。您当时是这个工作小组的成员之一吧。

彭：吕维柏在国内组织了一个6人小组，有吕维柏、我、陆广莘、邱仁宗、金大劼和谢竹藩。6个人轮流去开这6次会议。1994年我也在捷克参加过一次讨论。

后来我们经过讨论研究，对于"医学目的"的讨论大概综合出三个重要问题：第一个是把治疗和预防放在同等重要的地位，临床医学与预防医学结合起来；第二个是 cure 和 care（治愈和照料）；第三是要避免早死（premature death），提高生命质量，实现安详地死去。这里把帮助人安详地死去也作为了医学的目的，医学不但要涉及"生"还要管"死"。

早死，指的是在生理年龄上较早地死去，比如英年早逝，夭折。夭折是社会学用语，不准确。我们的定义是"发生在有机会经历特型性人类生命周期以前的死亡"。医学要避免早死，并在一定的经济条件中给予治疗。不能将平均期待寿命之前的死亡都当作早死，因为有个体差异。

访：概括出这几个问题以后，你们这个小组又是如何在国内组织讨论的呢？

彭：为了推动一下这事儿，1993年12月19—20日，就在中国中医研究院搞了一次范围比较大的研讨会，把卫生部、医学会和医学院校的头头脑脑请来了一些，有张文康（卫生部副部长兼国家中医药管理局局长）、秦伯益（军事医学科学院院长）、陈可冀（中西医结合学会副理事长）、傅世垣（中国中医研究院院长）等人。

背景资料

"医学目的"国际计划中国组首次讨论会，当时会议的正式代表有14人，旁听5人，除上述4人，还包括北京医科大学校务委员会主任彭瑞骢、原中国中医研究院情报研究所所长吴伯平、北京医科大学中西医

> 结合研究所所长谢竹藩、中国中医研究院艾滋病研究室主任吕维柏、中国社会科学院哲学研究所生命伦理学教研室主任邱仁宗、原中国中医研究院基础理论所副所长陆广莘、医学科学院社会科学系金大劭、首都医学院社会医学教研室主任顾湲、协和医科大学医学伦理教研室张琚、国家中医药管理局办公室副主任李大宁等,还有5家报纸的记者参与了会议。

访:这次会议由您、吕维柏、邱仁宗、谢竹藩轮流主持,代表们分别就医学目的、世界性医疗危机与中国的图景、中医学的作用以及生命质量等问题进行了讨论,您觉得会议在推广"医学目的"的讨论中作用如何?

彭:这次讨论还起点儿作用,大家认为医学的根本目的在于提高生命质量,而非"消灭疾病,战胜死亡",对于很多难于治愈(cure)的慢性病,医学应该更多地关注照料(care)。后来1995年10月在张家界召开的第八次医学伦理学学术研讨会上又以此为中心展开讨论。我们这些人也都去做了发言,有点像讲习会,推广介绍这些观念,还出了一本精选论文集①。我们原本希望在临床领域能有所推广,可实际上有点限制,在卫生行政部门和中华医学会的推动是很有限的。还是医学哲学、医学伦理学领域中关注得较多。

现在这个讨论还是需要深入。比如目前的社区医疗,推动了这么多年一直都不是很得力。其实要是不从医学目的这个高度去考虑这个问题,是很难推动的,总会受到一定的限制。care跟cure本身就涉及医学的价值观,要升职称,只是care方面的工作做得很出色,那是不可能被认可的。

---

① 1996年4月医学与哲学杂志社出版了《医学与哲学》精选论文集。

其实医学目的确实涉及当前最重要的问题，而一个国家迟早都要发生医疗危机，看起来若从管理层次上去解决，是能解决一定的问题。拿英国和美国做比较，英国花的钱可能仅美国的一半，可是英国人真正享受的医疗服务的水平跟美国是差不多的。这算是从管理层次来解决，但是英国也有不尽如人意的地方，如预约看病排队时间长等等，他们也采取了很多办法去解决。但是要是提高整个生命质量，这种层次的调整恐怕就不行了，不从医学目的的哲学高度去考虑是解决不好的。

访：在医学目的的讨论中，强调提高生存质量，关于生存质量的问题，您曾参加过全国第一、二届生存质量学术会议，并且都作了相关的报告。在2000年召开的第一届会议上您在报告中着重讲到现代医学的四个目的：预防疾病和损伤，促进和维持健康；解除由病灾引起的疼痛和痛苦；对有病的人照料和治愈，照料那些不能治愈者；避免早死，追求安详死亡。并且再次强调对于慢性病，应该把照料和治愈放在同等位置。

彭：中山医科大学公共卫生学院的方积乾教授专门研究生存质量量表，他参与了这两次会议的组织召开。第一届会议时，他邀请我，让我讲一下医学目的和生存质量的问题。当时香港的很多医生护士都参加了会议，讲了以后反应特别强烈，尤其香港的这些医务人员对此非常积极。他们对病人治疗后的转归进行评价，常常就用的是生存质量的量表。他们感觉这种分析很有用，至少对于思考如何对待病人有好处。所以参加了这两次会议后，我觉得这个问题是很值得注意的。香港的医务人员对于cure和care的反应十分强烈。因此医学目的的讨论与医学科学的发展、医学教育、医疗服务都是有密切关系的，这个讨论绝不是理论问题，而是一个实际问题。慢性病如果在非住院期的care做好了，就能大大减少住院时间，也提高了cure的效果，同时生存质量也会有一个大的提高。

《医学目的与公共卫生》一文

访：您曾写过一篇《医学目的与公共卫生》，被哈斯汀中心收入"医学目的"专著中。文中您追溯了美国公共卫生与临床医学的分裂，强调把公共卫生与医学目的统一起来。

彭：美国罗氏基金会出过专著，分析公共卫生同临床医学的分裂问题。我在文章中提到，最早这二者是统一的。比如流行病学实际上是从事热带病学研究的临床医生建立起来的。基础医学的研究也是如此，钟惠澜是黑热病专家，但他发现了白蛉是主要的传播媒介。那时候都是临床中碰到了什么问题，就去研究什么问题，并不是说只有预防医学学者去研究白蛉，而是临床医生去研究的，起初的医官（卫生官员）也都是临床大夫出身。1916年美国罗氏基金会支持在医学院外建立了独立的公共卫生学院（Public Health）。当时也是有一定好处的，因为那时候环境卫生是最主要的，搞环境卫生的人不需要学那么多的临床医学，主要是卫生工程问题，作为卫生工程人员只要有一些医学知识就可以了，从而可以吸引学工程的人做公共卫生工作。生命统计也是一样，不一定要用临床大夫。那时候在美国学医是最贵的，而这些学科不用花那么多钱，所以当时对公共卫生的推动有相当大的作用。

一开始在公共卫生中环境卫生、营养卫生、疾病统计是最重要的。在日本，营养师的数量很多，几乎所有的小学或幼儿园都有营养师或营养士。所以这就是日本为什么这些年来在生长发育方面的工作比咱们发展得好。非医学的内容和人员进入到公共卫生学科中，支持了公共卫生的发展，这是非常重要的。但是却出现了一个未曾料到的分裂，使得医学仅剩下了疾病治疗。美国好在有专科医师和全科医师之分，而咱们国家就只剩专科医师的导向了，也成为医学唯一的价值观。

公共卫生以前多采用公共措施来解决公共健康问题，而进一步发展可能个体化预防将成为主要的。慢性病主要需要个体化的预防与治疗，传染病当然需要一定的公共措施来控制，但是尽管如此，疾病的早期发现还是需要临床大夫做出判断。因此公共卫生的发展要和临床医学结合起来，才能进一步推动公共卫生的深入发展，恐怕要每个临床大夫都能考虑到三级预防的问题。预防问题在医学目的的讨论中是很重要的，虽然预防本身不能解决医疗费用上涨的问题，甚至有人说预防做得越好，费用越高，但是从整个生存质量来讲，作用是很明显的。医学目的的讨论不能说是为了省钱，对省钱是有一定好处，但是更重要的是提高生存质量的问题。现在到预防医学与临床医学再次整合的时间了，所以我的文章就讲的这些问题。

访：或许目前的临床医学、预防医学、基础医学这种学科划分是值得思考的。

彭：不是不能这样划分，但是很有弊端。原来卫生学会在中华医学会里边，后来成立了中华预防医学会，与中华医学会并列，这不利于两者的整合。已经分裂了，就只能有意识地去注意这个问题，多组织一些联合活动。当然中华医学会还想了一些办法，把卫生学会留下了。这个问题本身要不从哲学的高度来考虑，讨论不清楚。因此我就觉得目前医学哲学的讨论，对咱们改革和发展的指导思想非常重要。这些年有所推动，但是也还不够。

访：健康是一种很特殊的"商品"，病人不仅仅是健康最终的享有者，同时还是获得健康的参与者。如果病人不依从医生的治疗方案,就不可能实现健康,而公共卫生中的很多措施也是需要个人预防来实现的。

彭:所以现在公共卫生的事一部分要靠政府税收去解决,但有些要靠营销(marketing)。李竹的神经管畸形的项目专门讨论过这个问题,预防神经管畸形要在孕期服用叶酸,这实际上要靠营销。不能都拿政府的费用,很多预防性药物很难都拿政府税收去解决,需要靠 marketing。我的孩子现在在美国做遗传学,我就说:"你的有些项目要靠你的 marketing。"现在有些孩子愿意给老人买健康体检,孩子花钱为老人做点贡献,什么也不缺,那就弄个健康体检。"有些更复杂、更高级的体检项目,可能只是千分之一的受益率,这个不可能依靠税收解决,就只能是谁想花这钱谁去花。"

临床决策

访:临床思维,有人也称之为临床决策,这个概念在医学哲学中越来越受到关注。

彭:于光远对临床的过程一直有自己的看法,我们讨论临床思维的时候请他发表意见,他谈了这么几条:"对于临床可否理解为世界上许许多多自然过程中的一个特殊自然过程。临床当然不是一个天然的自然过程,而是一个社会的自然过程。就是说,这个工程离开了社会就不会存在。而且,临床是两重意义的社会自然过程,它与开矿不同,开矿虽离不开社会的发展,但矿体是自然的。对临床来说,不仅疾病一般都有社会的原因,有社会性,医生的治疗行为,包括所用的方法、手段,也是有社会性的。

所以临床是两重的社会自然过程。因此，我认为医学不是一个纯粹的自然科学，本身是一个社会科学和自然科学交叉的学科。"他对医学的表达比较完整、准确。

在广州讲习会时，我就考虑了一个临床的思维问题，总觉得临床思维方法跟其他的科学方法不太一样，但是这个问题找不到太多的西方研究文章。当时我们就认为不要像以前那样总是去解释马列主义，那种解释太没意思了，自然辩证法恩格斯都解释了好多，再去考究这些问题就实在太没意思了，应该去研究医学的实际问题，这里边才有文章可做。所以我、谢竹藩、黄萃庭、贾博琦①一起讨论了以后就提了这么个题目，关于临床诊断治疗的思维问题。

临床思维的问题确实也有了很多发展，《医学哲学》杂志推出"决策"的概念，当然比临床思维的概念更广阔一些，因为临床决策涉及价值观、卫生经济、社会等方面的判断问题。我认为临床思维这门学科还可以再发展。有人现在提出"误诊学"，我一直想"误诊学"能不能成为一种学科。尽管出了一些书，但是我一直还是一种保留的态度——到底能不能做一个系统的知识体系出来，总觉得再成熟一点为好。我很赞成有些人去研究这方面的内容，可能将来更多的还要靠临床学家来发展。我发现很多的临床学家，像吴阶平，他就很注重临床思维，特别强调思考。这个有点像儒学中"博学、审问、慎思、明辨、笃行"的学风。吴阶平强调实践，但是又加了一个思考、学习。他老是强调实践、思考、学习三者的结合。我最近看了一些儒学的书，深深感觉到儒学强调"审问"，同时还要"笃行"，是非常重视实践的，没有实践等于不知道，等于没学。临床思维就应该这样，实践的同时还要去思考。吴阶平最重要的一点就是学习的时候

---

① 贾博琦，胃肠病学专家，北医附属第一医院教授。

也思考，实践的时候也思考，把这三者结合起来。这样就可以成为有准备的头脑了，而临床工作总是在不充分的条件下开展的。临床思维是有其特点的，是值得再分析研究的。现在有不少人向这方面去努力奋斗，是很有好处的。我认为自然辩证法是开放性的（学科），不要总认为好像是得出什么结论就如何如何，而总是在开放的状态下比较好，特别是哲学绝不是最后的终极真理，只要能够给大家有启发就是好的。

访：吴阶平在20世纪50年代提出"肾结核对侧肾积水"的命题也正是他对临床实践的思考。

彭：没错，所以从临床研究在医学进步中的作用来讲，恐怕得充分估计，因为最终还是在临床实现的。吴阶平在临床工作中很注意思考，40年代的时候他曾收治了两位患化脓性胸膜炎的病人，一个年轻人，体质好；另一个老人，体质弱。可治疗结果是老人活下来了，年轻人却死了。他当时也觉得很奇怪，后来经过思考，他发现是因为年老者十分乐观，而年轻的却很消极。由此他就开始注意到精神心理因素对疾病的影响。

20世纪三四十年代结核病还无药可治，患脊椎结核的病人只能靠睡石膏床。当时一般是按照身体的形状用石膏做个托子，下面挖个窟窿，病人大小便都要在床上，要完全卧床休息。他曾发现一个胸椎结核病例，病人第一次来就诊时病情还比较轻，医生也给他做了石膏床。但是三个月后病人还是瘫痪了。其实对这个病人的诊断是完全正确的，而且治疗及时，可为什么还恶化得这么快。后来经吴阶平与病人谈话才知道，医生没有向病人解释清楚是要全天卧床，病人误以为晚上睡觉的时候躺躺就可以了。所以在以后的行医过程中，他特别注意这一点。后来对于那些患前列腺增生需要坐浴的病人，吴阶平每次都会亲自告诉病人坐浴的方法——用多少水，多热的水，坐浴多长时间，怎么坐，等等，他都会一一嘱咐病人。

吴阶平在临床实践中就是这样非常注意观察与反思。他曾经想过：怎么样让当5年的医生能赶上工作10年的医生的水平呢？就是靠的这个。注重实践、学习、思考是基础，在这个基础上再去教怎么思维。于光远曾经主编过一本《方法》杂志，他说最初在延安的时候，天天观察人，谁做一桩聪明事儿他就记下来，做一桩傻事儿他也记下来。所以他就老在反思，思考哪些是做对了，哪些是做错了，这样学习，成长得就快了。

医院管理与企业管理可能有某些相似之处,但是医疗卫生事业具有消费性福利事业的色彩,毕竟医疗的服务对象是人,不能像企业那样以追求利润为最终目标,一旦病人成为摇钱树,问题就会层出不穷。

第10章
医疗体制的改革

昔日辉煌

访：新中国成立后，在卫生保健事业上曾经取得过不菲的成绩，直到20世纪70年代末，原有的医疗体制在解决人民医疗健康中都发挥了巨大的作用。作为一位老卫生工作者，您如何定位这一阶段的卫生工作？

彭：解放后到文化大革命这一阶段，中国卫生工作的成绩是很突出的，世界瞩目的。20世纪80年代初中国和美国合作，曾由同一组专家，共同的分析方法和工具，研究分析了两国的卫生投入和卫生效益，1981年出版的《美国公共卫生杂志》增刊上发表了有关指标。当时选择了我国的上海县和美国的华盛顿，使用了五个比较指标，比如婴儿死亡率上海县16.8‰，华盛顿是15.1‰；出生期望寿命上海县是72岁，华盛顿是73.2岁；1980年的人均卫生费用上海县是19元人民币，华盛顿是885美元。所以中国卫生事业的效益和成绩是引人注目的，当然上海县是很突出的了，西部地区的水平会低一些，但是这样的结果也是很惊人了。

1980年中国上海县、美国华盛顿健康指标与卫生费用比较

	出生率	死亡率	婴儿死亡率	出生期望寿命	人均卫生费用
上海县	14.8‰	6.2‰	16.8‰	72 岁	¥19.06
华盛顿	12.9‰	9.5‰	15.1‰	73.2 岁	$ 885

另外一个例子是英国的牛津公共卫生教科书1993年出第二版，专门请Carl Taylor撰文介绍了中国卫生事业的经验。Carl Taylor是美国约翰·霍普金斯公共卫生学院的教授，他以前担任过儿童基金会驻华代表，对中国的情况挺熟悉。后来出第四版的时候，又请了咱们中国的卫生专家写了一篇关于妇女的文章。这些例子算是一个侧面，说明国际上对中国卫生事业取得成就的一种认可。

实际上，国际上也是相当重视中国卫生工作的成绩，曾经对赤脚医生也特别关注，对于这一阶段中国卫生事业的评价都是不错的。我记得1978年美国斯坦福大学出版《国际卫生》（International Health）曾经登过一个非常有意思的描述。外国学者对于中国人的生活状态抱有疑问，想了解中国人的健康状况和营养状态到底怎么样，是不是像报道的那么好。于是有人就到中国城市的公共澡堂里去观察，看看一般老百姓的营养状况。90年代初出版第二版时，这本书的附录中还引用毛主席的"六二六"指示①，就是非常赞赏中国把医疗卫生工作的重点放到农村的政策，所以引用了毛泽东的这段话。世界银行的报告曾经统计过：中国的卫生事业经费仅占全球总卫生经费的1%，却解决了22%世界人口的健康问题。所以他们认为我们中国的卫生效益是非常好的，也是值得尊重和关注的，这些也

---

① 20世纪60年代毛主席对卫生工作的谈话指示，要求"把医疗工作的重点放到农村去"。

确实都是客观的情况。

访：这个阶段中国卫生事业取得如此斐然的成绩，如果我们要总结其中的经验，您认为主要有哪些方面？

彭：这一阶段所取得的经验无非就是预防工作做得比较好，农村基层预防医疗网建立得比较好，虽然是很低的水平状态，但是实施得比较好，能够使用未经过充分训练的医生（赤脚医生），用一些适宜的技术解决农村的基础医疗问题。当然，那个时期的医务人员具有高度的奉献精神也是一个原因。咱们国家医务人员的工资很低，在国外这种职业的收入是最高的，而在咱们国家医生的工资和其他行业都是一样的，不过那时医生也还都是很敬业的。应该说建国初期的17年和文化大革命期间卫生事业是受益了，因为大量的城市医务人员被派到农村后确实把农村的卫生工作提高了一步。开门办学时期，我到河北省的一个乡卫生院，那里都是河北省的下放大夫，其中还有泌尿外科的大夫，因此乡中心卫生院都能做肾上腺瘤的切除手术。在太行山区的食管癌高发区，以前只能是吃点中药，有些胸外科的大夫下放到当地后就能开展一些手术了。

农村的卫生状况在这一阶段还是有些改变。即使到现在，一说到如何解决农村医疗问题还是离不开城市支持农村，城市医院大夫下乡支援，还都是老办法，没什么新办法。

访：自1978年以来中国便走上了一条改革的探索之路，社会的各个方面无不在经历着这场改革的洗礼：经济体制改革、政治体制改革，以及医疗改革等等。您在亲历了一系列有关改革的讨论和相关政策措施的制定之后，对于医疗改革的理解是什么呢？

彭：改革应该有特定的含义，在国际上这个问题已经比较明确了。特别是在东欧剧变和苏联解体后，西方将这一时期称为转型期，即所谓计划经济的转型。但是现在有人认为计划经济的说法不恰当，因为计划经济是什么时候都需要的，所以后来有人改称为"指令性"经济。转型期就是由"指令性"经济到"市场"经济的转变时期和过程，我觉得这是一个比较准确的说法。转型期的经济体制改革是最重要的，而对卫生事业来说，经济体制改革的影响也是最主要的。

另外在医疗领域出现了疾病模型的改变，威胁健康的主要疾病从传染病、急性病转变成为慢性病，而急性病各方面的处理与慢性病都不一样。对于这个转变问题现在有很多说法，过去医学是以疾病为对象，但今后要以健康为主等等。新任的卫生部部长陈竺也说过，"现在的医学要从医疗医学转成预防医学"。三级预防是很早的一个概念，涵盖面也是很广泛的。所谓"3P"（Protection、Promotion、Prevention）的概念也早就形成了。现在应该考虑新的"3P"（Prediction、Prevention、Personality）。公共卫生中有些问题需要依靠个人的预防去解决。至于个人卫生又是很早的概念了，比如饭前洗手，饮食习惯和营养问题等等，现在更多的称作个人行为。

正是由于出现了这两个转型，卫生体制就要跟着变，得与之相适应。所以，这个改革有其特定的含义。

企业式医改

访：自经济体制改革开始，医疗卫生事业也顺应着其所依托的经济基础的转变而开始了改革，时至今日已走过了30余年的改革历程。

彭：粉碎"四人帮"以后，我参与卫生部有关医疗制度改革和发展问题的活动比较多一点，曾写过文章，参加了一些研讨会，因此这个问题可以回顾一下。

卫生改革和发展从三中全会以后，大体上可以分成两个阶段：第一个阶段从1979年以后到1996年底，是全面探索改革和发展思路的过程；第二个阶段是1996年以后，1996年底召开了全国卫生大会，颁布了《中共中央、国务院关于卫生发展的决定》，算是理清了一个全面改革的思路，逐步开始实施。

其实我们的经济体制改革比较早就形成了一个改革思路，比如培育市场和国企改革，这两个到底先改哪个。经济体制改革的问题研究得比较多。这些对我们卫生事业非常有影响，卫生系统的改革往往就借用企业改革的思路和方法。但是这么一来就出问题，因为卫生事业，特别是医疗工作，具有市场失灵的一方面。

1983年卫生部门领导同志在卫生系统厅局长会议的讲话中说到"卫生部是一个受'左'的思想影响较深的部门，通病是'独家办'、'大锅饭'、'一刀切'、'不核算'"，所以要解放思想，打破"独家办"，但是用这种政治概念，混沌不清的概念去指导改革，常常就容易出问题。

当时医疗问题的一个表现是看病难，住院难，第二个就是医务人员的待遇低。经济体制改革以后，价格市场就放开了，通常是要提高价格，提价以后企业才有利润，才能活。改革以前是政府补贴企业，但是开放以后让企业在市场里竞争，就非得提高价格不成。同时，国家还要控制通货膨胀，有一些指标，比如粮食、公交车票、医疗费等不许涨价。医疗费用一列入指标之后就冻结了，所以医院的收费一点儿不允许提高，门诊费、挂号费、住院费都不许提。因为一旦这些基本需求提价，就会引起通货膨胀，连锁反应是很厉害的。这样国家就根据条件"控什么就补什么"，所以那时候干部都有补贴（包括家属），像副食补贴等。这边给补贴，那边涨价去。为什么能涨价？因为国家给补贴。可是"医补"却从来没有过的，所以医院就叫苦连天，那时候天天叫"医院办不下去了"。医院所用的消耗品都在市场上买，价格都涨了，医疗成本提高了，医院又不许涨价，国家也不给补，所以说医院过不下去了。这种形势下，1985年国务院以国发62号文件转批了《关于卫生工作改革若干政策问题的报告的通知》，把医疗的价格稍微放开了一点。

62号文件上有关改革收费制度有这样一段陈述："医疗收费标准过低不利于卫生事业的发展，不利于提高医疗水平和质量，因此对现行不合理的收费制度要逐步进行改革，目前普遍调整医疗收费标准有困难，今年先不做大的调整。但是应用新仪器、新设备和新开展的医疗诊治服务的收费可以适当提高。病房可以分等级，实行不同的收费标准。"这个文件并没有很明确地赋予医院普遍提高价格的权力。但是新的诊治手段和项目可以考虑由医院实行不同的收费。

访：比如CT、IMR等这些新的医疗诊治设备和手段可以由医院自行定价？

彭：没错。这样CT就一拥而进了，特需门诊这类名目也就出来了，都是用这种新的办法去解决费用问题。原来计划免疫是不收费的，这以后计划免疫还可以适当地收取劳务费，职工体检也可以收费，以往的免费性预防卫生服务都开始收费。

早些时候还批准了一个"两种收费制度"的方案，就是公费医疗价格可以涨一点，但自费医疗价格不准涨。但是后来公费医疗的单位都说是自费的，由职工先付费，然后拿收费票据再到单位报销，这样价格也就都涨不上去了。过去公费医疗病人用三联单是非常方便，最后由医院和单位算总账。可是后来就麻烦极了，到医院看病费用要自个儿先垫上，然后再回单位报销，大大增加了手续。

62号文件下发以后，各地的卫生部门和医疗机构开始探索改革途径，打破了传统的医院管理模式，许多地方积极推广院、所、站长负责制，推行各种责、权、利相结合的管理责任制，集体所有制卫生机构实行了"独立核算、自负盈亏、按劳分配、民主管理"的管理办法改革，使得医院扩大了管理自主权。

医院的管理转变为扩大自主权完全是根据企业改革来的。定额包干，创收部分归医疗单位，可以自行支配，这些都是按照企业的包干、承包制去做的。80年代我曾经写过文章讲这个问题，我认为医疗改革参照企业的承包制是绝对不行的，而当时好像一经济承包就什么都解决了似的。医疗领域存在市场失灵，其一因为病人没法儿判定该不该消费，不像买一般的商品；其二医疗服务是刚性商品，不可能通过降价竞争，降价以后阑尾炎的发病率是多少还是多少，不可能因为价格提高了病人就不治疗了。当时开研讨会，有位经济学家说"生产提供得好了以后，可以刺激消费"。我就说这是一般的规律，如果电视价格下来了，买电视和买别的商品竞争，消费者可能就选择买电视。可是医疗服务不行，不存在这种价格竞争。他还举了牙痛的例子——以前牙痛不算病，牙医多了，牙科服务好了，价钱便宜了，就可能去看牙医了。但是我认为这仅仅在一定时期内可行，有刺激消费一面，但是到一定程度就不行了，总体上不能这么去定政策。

后来认识到这个问题就不再叫承包制，改为综合管理责任制。综合管理责任制就不能拿经济收入作为唯一的指标。那时候大家议论说承包制不行，非走弯路不行。

访：那么综合管理责任制除经济指标，还有哪些指标？

彭：业务指标。比如质量指标，不达到医疗质量的话就可以被否决，即使多赚钱，质量不达标也不成。

访：医疗服务是一种特殊的商品，质量评定也只能通过业内人士，管理起来恐怕也是很不容易的。

彭：但是卫生管理有这本事，管理医疗工作是非常困难的，不过还是可以管的。就拿医院评审制度中的质量保证来讲，可以分成三点。第一个叫structure，就是结构性的保证。比如一个内科大夫必须达到什么样的水平，达到一定的水平才能做一定的工作。主任医师能开展什么医疗业务，主治医师能达到怎样的工作水平。另外还有设备条件，没有设备就不能开展某些工作，例如没有CT，脑外科的某些手术就不能开展。第二个是process，质量保证过程，非得有三级医师查房制，死亡病例讨论制等这一套程序。第三个才是outcome，即结果。诸如无菌手术感染率不能超过一定的指标等等。所以质量保证的管理有一套方法的，是可以管理的。

医院必须是综合目标管理。在企业可能经济指标是最重要的，但是医疗工作有自己的特点，不能只拿经济作为唯一的指标。这些都讨论过，也有很多人提过意见，但是在执行的时候常常是只注重经济指标。

访：医院管理与企业管理可能有某些相似之处，但是医疗卫生事业具有消费性福利事业的色彩，毕竟医疗的服务对象是人，不能像企业那样以追求利润为最终目标，一旦病人成为摇钱树，问题就会层出不穷。

彭：这一阶段可以说是在探索，问题也就不断涌现出来了。从没钱到市场经济改革国家给钱变少，医务人员没待遇，医院办不下去了，越办越穷，医务人员生活待遇变差，所以医疗系统要改革。

首先面对的管理系统改革，就是卫生系统怎么管理医院，怎么任命医院的负责人以及负责人的职责权限是什么等等。其次是医院内部的运行机制问题，当时又采用了科室承包制，这样院长最简单，各个科室由负责人去承包，还是制定定额包干，超额部分科室自行支配，实质是变相给医务人员涨点工资。当然也还说要综合管理责任制，各项指标都有，出了事故，都要追究责任。但是其他的指标都是软的，唯有经济指标是实的，钱是最实在的。科室一搞承包就了不得了，唯以经济为指标的问题更难以解决了。大家都想创收，这样才能有奖金。同时，医院的成本核算又始终没建立起来，科室的成本核算也没建立起来，所以就乱得一塌糊涂了，这种运行机制一旦形成是很难改变的。

医疗领域没竞争不成，有点儿竞争又有弊端，所以就老得管，老得防止这些弊端。一种机制运行一段时间后，很可能又会出现新的问题，就得接着再调整。

1988年11月9日国务院转批了卫生部、财政部、人事部、国家税务局、国家物价局《关于扩大医疗卫生服务有关问题的意见》，即国发[1989] 10号文件，这是62号文件之后又一推进医疗改革的重要文件。10号文件中仍然强调在医疗卫生事业单位中"积极推行各种形式的承包责任制"，同时"允许有条件的单位和医疗卫生人员在保质保量完成承包任务，确保医疗卫生服务质量，坚持把社会效益放在首位的前提下，从事有偿业余服务，有条件的项目也可进行有偿超额劳动"。这样医疗卫生人员就可以合法兼职，在本职岗位以外从事技术咨询、技术服务、人才培养等活动，并且收取费用。其实就是通过增加社会服务、有偿业余服务以后能多收钱，可以发奖金。实际上是解决知识分子的待遇问题，就是说知识分子可以出去"走穴"。

1985年的62号文件和1989年的10号文件，都算是改革的探索，都是有利有弊，如果当时没有这些改革措施，医务人员就没法儿过日子了。但是也明知道这是毒酒，吃了以后将来会有麻烦的，当时有人就说："这简直是逼良为娼,医务人员的待遇工资不解决,这不是逼良为娼吗?非要逼着医生开大处方,开不必要的检查。"其实大处方、不必要检查"文革"前就出现过,1964、1965年也就讨论过。那时候《健康报》叫"撒大网","大包围","撒大网"就是不必要的检查,"大包围"就是各种药都用。那个时期还不涉及经济问题,更多的是处于医疗安全的考虑。这种大处方、不必要的检查在医患关系紧张的时候是最容易产生的。目前这种不规范的医疗行为已经是病入膏肓了,年头太久了,再也转不过来了。探索阶段就出了这些问题,特别是在医院里。

当然预防卫生服务机构里也有这个问题,计划免疫一收费也产生了问题。我记得1988年,世界卫生组织在里加开会,一个法国的卫生部长就和我聊起来了,他说:"在资本主义国家,都没听说过预防免疫还要收费的。但是不要钱的东西老百姓都不珍视了,要钱他们就觉得有用。所以说你们的陈部长真聪明,计划免疫收一点费,老百姓就珍视了。"这话说得不是没道理,但是咱们知道这也是经费不足,没办法的事情。

1989年的10号文件鼓励发展有偿服务。这样,有偿服务和本职服务的关系就突显出来了,明知道有这个问题,就要开头就控制这个,中间也一直得控制,然后到一定时期提高医务人员的工资后,把这个解决了。可是实际上老是解决不了,结果就形成了目前的这种状态。1985年62号文件谈到要多方办医,各类医院都要逐渐向社会开放。这对于解决看病难的问题是有一定的作用的,当时要求工矿企业的医院都向社会开放。但是那时候不懂得在市场经济下,企业要和这些剥离,企业不能办学校,企业办社会怎么行?社会的发展问题得另外去考虑,那时脑子里还没有这个问题。这样就发展了好多企业医院,结果在医院总数中非卫生部门办的医院占了三分之一。当然这些医院就谈不到合理布局了,对以后的调整造成了麻烦。鼓励发展集体卫生机构，支持个体开业原本是想发展一些民营医疗机构去和国营的竞争，可是设想往往不能实现。综合医院依靠民营一般很难办好，因为公费医疗和劳保常常不会给这些民营医院，没有平等待遇，难以平等竞争。在农村建立的村卫生室可以采取各种形式，甚至可以个体开业。收费方面，新项目新设备可以按成本收费；新建的病房，条件好的话可以分等，实行不同收费；计划免疫可以收一些费。这两个改革文件等于是打补丁，没有一个整体思路。所以，可以说这一阶段只是在探索。

区域卫生规划

访：在这一阶段还有一个如何搞好区域卫生规划的问题。

彭：世界银行贷款Ⅲ的项目就是专门支持区域卫生规划的，就是以一个地级市作为单位来规划其总的卫生资源，将地区中总的卫生资源重新规划，到底是应该发展哪些卫生单位；将医院、防疫站等医疗服务机构全都考虑在内，把所有的卫生资源按区域规划来配置；将城乡综合在一起来配置卫生资源。简单说区域规划包括了目前现有的存量调整、增量控制、提高效率、制定新的标准，实际上是省里制定标准，在地区规划中实施。这个项目最后选定了陕西的宝鸡、浙江的金华和江西的九江作为试验规划区。首先进行现状分析，而后存量调整，确定发展目标和规划，还要根据这个区域的主要卫生问题来配置卫生资源，确定工作项目。一开始各个地级市都争得挺厉害，因为一个地区的项目经费是5 000万美元，不小的数字。

由此卫生部就初步接触了有关区域规划的问题。这个区域规划项目选择的是地级市，因为省会城市，像北京、上海太难开展工作了。中国普遍来讲地级市正在发展，当地的三级医院都还搞得不错。所以世界银行的项目还都是比较超前的，都很有预见性。最后在牡丹江开过一次区域卫生规划的研讨会。牡丹江也是这项目里边的，他们还把这个项目推广了。项目本身是以上的三个地区，三个地区以外还推广一些地区，但是没有经费支持，完全由地区自愿参加，然后世界银行支持点儿基础力量，派专家指导，开开研讨会。我去参加了这个会，牡丹江那儿真有存量调整，原有的医院该怎么合并按着地区规划都调整了，做得还挺好的。

访：存量资源的调整一般包括横向调整和纵向调整，前者是改变配置结构，将医疗资源向薄弱环境倾斜，比如预防医学、康复医学等领域，对医疗机构的不合理布局进行调整；后者是改变配置重心，使医疗资源向农村、贫困地区以及城市社区倾斜。当时牡丹江存量调整是侧重于哪方面呢？

彭：主要是牡丹江本市里边的横向调整，比如撤除一个二级医院，调整成为其他的医疗机构，像防疫站。不过涉及机构调整就特别困难，谁都不愿意下马。

区域规划的思路都是非常好的，可是后来的改革把本应该作为一个整体来考虑的医疗体系割裂开了，都把病人当摇钱树了，经济上不解决是不行的。

访：您讲的经济上没有解决的问题主要是指什么？

彭：主要是大医院与社区医院是不同的经济利益体，这样必然不能整合。文化大革命前的情况是，大医院想法儿推辞门诊病人，认为"我这大医院的资源太可惜了，大夫怎么能去看感冒？感冒在医务所看就成了"。如果是这种思路就好整合，完全从管理和医疗上去解决。假如大医院靠病人敛钱，社区医院也靠病人敛钱，这就很难整合了，谁都把病人留到自己手里。实际上改革这一阶段就是这么个状态。各医疗机构都成为不同的利益单位，这样就割裂，没法儿成为一个系统了。

当年还有一些措施，像建立医院集团，但实际上建得比较好的很少，常常是昙花一现。其实这是最好的一种形式了，可以进行对口支援，大医院支持基层，专家去开设门诊，讲讲课，病人可以不转院，就地治疗。上海的瑞金医院的思路就很好，他们与闵行地区和浙江台州的地区医院发展了联系，这些医院也都挂瑞金医院的牌子。可是经济上的关系解决不了，因为医院都不是独立的，跨了行政区域。所以瑞金医院的人说一点不敢拿这些医院的钱，一拿就麻烦了。没有经济上的联系就难以持久，完全等于瑞金医院贴补，就是完全大医院负担这些费用。我个人认为在这个探索阶段，医院管理工作中确实有一些突破，但是整体上还是没有人关心。曾有有关领导到这些医院去视察，但是仍没能解决实际问题。

医疗保险

访：除了尝试区域规划之外，90年代还曾在镇江和九江进行了医疗保健制度改革的试点，即所谓"两江试点"，您能简要地介绍一下吗？

彭：咱们对医疗保障制度的试点是逐步认识的，我记得很清楚90年代初期开过许多关于筹资问题的会，都是世界银行、世界卫生组织支持召开的，卫生部也都努力组织，省长有时也都来，都表态要支持卫生筹资，但是并没有完全认清筹资问题的本质。现在比较清楚了，筹资实际上是社会医疗保障制度的一部分，不完全是政府投入的问题。但当时一说到筹

1997年与彭珮云、朱敖荣在卫生改革研讨会上

资,这些省市的领导就认为是单一的政府投入。实际上社会医疗保障制度可以是政府投资,像英国完全是政府投入,有些甚至可以用商业的制度。当然多数是用社会保险,因为商业保险解决不了贫穷和公平问题。

"两江试点"是从1994年开始推行,当时使用了社会统筹与个人账户相结合的医疗保险模式。这种统账结合的模式是综合了西欧的社会统筹模式和新加坡与智利的储蓄性个人账户模式。社会统筹可以说是原有的大病统筹或住院报销的延续,而个人账户则对应于原来的公费、劳保医疗的门诊包干待遇。可以说,这一模式还是考虑到将新的医疗保健制度与我国原有的公费医疗制度相衔接。

彭珮云上任以后确实非常认真地开展了两江试点的工作。先是搞基线调查,然后选了统筹和个人账户的方案,这个方案国务院的一个研究室曾经提过,也曾考察过。社会统筹注意到了大病统筹,什么是"大病"呢?其实"大病"等于是费用的概念而不是医疗的概念。这个模式的好处在于设有个人账户，花公家钱一般不心疼，花自个儿钱就心疼了，相对来说就可以控制医疗费用。

一涉及医疗保险就有个问题，三方面都没主动权：病人（需方）要最好的医疗服务，医院也推荐最好的服务，保险公司也不能说不该这样，只能是定点条例控制，费用自然只能是越来越高。上海曾经实施公费医疗的改革，抓医疗费用的总量控制，确实能限制医疗费用的上涨。肖庆伦也曾给我们介绍过日本的总量控制方法，他们是医师协会和保险公司谈判——保险公司说"一年就这么多钱，医师都得注意费用的控制"。但是他不太清楚具体怎么商谈的，只了解是这么个原则。

两江试点成功以后，彭珮云就决定照着样子要推广。当时确定在五十几个地级市中推广，作为第二批再试点，基线调查一年，试点一年，然后再进一步推广。因为省会城市不太好办，就想把难的先搁在后边，等取得经验了，也有人员队伍了以后，再在大城市推广。这个原则都定下来了，进行推广的试点城市也确定了，在这些城市也开了培训班，进行基线调查。正在这个时候，1998年主管卫生工作的领导换成了李岚清，分步推行的原则改成了全面的推行，不再是这么一步一步地进行了。按照彭珮云的办法到2000年基本都能实现，李岚清也是预定在1999年底基本就实现，但是实际上完全难以推动。因为都知道非常非常困难，所以各方面都不太积极。一方面工厂效益也不行了，下岗的工人又多了，这些人难以进入社会统筹。另外，效益好的行业也不入险，认为社会保险的保障水平太低了。当初是计划1999年底建立城镇职工的基本医疗保障制度，看得太容易了，结果是一点都弄不动。

访：在医疗改革的探索中出现了这些问题必然引起我们的反思，也会开始去研究这些问题。卫生经济学与一般的经济学比较还是有其特殊性，就像您提到的医疗领域存在市场失灵的一面，降价并不一定就能刺激消费。90年代初我国卫生经济学的研究进入了一个新发展阶段，1991年6月，卫生部与世界银行经济发展学院签订了联合公报，成立了"中国卫生经济培训与研究网络"，可以说是开展了卫生经济全面深入的研究。

彭：成立这个卫生经济的研究"网络"是挺好的事，后来出了两大本书，算是研究成果的论文集。当时世界银行经济发展学院建议在中国组建一个网络，由国内九所医科大学①从事卫生经济学研究的人才组成，帮助培养卫生经济的专门人才，开展卫生经济的研究。这当然是好事了。卫生部的卫生经济研究所参与了这个项目。

访：您当时也参与筹办了这个网络建设吗？

彭：无所谓筹办不筹办。筹办主要是由原来我们学校的一个副校长魏颖负责的。那时我们非常熟，经常在一起聊天，我就说让他赶快支持这个项目。后来他调到卫生部计划财务司当司长去了，又兼任卫生经济研究所所长，就介入到这个网络的筹建中，成为主要筹备人。这个网络应该说成果是不错的，我觉得其中比较有成效的研究是卫生总费用问题。因为过去中国的卫生总费用根本就说不清楚，所以他们建立了一个专门的研究课题，统计出中国的卫生总费用，对于评价卫生工作，再去寻找其中的问题是很有好处的。

访：是创立了一种统计方法来进行卫生费用的统计吗？

彭：也不能说创立，就是使一般通用的方法怎么适用于中国，建立起一套体系，我觉得这项工作成果是很不错的。其实这个"网络"研究的问题很多，从这些研究项目来看都是很不错的，比如卫生总费用的研究、区

---

① 九所医科大学是：北京医科大学、上海医科大学、同济医科大学、华西医科大学、西安医科大学、哈尔滨医科大学、大连医科大学、山东医科大学、湖南医科大学。

域卫生规划、职工医疗保障制度、农村卫生经济以及疾病防治的经济研究。最后的这个课题最不成熟，后来慢慢才弄起来，因为预防的经济研究是很不好弄的。

我认为这几年来，确实建立了一支卫生经济研究的队伍，同时出国交流也挺多的，国外专家来访问也多了。我记得在80年代，就在北医开过相关的研讨会，开始介绍英国等国家的卫生体制了，就是怎么样让我们国家的卫生经济与国际接轨。

访：为了进一步研究卫生改革与发展的总体思路，20世纪90年代初卫生部曾成立了关于卫生改革与发展纲要的起草组，您当时是成员之一。

彭：当时卫生部给李铁映提了这个建议，他接受了，也赞成搞一个改革发展纲要。他在国家教委的时候，有人对他有意见，但我觉得该肯定的还应该肯定。他在任时将教育分成了几大块儿，基础教育、普通教育、在职教育、继续教育等等，而后进行立法，比如将基础的义务教育订为九年。其中最好的一点举措就是根据不同地区的情况，将义务教育分成了几种不同的类型，这样便于立法。一些条件差的地区不可能在短期内实现义务教育，就不要去限期实现，可以保证质量一点一点提高。所以，对于西藏这些偏远地区九年义务教育就不要求，或是可以拖得很晚。在文化大革命期间，咱们有着充分的教训。普及初中、高中教育以后，教育质量就会出现非常大的下滑，弄成是小学办初中，初中办高中，结果是小学、初中、高中都坏了。为什么呢？老搞一刀切，下边为了完成任务就只能这样了。李铁映很注意把思路理清楚，该立法的立法，该分情况的分情况，这是很不错的。后来《教师法》颁布以后，李岚清管教育的时候就说"这回好办了"。因为县里欠老师工资是个大问题，老得教育部长去催，催也白催。可是实际上立法归立法，不做还是不做，还是说："我县太爷没钱，都不拿钱，还能给你教师！"但是有个法约束总好点儿，以后再慢慢推进吧。

李铁映赞成卫生部做出一个改革与发展纲要，大概1990年就开始这方面的工作了。开过好多会，对于医疗卫生机构的性质问题讨论了很多。我主张性质问题还是要区别对待，卫生防疫应该和义务教育一样主要是政府承担，医疗服务中基本的医疗服务是一种考虑，其他的非基本医疗服务又是另一种考虑。再有一个难题就是经济投入，钱的问题。国际上，世界卫生组织提出卫生投入应占国民经济总收入的5%。从历史上来讲，1980年前后世界发达国家都高于这个数字，90年代美国的卫生投入已占国民总产值的12%。最后的问题就是措施，没有切实可行的措施就只能是宣言了，一纸空文。这个改革与发展纲要对于理清思路是有好处的，但是考虑措施的时候就难了，可没有具体得力的措施也不行。

后来我去美国开会，陈部长就说："你得便的话，把这个纲要的草稿给肖庆伦看看。"肖庆伦是美国哈佛大学的卫生经济学的教授，也做过专家委员会的顾问，我和他挺熟的。他看完以后，就说："挺好的，不过你们强调三个重点（农村重点、预防重点、中医重点），可是没钱怎么能成为重点呢？你们没提及经费问题。"这是他提的最尖锐的问题。

访：参与改革与发展纲要起草小组的都是国内卫生领域的专家吗？

彭：主要是卫生部的司局长，专家也请了一部分，陈部长是组长。工作进行了一两年，修订了有八九稿，都快成稿了，但是人大换届，李铁映卸任，换成了彭珮云。所以当时没公布这个纲要，没算正式通过。1993年彭珮云接任以后，她约我谈了一下午，我就跟她说这事儿还要接着做，不管怎么说还是要有一个总思路。在1996年开全国卫生大会通过《中共中央、国务院关于卫生发展的决定》，这个文件的内容比纲要好多了，纲要算是一个参考。所以，关键是有一个总体思路，1996年开完了全国卫生大会算是把医疗改革的总思路理清楚了，算是这个探索阶段的一个结果吧。

访：1996年底召开了全国卫生大会之后，1997年开始了三项改革——医疗保障制度改革、医疗服务机构改革、药品的流通机制改革。时至今日，对于三项改革成效的说法很多，有人认为"基本不成功"，也有认为是"无功而返"。您对此有什么看法？

彭：确实看病贵、看病难这些问题不断出现，越来越严重。目前是"三不满意"：政府不满意，医院不满意，群众也不满意。在世界卫生组织的《世界卫生2000年报告》中，中国卫生筹资的公平性被列在了倒数第4位（共有191个国家）。当然也有人说这个统计的指标未必合理，但是我觉得我们应该注意了，问题存在是没得说。2003年卫生部的卫生服务调查显示农村地区仍有79%的人没有任何医疗保障，农村合作医疗覆盖率仅为9.5%，而城市享受的医疗保障费用是农村的三倍（城乡医疗保障是两种不同的体系）。公平性和效益问题都很明显，所以婴儿死亡率、产妇死亡率降到一定程度后始终再下不来了。

访：您认为这一阶段的改革中哪些问题未能得到较为合理的解决？

彭：这一时期的医院改革中，补偿制度问题仍然没解决，天天说"以药养医"不对，但还是解决不了。肖庆伦曾经跟我说，他就不晓得为什么中国的药费会这么贵，在国外药费占医疗费的比例是非常少的。我说可能受传统文化的影响，中国人比较爱吃药。中医只有两种情况不开药，第一是诊断不出是什么病，开不出药来；第二个是人要死了，就不开药。除这两种情况外，有点不舒服都可以给开点药吃。所以中国人认为看大夫就为了吃药，假如看大夫不给开药，病人就觉得这大夫什么也不懂，连药都不开了，可能中国人有爱吃药的毛病。实际上90年代初中国的药物多半是仿制药，仿制药都非常便宜，可是现在药费却很贵。

区域规划应该说有一点儿进展，但是存量调整还是很困难。因为涉及产权问题，现在医院的国资委没能成立，仍是行政管理，行政管理就涉及部门之间，甚至地区之间，市和区之间的很多问题，都不好处理。我不太清楚现在区域规划发展得如何。

目前又在大力发展社区医疗，实际上推动社区医疗也开展了十多年。我个人觉得最核心的问题是社区医院在业务上怎么和大医院统一、协调起来，作为一个整体去考虑。但是如果经济问题不解决，大医院与社区医院还是存在经济利益的冲突，那么这个整体就根本建立不起来，基层医疗人员队伍就难以建设，社区医疗的水平提高也困难。或许以后培养的医生多了，大医院都满了，就有人去基层了。

我觉得三项改革中还存在系统管理的问题，医疗保障制度和别的保险不一样，比如人寿保险，人死了就完了，非常简单，而医疗保险是非常复杂的。如果没有两种人才的话，是很难搞好的。一种就是所谓的保险精算师[1]，九几年的时候，我就在政协会议上提倡要培养精算师。第二个就是卫生管理人员，很多公共卫生系的毕业生在保险公司工作，医疗保险需要涉及专业问题。医疗保障制度的管理是一个系统管理，需要不断地研究，不可能定个办法就一劳永逸。举个例子，如果对住院天数进行限制，规定住院九天之后的费用不给报销，这样就出现了"二进宫"，治疗不充分就出院，然后再二次住院。问题总会不断出现的，不出问题是不可能的，因

---

[1] 保险精算师是运用精算方法和技术解决经济问题的专业人士，是评估经济活动未来财务风险的专家，是集数学家、统计学家、经济学家和投资学家于一身的保险业高级人才。由于中国保险业起步较晚以及其他历史原因，精算尤其是精算教育在我国长期处于空白，目前我国精算师有巨大缺口，精算师奇缺。

此没有一个系统的研究，问题积累多了以后就麻烦了。从医院和医疗保险管理来看，一直都缺少进行系统研究的机制。从领导来看，从李铁映到彭珮云，再到李岚清，想法、方法都不同，没有连续性。然后是吴仪，她抓农村合作医疗，开始时确定了就是试点，不作推广。因为农村合作医疗也是挺复杂的，过去有经验，一全面铺开，结果管理不好就都垮台。所以她还是比较有经验的，从试点开始，一步一步来，但是她不太过问医院改革的问题。

早期医疗保障制度改革是由李铁映管，国家经济体制改革委员会负责，所以卫生部就不管了。两江试点时还不错，卫生部政策法规司的司长一直参加了，可是医政司就不怎么参加。实际上这个问题跟医院的管理关系最密切，但管医院的部门没怎么太介入。好在现在农村合作医疗都让卫生部管了，结果各项工作又不是由一个司负责，医政司负责医院管理，而基层卫生社区医疗则是另外一个司管，卫生部自个儿都协调不起来。社区医疗不归医政司管，这样大医院就难以介入社区医疗了，都是割裂了，达不到一个整体的系统管理。所以，我觉得系统管理是个问题。

访：舆论对于三项改革的评价基本上是"不太成功"，那么我们当前应该吸取什么样的经验教训？

彭：现在有些人分析三项改革，认为最重要的措施都不得力。还说这"以药养医"的问题，研究了很多方案，就怕"两头翘"——补偿了医院（解决了补偿制度问题），但开药还是照样开。别的国家也有这个问题，有的就用处方费的办法，一张处方就那么多钱，并不因为开的药多了就钱多。历史上来讲，我们曾经搞过"六二六"病房，专门面对农民，费用相对较低。一般来说手术后都需要抗生素保驾，而"六二六"病房的病人，做无菌手术可以不用抗生素保驾。所以手术前后医生特别注意观察病人，最后也没什么感染的。举这个例子的意思就是说，如果医务人员精心，病人合作的话，完全是可以省钱的，有些检查可以不做，也一样可以看病。但是医患关系很紧张就绝对做不到了，医患关系要很好是完全能做到的。因此要控制医疗费用，没有医生的积极性是绝对办不到的，有了医生积极性还要有病人的理解与合作。

上海使用总量控制和结构调整的方法在这十年中使医疗费用的增长幅度减慢了很多，但主要是中央政府下不了决心抓这个问题。所以在三项改革实施中政府是有点责任的，推行不太得力，解决问题还得从政府入手。当然没有钱，总投入不够是个问题，但随着国家的富裕，应该能做得好一点。

访：您认为我国的社会医疗保障体系的出路何在呢？

彭：我觉得可能还是采取英国的办法。要靠政府办基本的医疗保障，现在的条件也比较具备了。没有一定的资金，没有医疗救助，是没法儿办全民的医疗保险的。肖庆伦就说一个家庭里头都得办医疗保险，否则他就肯定得吃别人的药，就像气球一样，捏一下扁了，但是还是这么多气。在哪个国家都一样，不以家庭为单位保险的话，想要杜绝浪费是不可能的。

访：在英国的医疗体制中，社区医生要扮演"守门人"角色，对此一些人认为是存在弊病的。

彭：其实医生一直都是守门人，我是不太赞成在社区"守门"——守大医院大夫的门，不可能的，这种状态太危险了。过去有经验，"文革"前那时候校医院不太愿意把病人往大医院转，比如单位要求节省一定数额的医疗费用，要控制病人的转院率。假如说耽误诊断了一个肿瘤病人，耽误了一个礼拜，肯定谁也不找这个医生看病了。所以说弄这种"守门人"危险太大了。因为医疗具有高度的复杂性，抠转诊率抠得太厉害了准出问题。

　　我觉得应该强调系统的作用。曾经听过一个挪威人的发言，很有意思。他说在挪威，医疗事故不会过多地追究个人的责任。为什么呢？因为这样才能把问题的核心找出来，才能反映出真实情况，很多问题要从制度和工作环节中去寻找。太强调个人责任，大家就都躲，不见得能发现问题。所以我就想，这和社会主义的原则挺像，社会主义原则就是好也是大家的，坏也是大家的，让大家共同来找原因，先不追究个人的责任。咱们中国应该说是有这样传统的。所以在医患紧张的时期，采取这样的方法应该有一定好处。

　　中国目前还是适合采用政府负责的方法，这样老百姓也就放心了。至于激励机制用别的办法，别用这种经济指标，别拿奖金说话。

"2000年人人享有卫生保健",英文是"Health for All by the year 2000"。实际上是基本的卫生保健,所以就叫初级保健。

第11章
"2000年人人享有卫生保健"

阿拉木图宣言：健康与初级保健

访：20世纪70年代世界卫生组织提出"2000年人人享有卫生保健"的全球卫生目标，1978年世界卫生组织在苏联的阿拉木图召开会议，讨论实现这一目标的具体实施策略和方案，推出了著名的《阿拉木图宣言》。您长期关注初级卫生保健这一问题，并曾多次参加过有关的国际会议，尤其是在中国农村的医疗保健问题上，您也曾撰文探讨。

彭："2000年人人享有卫生保健"，这是在改革开放以后农村卫生中一直备受关注的重大问题。

1978年在阿拉木图召开的国际初级卫生保健会议上讨论了这个问题，并通过了《阿拉木图宣言》。"2000年人人享有卫生保健"，英文是"health for all by the year 2000"，以前翻译成"人人健康"，因为health既有健康，又有卫生的意思。比如美国的国立卫生研究院，NIH，有的人就翻译成健康研究院。所以最早有人翻译成"人人健康"，后来觉得"人人健康"不太准确,有人建议改称"人人享有卫生保健"。

"人人健康"就成另外一种意思了,因为健康的定义很广。世界卫生组织对健康的定义是保持躯体上(physical)、精神上(mental)和社会上(social)的完全安宁(well being)。所以健康不仅仅是没有疾病,还包括mental health。mental health可翻译成心理健康或者精神卫生。咱们有些翻译是从日本人那儿学过来的,在日本健康又叫厚生,日本的卫生部有的人叫厚生省,他们把mental也译成精神或心理。咱们的《中国心理卫生杂志》就用的是《Chinese Mental Health Journal》。而在日本《精神病学》(psychiatry)叫《精神医学》,这种叫法就比较好,现在的医学不仅仅是研究疾病,更应该研究健康。

健康还是医学哲学的一个命题,也有过专门的讨论。对于健康的定义有宽的、有窄的。如果宽泛地去理解,卫生系统就很难去完成"人人享有健康"的目标,因为还有social well being,这不单单是卫生部门能解决的。举个例子,比如说没房子住,一家人就挤在一间房里,心里头就老紧张,所以老抽烟,结果就得了肺癌。这可能是精神紧张引起的疾病,而精神紧张是因为不能在社会上有一个很好的地位,一个很好的social well being。你说这让医生开什么样的处方呢?医生实际上能做的事情很少。因此如果定一个很宽的定义,最后就是一个理想,不可能实现。对这个定义有很多议论,我觉得是很有意义的一件事情。一个人physical health都是很难的,而从健康到疾病是一个过程,所以现在又提出了亚健康的概念,但我认为亚健康的概念是不明确的。从健康到疾病本身就是一个谱,就看划分到什么地方。没有人不得病的,每人大概都有点缺陷。所以单是健康和疾病的概念就要推敲很多。我觉得定义宽一点是有好处的,影响健康的因素确实很多,一个人的躯体与精神是不可分的,social well being也应该考虑。但是能采取的措施又是有限的，只可能做到一定的程度。health for all 就涉及这些问题，所以世界卫生组织曾经开过会，定过（一系列）指标，physical health 和 physical disorder 的指标还比较好定，比如婴儿死亡率、平均期待寿命等等。当然这些指标现在也在进一步研究，平均期待寿命还不行，要平均期待健康寿命，就是要考虑到生存质量，好的生存质量的寿命才要延长。这些衡量健康的指标又与健康的基本定义相联系。我记得世界卫生组织想定一个衡量 social well being 的指标，那怎么定呢？就想用诸如社会上的失业率保持到多少，人均住房面积多少等。后来开过一次会议后就觉得不好定，这种社会目标很难定，心理的指标也同样如此。

这样我们就翻译成"人人享有卫生保健"。因为社会发展了，人们对健康的需求成为第一要务了，是最基本的人权之一。但是世界卫生资源的分布又是非常不合理的，六七十年代的时候就总讲这个问题，就觉得世界卫生组织要不要对这个问题提出点儿全球性的措施。那时候世界卫生组织的总干事是哈夫丹·马勒博士，他是丹麦人，医学博士，作过结核病研究，是专业人员。但是他很有社会医学的头脑，应该说是个社会医学家。所以他总试图在世界卫生组织的任期内，在这个问题上有所推动。他曾说世界卫生资源的分配是"卫生有"和"卫生无"。全球 10% 的人口享受了全球 80%~90% 的卫生资源，这基本上是在发达国家，他们享受了全球绝大多数的卫生资源。而另外的 80% 以上的人，这其中发展中国家占多数，他们的卫生资源仅仅占到 10%~20%。怎么去解决这个问题呢？怎么使卫生资源能平均地享有呢？既然是基本的人权，那应该是公平享有的。所以就提出"人人享有卫生保健"，实际上是基本的卫生保健，所以就叫初级保健，Primary Health Care，这就是 1978 年阿拉木图的"人人享有卫生保健"的宣言。

访：初级保健概念是在阿拉木图宣言中提出的？

彭：《阿拉木图宣言》是 1978 年，这个宣言推出前，世界卫生组织做了很长时间的调查工作。实际上在 1972、1973 年的时候，世界卫生组织在这方面已经做了很多工作了。① 世界卫生组织的工作向来是事先到各个会员国去做很多调查研究，总结经验，开很多次研讨会，提出宣言，会员国讨论，最后大家接受。在这个问题上专家们讨论过很多次以后，吸取了

1988 年参加 WHO40 周年纪念会。初级卫生保健十年专家研讨

---

① 1972 年世界卫生组织执行委员会就组织了一个研究"基本卫生服务工作方法与发展"的五人研究小组。随后世界卫生组织又确定了九个国家作为国家卫生服务模式与方法的研究对象，这九个国家是中国、孟加拉、古巴、印度、尼泊尔、尼日利亚、坦桑尼亚、委内瑞拉、南斯拉夫，并与联合国儿童基金会组成联合小组对九国逐一考察，在对九个国家调查分析报告中第一次运用了"Primary Health Care"（初级卫生保健，缩写 PHC）术语。1977 年召开的第三十届世界卫生大会，通过了"2000 年人人享有卫生保健"（缩写 HFA/2000）的决议，1978 年 9 月在阿拉木图召开的国际初级卫生保健会议将"初级卫生保健"作为实现上述目标的基本途径和策略。

中国和很多国家的经验，最后提出初级保健的概念，1977年提出"2000年人人享有卫生保健"，《阿拉木图宣言》确定享有的是"初级卫生保健"。

宣言通过以后，后来又出了八九本书，都是关于怎样推行规划、指标体系和策略等问题，各种颜色的小册子，翻译成各国文字，可以说是有关管理学的精华。

世界卫生组织的这些宣言不像美国的《独立宣言》，执行起来是很难的。首先得看会员国承认不承认，会员国要承认的话，就应该尽力去推行，如果不接受那也没办法。当然，《阿拉木图宣言》在1978年通过了，成员国都赞成了。

然后各个国家的政府都作出承诺，中国政府也多次作出承诺。1983年，政府总理赵紫阳接见了马勒，并表示"我们将做出努力来响应世界卫生组织提出的人人享有卫生保健的战略号召，并努力在中国尽早实现这个号召"。后来卫生部把这个任务具体落实到医政司来推动，所以医政司的司长就推动召开了亚洲农村医学会议，借这机会，找了李鹏总理题了贺词。

访：这个会议是哪一年召开的？

彭：1988年10月份，我当时也参加了。到1991年又召开国际农村医学会议的时候，杨尚昆主席发了贺信，这就又表示了一下中国政府的态度，就是政府承诺。这样就以卫生部为主，协调国家计委、农业部、环保局等各个部门来开展工作，支持初级保健在中国的执行。卫生问题向来要政府承诺的，因为有很多卫生系统外的合作，绝不仅是卫生系统内部的合作问题。这些问题在世界卫生组织的小册子里都讲到了，叫做"领域内和领域外的合作"。

访：世界卫生组织确定了"2000年人人享有卫生保健"的总目标，各成员国也承诺努力推动该项工作，那么也需要制定一系列具体的指标作为最终的衡量标准。

彭：世界卫生组织最后敲定了一系列检测的指标。我记得大概分成四类。① 一类就是卫生政策指标，等于政治宣言，比如资源分配，全社会要给卫生领域多少钱等等。第二个是与卫生有关的社会和经济指标，国民生产总值、收入分配、成人识字率、住房率等等。第三个就是提供卫生保健服务的指标，诸如卫生服务的可及性等。第四个就是健康状况指标，婴儿死亡率、产妇死亡率、期待寿命率等等。同时还制定了12个具体的指标作为最低限度的衡量指标。我稍微做点解释，比如初级保健就要求在家里，或者走15分钟的距离能有安全饮用水，能看见大夫，就是在一定范围内要有适当的卫生设备。1个小时的距离（步行或坐车），可以有一个稍微好一点儿的卫生保健机构，那里可以得到至少20种基本药物。这就对卫生保健设施有了很具体的规定，而基本药物的概念在这里就提出来了，就是一个保健所、门诊部给予的只是基本医疗，基本药物都包括哪些也都规定了。12项指标中还包括有经过培训的接生员，低体重出生儿（<2 500 g）不能超过10%，婴儿死亡率在50‰以下，平均期待寿命是60岁以上，义务教育接受率超过70%，另外人均国民生产总值超过500美元，等等。

世界卫生组织的会开完了以后，就在各个国家办研讨班推行，在中国也办了五六个这样的研讨班。我也在国内参加过一两次研讨班，看起来每次研讨班来的人老是参差不齐，这次这几个人来，那次又来那几个人。

---

① 世界卫生组织提出"2000年人人享有卫生保健进度检测指标的种类"，这几类指标仅供各国选用，各国可由此选定各项指标，上述四大类指标仅为供各国使用的全球性指标，应作为全球目标进展评价的起点。

访：都是各省派人参加这些会议吗？或者说以省为单位向下分派推广工作？

彭：因为国家挺大，所以就只能找省卫生厅，但省卫生厅是随便就去个人，并没有想认认真真地推动这项工作。比较认真的是黑龙江省卫生厅。他们厅里边有责任人，比如厅长负责，然后有医政处，有时财政处也来人，哈尔滨医大也参加，还有防疫站里有关的人。

访：这么说黑龙江省是从上到下组成了一个领导小组，他们回去后又怎样推动这个工作的？

彭：他们回去就又在各个县里开会，因为真正推行是在县里。真正推动初级保健是有一套做法的，要做基础调查，然后针对基础调查的问题采取一定的措施，因此需要部门协调。咱们国家大概是在粉碎"四人帮"以后才和世界卫生组织建立了比较好的工作联系，真正推动是在1980年以后了。

开发领导层会议

访：看来初始阶段在中国的推动情况不是很理想，那么其他国家的情况又如何呢？

彭：其实各国的工作都开展了一段儿以后，都不是太得力。世界卫生组织是很有管理经验的，他们觉得在发展中国家最关键的问题在于领导，所以就搞了一个项目叫开发领导层，leadership development。开发领导层以后，领导层本身就自个儿去做了，用不着行政上压着来，靠行政上发文件。这概念在我们国家那时还不太有，中国人向来叫加强领导，因为咱们一向不讲这个,领导不爱听这个,觉得:"我还要你开发我,什么事我都是最早知道,什么都懂!"

世界卫生组织在1984年和1985年开了两次会,分批请了一些人、一些国家,有我们,还有尼泊尔、埃塞俄比亚、博茨瓦纳和喀麦隆。两次会都是在南斯拉夫开的,就在铁托当年住的那个岛——布莱奥尼,在意大利旁边。

访:当时会议的名称就叫开发领导层会议?

彭:领导开发的国际学术讨论会①。1985年那次会卫生部副部长陈敏章、我、北京市卫生局的一个副局长,还有中山医科大学社会医学教授梁浩材参加了,后来卫生部外事司也去人了。这个会分成两段儿,前一段是我们三个人参加的,后一段陈敏章和卫生部的官员也参加了。我们去了以后才懂世界卫生组织的意思,真叫开发领导层。他们认为领导层是critical mass,关键人物集体。一个国家里得有一个这样的关键人物集体,不仅仅是头儿,头儿很重要的,是关键人员之一。所以卫生部就找我们三个人去了。去了以后会议上就讨论初级保健的关键问题,对我们来说就是天天得做作业(笑,哈哈),看材料、小组讨论案例。

访:有没有什么案例给你的印象比较深刻?

彭:比如说一个国家的卫生系统比较落后,外国人帮着开设一个技术先进的现代化医院。但维持医院的经费可能会把这个国家的卫生经费给耗光了,那么这种国际支援能不能要?怎么评论这问题?卫生资源的分配是个倒三角,越到下头越少。自力更生是初级卫生保健的原则方针,不过也不能排除外国的帮助,但是这些支援的设备项目要不要,如果要的话就把

---

① 1984年10月召开第一次领导开发的国际学术会议,次年10月召开第二次培养人人享有卫生保健领导人的国际学术讨论会。

现有的卫生资源都耗光了，所以这样的援助是不能要的。

同时我们就讲我们中国的经验，比如讲到部门之间的合作问题，我们就举了我国治理血吸虫病的案例。在这个案例中，要解决消灭水网地区钉螺的问题①，曾经采取的措施是水田变旱田，几年之后钉螺就被消灭了。但是这种工作决不是卫生部门能做的，要靠农业部和地方政府。中国的血吸虫病是由中央防治血吸虫病九人小组②直接领导解决的，所以才有可能采取这样的措施。而中央的这个九人小组是很厉害的，有华东局的第一把手，因此有绝对的权威。要消灭血吸虫就得到这个高度才行，不到这种层次解决不了这个问题。中国之所以能够短时期内解决流行病、常见病、地方病这些问题，靠的就是部门协调、领导重视。

然后我们也讲了讲爱国卫生运动，其实就是在会议上大家交流经验。最后是要做一个县的规划，就是学了这些东西以后，怎么制定一个县的策略规划。

访：当时会议对这样一个县的卫生实验区有具体的要求吗？比如说提供一个保障多少人的初级卫生保健规划？

彭：都是由每个国家根据自己的情况提供，咱们国家山东省的初级保健规划是做过的，黑龙江也做过以县为单位的规划，我们就从中选择了一个。

我记得这研讨会一共开了3个星期，天天上午、下午，还有作业，等于上学去了，念学分吧。跟埃塞俄比亚、博茨瓦纳这些国家也都接触接

---

① 血吸虫病主要由血吸虫的成虫寄生于人体所引起。我国血吸虫病的病原体主要是日本血吸虫，该虫的幼虫（毛蚴）需钻入钉螺体内发育成尾蚴。尾蚴可钻入人体，引起病害。因此消灭钉螺是血吸虫病预防工作的重要环节之一。

② 1955年，在毛泽东建议下中央防治血吸虫病九人小组成立，柯庆施为组长，魏文伯、徐运北为副组长。

触。埃塞俄比亚的一个官员就说："我们那儿上美国留学的都不回去了，比你们中国还惨。"他本人是约翰·霍普金斯公共卫生学院的公共卫生硕士。

会议最后是陈副部长去了，大概三四天。我们把情况向他汇报，他也参加了一些研讨。这样就懂得要真正地研讨，真正地认识这些问题，才能真正推动起这些工作。我们说，人家让来开国际的会，我们回去也得开会，也得照这样去推动这个事儿。所以在那儿就初步商量了一下回国来怎么来开这种领导开发的会议，陈副部长也认为很有必要。我们说回去开这会得要请省长、副省长来，否则没太大意义。同时还请世界卫生组织也出几个顾问，他们可以介绍别的国家的经验。所以1985年10月份我们在那儿就确定1986年在中国开一个领导开发的研讨会，借此来推动初级卫生保健。以前我们那种开会的方式不行，开会的人来开会，会开完了回去也没事儿了。所以我们要认真做这事儿，要按照世界卫生组织的这种方式去做，陈副部长那时也同意了。

这样我们就跟世界卫生组织订好合同了，他们就出钱了。开这种会世界卫生组织有很多经费的支持。因为要拿卫生部的钱去开这样的会也是很难办的。世界卫生组织有一部分经费是专门推动这事儿的。原来这样的会在国内也开过，也请了专家来，世界卫生组织也都花了不少钱。世界卫生组织有总部，也有地区的，咱们属于西太区，两边都可以出经费支持。咱们这些项目都是和总部联系的，总部也愿意支持这些活动。他们也想有成绩，要不也推动不起来。西太区在马尼拉，也愿意支持，但是没那么多经费。

1986年就在北医开的这个研讨会①,世界卫生组织专门给了支持,来了几个专家,介绍泰国和南斯拉夫的经验。来开会的有北京、黑龙江、山东、安徽和江苏。我们要求来一个省级的领导,我记得黑龙江的副省长来了,时任北京市副市长陈昊苏来了;还要求各个医科大学,像哈尔滨医大、安徽医大都要来一个公共卫生的教授;然后省卫生厅要来人,同时省卫生厅的医政处也得来一个;最后再来一个试点县的有关人员。这县里边来的人也要是全套,也是一组,至少四五个人,县长、县卫生局局长、县医院的院长、防疫站站长等等。

会上我们讨论了三个问题:卫生人力问题、预防工作中出现的新问题,再有就是医政问题。三个问题由卫生部的三个司科教司、防疫司、医政司做准备,司长都准备好大概半个小时的发言。大家提问题,然后在一起讨论,作出一个县的规划样板,再一起讨论。没有完全套用世界卫生组织的模式,但基本上我们认为重要的问题都有了。

访:这个会议是通过卫生部的名义邀请这些省市领导参加的?

彭:只能卫生部发文请,那时候没别的办法。就是卫生部打招呼请人,最后还都买账,都来了。后来黑龙江省做得还不错,安徽也还可以,安徽医大那些人对农村医学很积极,江苏省的省厅也还都挺重视。咱们等于是支持了一下各地方的工作,然后他们自个儿去做。

在此之前,那一年的8月我又参加了世界卫生组织在印度开的一次会议。

访:仍然是以领导开发为主题的研讨会?

彭:叫做有关领导开发的"智力资源"研讨会。我和医政司的一个处

---

① 1986年在北京召开有省、地(市)、县政府参加的"实现2000年人人享有卫生保健领导干部研讨会"。农业部有关领导和重点疫区的省委书记或省长参与工作。

长,还有一个外事司的同志,三个人一起参加的。这个会挺有意思,专门研究怎么开发领导层。比如怎么去游说议会,大学校长的工作怎么做,医务人员怎么做,等等。

到1988年还开过一次会——阿拉木图十年,在苏联的里加。我觉得就是总结一下这十年的结果,然后就提了一个问题,我用中国话说就是"老大难问题"。大家讨论说没有外界的支持,这个问题不可能解决,就是穷,越穷越病,越病越穷,所以就是怎么打破这个恶性循环,非得有外界的帮助不行。我说当然是这样,但是在中国还要有一句话"老大难老大难,老大一抓就不难"。这恐怕得两方面说,外界适当的帮助是需要,但是另外一个就是"老大一抓就不难",在中国确实有这个问题,血吸虫病不就是靠中央重视解决的嘛。

访:您在参加这些国际会议中,也了解到其他国家的初级保健工作开

1985年在南斯拉夫学者Letca家中做客

展的情况，有什么经验让您觉得是可以借鉴的？

彭：1985年在南斯拉夫开会的时候在那里参观过，他们的初级卫生保健给我印象挺深的。第一就是在南斯拉夫从事初级保健的医务人员大多数都是大学生，都是本科毕业的。他们的医学还是挺发达的，没有赤脚医生这一说，都是经过正规训练的医生。

访：20世纪80年代在南斯拉夫，接受本科训练的医生就从事了基层的卫生保健服务，在社区卫生的医疗机构工作？

彭：没错，都是最基层的。比如牙科的服务，社区的医院都有一个牙医，一台牙科治疗椅。小儿牙齿的保健是很重要的，在社区医院设有牙科对小儿采取预防性保健措施会很方便，比如像洗牙等等。对此我倒一点不奇怪，早知道牙科服务本身都应该是个体的，不应该放在大医院里头。咱们解放前也都有牙科诊所，卫生所也都设有牙科大夫的。解放前，协和在东城区办的第一卫生事务所，其中的牙科大夫就是后来咱们学校口腔医学系主任毛燮均。但是给我印象特别深的是在基层还有一个精神卫生的大夫。他英文不错，我问他在这里一般干什么工作，他说"比如小孩子失学了，几天不来上学，我就要去了解原因"，这都是精神卫生的事儿。

访：他们启用的都是专业医务人员，在国内恐怕目前还缺少社区内的精神卫生服务。

彭：所以我一看，他们初级保健的水平还挺高的，把精神卫生工作已经深入到了社区。那时南斯拉夫经济发展（还不错），当时小汽车的发展跟咱们现在有点像，都是南斯拉夫自己生产的，牌子叫zastwa。在旅游景点有很多给游客画画的生意人，都开着这种小汽车跑，算是个体户吧。

南斯拉夫给我的另外一个深刻印象是他们糖尿病学会一直跟最基层的卫生保健机构有联系。当时南斯拉夫糖尿病学会的会长接待了我们，他介绍说他们糖尿病的防治研究工作一直是和基层合作的。

访：糖尿病学会与这些基层医院都有哪些合作项目？

彭：我感觉他说的意思是人员的培训、业务合作等联系，可能还可以定一个共同的计划。因为我去那儿参观，他们说那人想见我，想和中国建立关系，所以只大概谈了谈。

这个会长还是国际糖尿病协会的副主席，后来还一直支持咱们加入国际糖尿病协会。我和协和内分泌科主任池芝盛很熟的，曾经一起聊到过他。池芝盛说这个人很不错，当年台湾跟咱们争加入到国际糖尿病协会的资格，他一直是支持咱们的。

我觉得在南斯拉夫最高层的医学学术组织和最基层的医疗机构之间建立起了联系，这样就发挥了整个医疗保健服务体系的作用。这样的初级保健就不能看低了它，认为水平就低，不见得，实际上做得好的话，最好水平的学术组织和初级卫生保健机构合作是能做出高水平工作来的。所以看了南斯拉夫的初级卫生保健以后，对初级保健的看法有变化了。我问："这些大学毕业生是什么时候到基层医疗机构的？"他们说50年代开始的，原来在初级保健机构的大学生大夫也见不到，到80年代就可以了。这是在南斯拉夫看到的初级保健，所以社会主义国家还是有些特点的。

我们还去了斯洛文尼亚的医院参观，他们的医院里没有CT。其实那时斯洛文尼亚现代化的程度已经很不错了，可能是南斯拉夫中经济最好的，离意大利最近，有人讲笑话说"铁托时代斯洛文尼亚基本被意大利占领了"，他们和意大利的关系特别好，所以他们的经济水平比较高。而1985年中国的医院里CT已经是一拥而进了，那时就老说要管，不能CT那么多，养CT就把大伙儿兜里的钱都耗光了。而在南斯拉夫最先进的设备他们也不进，可能有很多原因，也没去再追问他们。这就像刚才说的案例——外国人掏钱给一个发展中国家，要开设一个现代化的医院，人家白给都不应该要，要了以后还经常要花钱维持这样的医院，那不得把极有限的卫生资源都耗光了。

我们当时还去了克罗地亚（当时属南斯拉夫）首府萨格勒布的斯坦帕公共卫生学院，很有名的，是罗氏基金会支持的。斯坦帕（Stampar）曾经在反法西斯斗争中让德国纳粹关进监牢了，他是第一届世界卫生大会的主席。当时南斯拉夫斯坦帕公共卫生学院的人还给了我一些关于斯坦帕在中国工作的材料。30年代的时候他曾经当过中国的卫生顾问，还是国际联盟的卫生顾问。当时处于国民党"剿共"时期，在"剿共"以后，国民党想在所谓的"匪区"搞卫生建设，让斯坦帕到"匪区"视察，然后指导卫生部门的工作。他去过中国的好几个省，还写了报告。这些资料，在南斯拉夫的时候他们都给我了。我看了看斯坦帕的报告，很有意思，他在苏区（就是红军长征路过，撤走以后国民党统治的那些地区）调查、搞乡村的卫生建设。他说："我不讲别的，但红军土地政策怎么样也是好的。"这个对红军的评价是很客观的，很公正的。当年他在中国见过陈志潜，还建议当时的国民政府建立卫生处，搞基层卫生。

访：世界卫生组织为实现"人人享有卫生保健"的全球目标开展了一系列的工作，像您讲到的制定衡量指标、领导开发等等。中国的初级卫生保健工作的重点当时是放在农村，您曾参与中国农村卫生协会的创立工作，还参加了多次农村医学的国际会议。但是这项工作不仅仅涉及卫生系统本身，还牵扯到各个部门的协作，可能推动起来也比较困难。

彭：人人享有卫生保健是整个一套体系。那时候提出的人人享有卫生保健确实是想解决世界上卫生资源的平等问题，但是只能享有最基本的卫生保健，人人平等只能保证最基本的，而不是全部，那不可能。从这个策略来讲,是咱们愿意接受的,符合咱们国家的社会主义国情。

卫生部把工作落实到医政司。这样医政司就修订了咱们中国的初级卫生保健的指标体系,中国自己怎么推行,各个有关部门怎么协作。因为像改水改厕是很重要的,仅仅是卫生部是不能做到的,要靠城乡建设部等部门合作。所以这不是卫生部单打独斗能解决的问题,需要推动各个部协作。

医政司的张自宽司长应该说是最有贡献的,那时候农村医政处属医政司管,所以他在推动农村卫生方面做得挺不错的。世界农村医学理事会都是他去参加的,还有日本的亚洲农村医学会议。他老是拽着几个人(我就是被拽的一个,还有上医的顾杏元等几个人)一起搞中国农村卫生协会。1986年成立了这个协会,由于是个非政府的群众性组织,所以就得想法找钱筹资,张自宽是最积极的,他也有本事,弄到一些资金,还在卫生出版社那儿有个办公室,也有借北医的办公室。我当时的想法是卫生部给北医的支持非常非常的大,所以卫生部想做这些非政府组织的话,北医都尽可能帮助。

农村的初级保健:"春办秋黄"的合作医疗

访:您提到农村卫生协会的一个主要问题是筹资,那么在中国农村推行初级保健,筹资也将是个问题。由于改革开放后经济体制的转型,原先集体经济下的合作医疗迅速瓦解,农村医疗的资金来源至今还没有一个完满的答案。

彭:在初级保健里边没有太突出这个筹资问题。可实际上,这个问题可能是一个最为重要的问题。在70年代的时候，全国一片红，所以合作医疗都推行了。但实际的水平是很低的。因为集体经济本身水平就很低，所以能保证的医疗保健水平也就很低。而且那时候也出现了一些问题。我觉得一个是管理问题，那么一点儿钱也没办法系统管理，所以就春天办，秋天就黄，没钱了嘛，就是"春办秋黄"。收钱也挺难的，有时就交一点儿鸡蛋。因此管理上有很多问题，到底是统一管理到什么程度合适，大队，小队，还是公社？而公社和公社之间是没办法调整的，都是集体经济。在农村里怎么因地制宜，只能逐渐地去调整。对合作医疗没有专门的系统的管理和研究，再加上不正之风，所以老百姓就说了"公社的干部或者县的干部，大干部能吊瓶子"，就是生病能打吊针，因为在农村能吊瓶子是最好的、最高级的医疗，一般的村干部就吃点药，社员们就说"我们的社员打针灸就行了"，要不最多吃一点当地的土药。那时候我在密云，卫生局长就说"我们就用密云山上的草药治我们密云人的病"，所以每个村卫生所都自己做柴胡注射液，好多村的卫生所都自个儿种中草药，或者上山采药。

访："文革"中提倡的是"三土"、"四自"，土医、土药、土法，自采、自种、自制、自用。当时的经济水平确实也制约了医疗保健水平。不过，随着集体经济解体，这种低水平的医疗保健也不存在了。

彭：集体经济垮了，没有经济上的支持了，再加上其他因素合在一起，合作医疗就一下垮了。那时还天天讲要减轻农民负担，老说："怎么还办合作医疗？"所以合作医疗一下就成了5%，但是有些地方还是坚持了。90年代的时候我当了一届政协委员去农村调查问题，就有一些乡开乡人民代表大会通过了，还要搞合作医疗。上头怎么说不管，乡人民代表大会通过了，就继续搞合作医疗。所以像这样坚持下来的很不容易。

访：这些乡是不是经济基础要好一些？

彭：也是一般。

访：那就是乡领导对这个问题很重视，很坚决？

彭：非常地坚决。所以中国的事情是很难的，要不按上头的办，那得有一套办法。第一个观念要十分清楚，相信自己是正确的，不受其他影响，能辨清是非。第二个辨清完是非，还要有一套办法去实现。比如他们开乡的人代会通过，那底下要做多少工作。上头说得这么厉害，下头也不见得都赞成。

农村卫生工作有三大支柱：合作医疗、卫生机构（乡村卫生室）和人力（医疗服务人员）。我们下去看了以后，对人力问题就很清楚了，乡卫生院要是没人去看病，就没法儿维持下来。要想有人看病得有好医生，没有人不行，要不人家就觉得乡卫生院本事也不大，赤脚医生也一样看病，现在交通也都方便了，大点儿的病就去县医院了。所以乡合作医疗对推动初级卫生保健是很重要的。

20世纪90年代，我还参加过彭珮云主持的全国农村工作医疗会，想推动一下工作，但开会都白开，下边没人去推动这事儿。那时候我常去农村调查，到吉林省去过，他们省厅的厅长说得好听得很，完了我问："有可能达到指标吗？"他说："哎，根本推不动！"

这个问题始终很难解决。

应该考虑为"初级保健"立个法

访：随着国家财政情况的改善，这几年的农村医疗的形势也有所好转,2003年《国务院办公厅转发卫生部等部门关于建立新型农村合作医疗制度意见的通知》颁布,指出新型农村合作医疗制度实行个人缴费、集体扶持和政府资助相结合的筹资机制,要求地方财政每年对参加新型农村合作医疗农民的资助不低于人均10元,同时农民每年个人缴费也不应低于10元。而且从2003年起,中央财政每年将专项拨款,对中西部地区参加新型农村合作医疗的农民实行补助资金,金额为人均10元。

彭:实际上是农民出10元,地方出10元,中央出10元,这么个三方出资。现在看来,对于农村问题的认识是一个过程,一直很难认识到位。从认为剥削农业积累工业化资本是很合理的,农业税也是合理的,到免农业税,甚至到工业反哺农业,应该说这是个逐渐的认识过程,也是个发展过程。到现在为止,是不是完全认清了这个问题,恐怕还不敢说,还值得思考。我看有些地方计划在五年内,合作医疗政府出的经费要翻几番,达到人均每年300元。当然这要看经济能不能发展到这个程度,还有经济发展了愿不愿拿这个钱。可能还要领导开发,看起来得有一个过程。

访:到2008年《阿拉木图宣言》就已经推出30年了,那么我们初级保健工作按照世界卫生组织的指标,是否已经达标了呢?

彭:初级保健到底是不是做到,我看了一下张文康2000年的一篇文章,认为咱们基本达标——"全国95%的农业县初步实现2000年人人享有卫生保健的各项指标"。过去我们担心安全饮用水和垃圾处理难以完全达标,他的文章中的统计是"农村居民的生活环境得到显著的改善,健康水平得到明显的提高,饮用自来水的人口占农村人口的比例达55.1%,卫生厕所的普及率达45.1%,婴儿死亡率从200‰下降到33.8‰",这是达到指标了,没问题。"孕产妇死亡率从十万分之一千五百到十万分之六十一点九"这一项也达标了。但是"合作医疗是不到10%,结核又回潮",还有城乡的差距是明显地扩大了,"1994年的时候城乡婴儿死亡率的比值是1:2.9,2000年的时候1:3.4了,产妇死亡率1994年是1:1.9,2000年是1:3"。

访:这个比例差距的增大,可能也是由于城市医疗保健水平发展的速度本身就比农村快,加之农村的基础本来也比较薄弱。

彭:有这个因素,所以现在看起来是不是可以考虑立一个初级保健的法,再推推这事儿。初级保健的立法问题从一开始就讨论,一开始就觉得应该立法。卫生法都列过一些单独的法,传染病管理法、食品卫生法、妇幼保健法等等。我曾经参加过人大常委的教科文卫委员会,当过一任的顾问,也参加过一些会议,曾经有人建议立一个卫生保健的母法,综合的法。我是一直不太主张立母法,我觉得立母法等于是立了个宣言,空的。因为我参加过人大常委的有关立法,比如立科学进步法,立了一个周期五年也没立下来。为什么呢?主要两个因素,第一个就是研究和开发占国民总产值的百分比例,比如2.5%,但这个数字总是通不过。因为没有一个部门能负责去核实是不是这个比例,让财政部去查,查不到,财政部管不了。

访:科技部呢?

彭:更管不了,科技部能管得了钱吗?这个钱有相当一部分来自企业的税前利润,很多大的药厂都是企业自己拿钱研发,因为这部分钱可产生商业利润,国家不可能拿出税收的钱去开发,然后企业赚钱。国家要支持的是基础科学、新科学的发展,但是也没法定出一个百分比。

第二个问题就是建立科教领导小组。因为咱们国家好几个口管科技,比如30万吨乙烯的研究项目,要建立这样的厂子,这个事儿要计委管,引进技术是计委管的,然后还有国家科委、国防科委、科学院。科学家们总说"像这样的重复引进我们太亏了，我们自己应该研制开发生产"，但是各个系统没法协调。非得有一个中央政治局的领导小组，不到这么高层协调不了。中央政治局不说话，人大常委也没办法，所以这一届没能解决这些问题。我记得挺清楚的，这一届卸任了，当时文教科委的副主任胡克实就说："我这任一上台就说把这科技进步法给立了，但最后换届了还没立成，这是我最遗憾的。"

立法就是这么回事儿，挺难的。比如说立法想解决卫生经费，卫生经费的支出占国民生产总值的一定比例，要立这样的一个法，那好多部门都得摇头，哪个部门都负不了责。所以只能定出一个底线，不低于多少，比上年要增长多少，定绝对数是不成的。我就不赞成立这样的母法，从国外的经验来看，也不见得都有母法。我看日本的卫生所立法很有意思，全国建立多少所卫生所在立法里都有，要建立这么多卫生所需要的内容也都一一立法解决了。咱们立法原则性的东西挺多的，到最后没有操作性是不行的。我觉得可以立个"初级保健法"，至少可以固定和完善了，目前来看也有条件了，合作医疗政府投资了。原来立法等于白立，比如三方筹资的原则，等于白说。

访：您谈到在南斯拉夫参观时，最深刻的印象之一是那里的基层医生都是经过正规训练的本科毕业生。我们由于经济发展水平和医疗水平的限制，到目前还不能保证基层的医疗工作人员都是经过医学本科训练的，经济和医疗水平固然是一个很重要的因素，但是在目前的高等医学教育中初级保健的位置似乎并不重要，医学教育的导向还是疑难杂症，医生和医学生的兴趣还是更多地局限在治疗疾病，而不是基础保健。

彭：初级保健确实还有一个问题，就是其他方面的工作怎么以初级保健为方向，即重新定向 reorientation。在1985、1986年的时候世界卫生组织就专门召开过有关医学教育重新定向的会议。这个会在西太区、国内都开过,有的会议我也参加了。方案想法都不错,讲道理都是对的,可是现在实际上调整是非常的难。目前的医学教育,特别是临床医学教育,都是三级医院的导向,都是以三级医院教学为主,都是疑难重症。我去英国、美国的时候也都注意过这个问题。在英国有家庭医生,也就是全科医生的皇家全科医学学会(Royal College of General Practice),因为初级保健应该是综合、全科的,再不能是专科医生了,医学生在大学毕业以后要接受专门的所谓家庭医生的训练。

访:英国的很大一部分医学生是从高中生中招收的,通常接受了六年的医学教育(最后一年为临床实习),毕业后获得 M.B 学位。之后还需经过一年的内外科培训成为注册医学生,若要成为全科医生还需接受为期三年严格而规范的全科医生培训,经考核合格后获得全科医生证书,成为英国皇家全科医学学会的会员。要想成为专科医生需要通过更长时间的培训,也须通过皇家医学会专科考试。

彭:在美国也是这样,家庭医生也是需要接受专门的毕业后教育。但是在本科教育的时候,应该需要有这方面的训练。本科教育是基础教育,基础教育不能说没有家庭医生这方面的训练。所以世界卫生组织开了好多会,想把家庭医生的训练纳入本科教育,要重新导向,并提出培养五星级大夫的概念,实际上是加入了家庭医生的内容。这样的研讨会开过好多,我也参加了好多,但是觉得是白开,开完了以后(原来)怎么样还是怎么样。1993年在爱丁堡开的《国际医学教育联盟高峰会议》,卫生部的一个副部长、卫生部教育司的司长、中华医学会的会长,还有我参加了,美国的卫生部长和哈佛的头儿也去了。大家都觉得是要改革,包括核心课程的改革,但是现在都收效甚微。

访：这是国际医学教育的一个难题，目前也没有找到一个很好的解决方法。

彭：确实是一个国际的医学问题。所以我总觉得可能最好的解决方法就是把三级医院和社区医疗结合起来，作为一个总的系统来考虑。比如人民医院呼吸科的主任何权瀛，管理了一批 COPD① 和哮喘病人，和很多病人交了朋友，结果他的病人住院次数也少，治疗费用也少，生活质量也高。

访：他是如何管理这些病人的？

彭：组织病人俱乐部、病人之友这些小团体，通过各种各样的办法，进行健康教育，比如老病号教育新病号，这样稍微不好就能及时治疗。早期预防和健康教育是很重要的，他们这些工作也是有和基层合作。还有协和的池芝盛，他也是和很多糖尿病病人交了朋友。糖尿病人关键是自我控制、自我调节，管住了自个儿的嘴，就好控制了。

现在所需要的医疗保健服务都是比较高级的，太初级的服务都不行。所以高级的服务与初级的医疗保健组织合作起来可能就发挥作用了，不然病人根本就不相信社区的医疗保健机构。可见大医院对慢性病的管理也是这种方向，慢性病的调理不是一个很高水平的医生，不见得调理得好。目前提高初级保健的水平最关键的是和三级医院合作。我认为医学教育的导向的调整有两个问题，一个三级医院的调整，三级医院怎么样和基层联系起来，改变三级医院的导向。比如小儿科，应该叫儿童医学，正常儿童的保健是很重要的。解放前，大医院的小儿科都开一个叫做 Well Baby Clinic，就是健康儿童的保健门诊。大医院的学科得做调整和初级保健合作，因为慢性病的自然史常常是发病、住院、衰退、缓和、出院、再衰

---

① 慢性阻塞性肺疾病（Chronic Obstructive Pulmonary Disease）。

退、再住院……最后衰退、死亡。在全过程中住院的时间很短的，因而非住院那段儿的保健是重要的，也就是社区的保健医疗很重要。但是如果社区的保健不和住院时的治疗统一考虑的话，也不行的。所以就是把三级医院的科室的工作方向要 reorientation。

医疗服务工作要做一个整体的体系来考虑，看什么工作在基层好，什么工作在大医院好。第二个是在本科教学的时候，如果有了这种三级医院和基层的合作，本科生就可以有在基层学习的机会，在基层待一段儿。因为不在基层待一段儿，是没有可能去体会、去认识这方面的需求。这个医学教育导向的调整问题始终没解决，初级保健的价值观在医学学术中没有任何地位。

访：目前的临床医学可能还是注重个体，同时预防的观念相较于治疗还是薄弱的。

彭：假如说是个体，那一定要解决个体化，也包括个体化的预防，怎么把个体化的预防能提高起来。

我总觉得初级保健要和大医院合在一起，整体来弄。原来总想卫生资源的倒三角问题解决不了，人家就是愿意花钱，就像愿意买汽车，也愿意买命，命值钱嘛，就是维持最后一个月也行，花多少钱也行。所以你不能死扭这个，这方面发展就发展吧，另一方面要引导初级保健的发展，这样才能把基层的工作水平带起来。在科学上来讲，我个人认为初级保健的意义越来越重大了。当然要实现的话，也是很费劲的事情。

访：您曾经提到像严仁英、吴英恺这些老协和的医生，经过一辈子行医生涯，最后也认识到这种初级保健的重要性。而他们所接受的医学教育可能这种观念的渗入更少，这种体会可能更多地来自于现实的医疗实践工作。

彭：是呀，严仁英对我的影响很深。她曾经到农村作过产妇死亡的研究，她就说"产妇死亡是不能接受的"。应该是不能接受，因为一个正常的生产过程不应该出现死亡。但在农村常常是因为生产中大量出血，而那时没有输血的条件，病人就给活活耽误了。严仁英总觉得作为医务人员要感到内疚，为什么我们医务人员能救的人救不了。其实并不是医学解决不了的高深问题，而是基本医疗条件的缺乏。所以我就说医务人员非得有这种体会、这种境界才能真正去解决这些问题。

1988年我又去参加了一个世界卫生组织关于领导问题的专家讨论会。本来曾经想这次会别在日内瓦开了，有人就说"咱们在日内瓦开，没这种体会，得到贫困地区开才能有这体会"，这个建议我是非常赞成的。大会也曾经考虑过是不是要到非洲去开，不过最后还是在日内瓦开的。

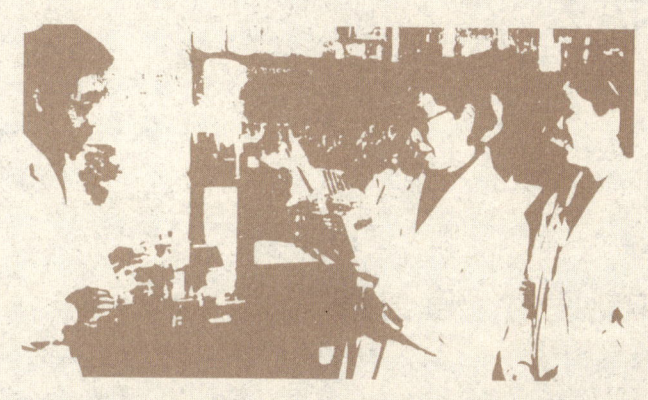

在中医问题上始终有两种倾向。一种是民族虚无主义倾向,就是觉得中医没什么,无足轻重,任它自生自灭,最厉害的是要求取消。第二种是复古主义倾向,就是中医什么都是好的,是非常伟大的,中医不能动。

第12章 中医

早年北医的"解剖祭"

访：谈论中国近现代医学，中西医问题是绕不开的。从某种意义上讲，中国现代医学史也可以说是中西医的论争史、比较史，中国现代医学上的许多事件都凸现出这一问题，请您谈谈对这个问题的看法。

彭：谈论中医，我们可以先谈一下中西医的主要差异，就是解剖。1945年以前，每年的4月30日被定为北医的"解剖祭"，专门对解剖后的尸体进行悼念。这个是向日本人学的。他们是每次医学生作解剖尸体以前，都得先去祭奠一下，表示对死者的尊重。所以挺有意义的，也可以说是人文精神吧，对人的一种尊重，从各方面都要非常注意的。

访：您参加过北医的"解剖祭"吗？

彭：参加过。那时在广安门外的菜户营村买了坟地，专门安葬解剖后的尸体，4月30日那天大家就去坟地扫墓，举行公祭，念篇祭文，烧点香，倒点酒，鞠个躬。祭文的确切内容记不住了，大意是说医学的发展应对贡献尸体的人表示恭敬。

访：每一个学生都要参加吗？

彭：一年级的学生都去，因为那年要上解剖课。日本的自治医科大学就更厉害了，他们的尸体都是捐献的，所以在用每一具尸体以前都得祭奠一次，表示对遗体的尊重。

访：那时候中国人一般都接受不了自己亲人的遗体被解剖。

彭：实际上，我们那时候用的尸体多半都是冬天冻死在街上的穷人，死了以后没人管，就拿一张席一卷起来收走了。所以解剖教研室用的尸体多半是无名尸。

访：说到了解剖，我们想倒可由此延伸谈谈中医。人们一直认为中医里边没解剖，可是现在有一些人研究说中医里边还是有一些解剖的。

彭：中医确实没什么解剖，王清任的解剖也就是那个《医林改错》。现在要说中医为什么那么多年不发展呀，（解剖不发达）可能是很重要的原因。中国文化传统对尸体的尊重啊，不能随意弄啊，谁要是敢解剖尸体，那不得了，道德上是不能原谅的。这对中医学的发展可能是一个约束。

"中学西"与"西学中"

访：实际上，在中国近代历史上，中西医学的互相借鉴与发展，一直是一个争论的热点。新中国成立后，中央政府采取"团结中西医"的政策方针，一方面是希望化解中西医界长期以来存在的芥蒂，另一方面则是为了解决当时国内医务人员匮乏的问题。在1950—1954年这段时间中，国家的中医政策是提倡"中学西",从而达到"中医科学化",当时相当数量的中医也都在中医进修学校或培训班中接受了一些西医知识与技能的训练。

彭:解放以后很多中医都是个体开业,所以先是组织整顿一些零散的诊所,以便把中医组织起来。同时,又觉得让中医学习一些现代科学的医学是必然的,所以就办了好多中医进修学校。北京的中医进修学校是卫生部办的,副校长是北医生理教研室的一个副教授,叫孟昭威。他是燕京大学生物系毕业的,在协和的生理科进修过一段儿。他非常喜欢中医,也非常愿意研究中医。通过这种中医学习西医的模式,就给了中医一些西医的训练。到1952年的时候,刘少奇曾批示说"是不是索性招一班有一定中医资历,中医经验比较丰富的人,来系统学习一下西医"。因为觉得中西医结合好像就是一种趋势,所以北医就招了这么一班学生,1952年入学的。

访:您还记得这一班都有哪些学生吗?

彭:这一班后来出了好多名人,像施奠邦[①]、唐由之[②]、方药中[③]、陆广莘[④]。这班学生入学时有一定的要求,需要有一定的中医行医经验,大

[①] 施奠邦(1924—2005),中医内科专家,上海市崇明县人。出身于中医世家,幼承家学,1942年随父行医。1952年考入北京医学院医疗系学习,1957年毕业后分配到中国中医研究院附属西苑医院。曾任中国中医研究院院长。

[②] 唐由之(1926—   ),中医眼科专家,浙江杭州人。早年随中医眼科名家陆南山学医,1957年毕业于北京医学院医疗系。历任中国中医研究院广安门医院眼科主任、研究员,中医研究院副院长等职。曾为毛泽东主席及柬埔寨宾努亲王等成功地进行了白内障摘除手术。

[③] 方药中(1921—1995),中医内科专家,四川重庆人。早年师从陈逊斋门下学习,1952年以中医学西医身份入北京医学院医疗系学习,1957年毕业。历任中国中医研究院(现中国中医科学院)研究员、中华全国中医学会常务理事等职。

[④] 陆广莘(1927—   ),著名中医,江苏人。早年师从陆渊雷、章次公、徐衡之等中医大家,1952年入北京医学院医疗系,1957毕业后分配至中央人民医院中医科,1983年奉调中医研究院,历任该院资深研究员、基础理论研究所副所长。

概 4~5 年吧①。原来打算招五六十人的，但最后没有招足人，一共招了 43 人。他们入学以后就照着西医的办法学，学习解剖、生理、病理等等，和其他的西医学生一起上课、考核，没什么区别。

访：也就是说按照当时的医学学制要求，这些中医需要在北医学习 5 年？

彭：5 年，完全和西医本科一样，系统学本科。5 年以后，1957 年这班学生就毕业分配工作了，其中比较多的还是做了临床工作，因为这些人都还是有中医临床经验的。到中医研究机构去的也不少，中医研究院的有一些，像中医研究院的院长施奠邦，副院长唐由之；还有陆广莘，他最早在人民医院的中医科，1983 年调到了中医研究院。

在这批学生中，我和陆广莘熟一点儿。他就跟我谈他的体会是"知道中医所长，也知道西医所长；知道中医所短，也知道西医所短"。所以，我就觉得培养这种学生有一个最大的好处，就是他认为要搞中医为主的中西医结合（中医为主的中西医结合是我的说法），认为应该在中医的树干上去发展，以中医的指导思想为本根儿去发展，然后拿西医的东西为我所用，中医认为西医好的就去吸收。但是总的指导思想是中医，认为中医的指导思想比西医的强。就是平常所说的扶正固本、活血化淤、阴阳这些中医理论。这一点我觉得是很有好处的。现在老说中医现代化，中医怎么现代化呢？他认为就是把所有现代医学的东西都拿过来发展中医。所以中西医结合，我觉得有两种：一种是以西医为主，就是把西医好的东西保留下来，拿中医好的东西去补充发展西医；一种是以中医为主的中西医结合，

---

① 华东区的招考通告中要求报考者需领有中医证书证件，并有 7 年中医的学习与工作经验。而实际所招收到的 43 名学员中，其中医行医年限从 7 年以上至从未开业行医者均有。参见孟譞著《建国初期"中学西"研究——以北京医学院中医进修班为中心》，北京大学图书馆。

这样可以把西医还不认为是精华的东西在中医这儿保留下来。我举个例子来说，1959年我参加了一次中医针灸工作研究会议，会上西医的教授作了关于针灸研究的工作报告。报告完了以后，中医就说："你们这叫研究中医针灸？都拿兔子当研究对象。中医针灸的手法很多，还有什么烧山火，透天凉①，就是同样一个穴，我这么扎针就都热了，那么一捻针就都凉了。你们这些手法一点都没有考虑，我们中医还有这些东西的。还有就是中医讲究子午流注②，就是什么时辰取什么穴，什么时候什么穴是开的，什么穴是关的。你们这个也没考虑，怎么行？"然后就让中医表演表演，什么是烧山火、透天凉，这一表演真是烧山火、透天凉。这下西医确实傻了，说没有考虑到中医针灸有那么多的复杂因素。当时对子午流注还不知道怎么研究，还保留点儿。到以后生物钟的概念出来了，知道实际上人体激素水平在一天24小时各时段都是不一样的，有了这概念以后就觉得中医的子午流注还是有一定道理的。所以我就说，当西医不理解中医的道理时，就不可能认为是精华，但是中医可能认为这是精华，因此以中医为主的中西医结合，就能认识到这是精华，把这些继承保留下来进行研究。

文化大革命以后，我参加自然辩证法研究工作的广州会议，吕炳奎也去了，他当时是中医司的司长，我跟他很熟。他和我聊的时候说："你们西医就拿一个小白兔，一个试管，就把我们中医给否了，看不出试验结果，就把中医给否了。"我说："你来指导西医做小白兔，你非让他做出结果来，你跟他一块儿讨论研究研究，为什么会出现否定的结果，是不是没有真正领会中医的道理？"我体会中医为主的中西医结合可以按着中医的

---

① 烧山火、透天凉为中医针灸补泻针法。烧山火可产生热感，透天凉则产生凉的感觉。
② 子午流注是历代中医发现的一种规律，即每日的12个时辰是对应人体12条经脉的。由于时辰在变，因而不同的经脉在不同的时辰也有兴有衰。在中医针灸中子午流注法成为针灸于辩证循经外，按时取穴之一种操作规程方法。

指导思想来做研究。

其实,"中学西"很有发展前途的。而中医现代化的问题在于给中医的实践机会太少,强大的西医使得中医没有它的实践机会。比如说,蒲辅周用石膏大黄金刚汤来治脑炎,蒲辅周能有这样的经验出来,现在谁还可能有这样的经验?乙型脑炎的病人怎么可能交给中医去治?前几年的SARS是一个好例子,中西医在平等的地位上来竞争,最后是中医解决得比较好。这确实是中医的一种实践,我觉得现在是给中医的实践机会太少了,空间太小了。可是怎么能够创造出空间来,这空间要是不创造出来,中医要往前发展是没可能的。只是找书本、弄经典、解释、注释,那是不行的。中医只能在实践过程中去发展。怎么能去发展中医的实践呢?我去过广东中医医院,他们也有深切的体会,他们说"我这里中医的肿瘤学科的建立要和西医的肿瘤学科一样高的水平才可以",只有这样,才能吸引来早期的病人,不然的话都是晚期的病人,没有办法治的病人来找中医,中医能有什么招儿?中医的早期诊断与治疗不从实践中去发展不成的。

访:目前看来,可能在慢性病的治疗上还给中医留有部分空间,都是西医目前还没有很好的方法来治疗的疾病。

彭:是,所以要想办法去创造空间。比如创立(特色)门诊,这样才能吸引来病人。

我个人的看法是中医搞得太多,中医院校的数量搞得太多了,假如想从研究发展中医出发,这个数量太大了,因为只有培养出名中医,才能吸引来病人。现在发展出这么多中医出来,面对着强大的西医,他要生存,就是要他"中医信中"都太难了。

访:这么说您认为中医教育应该定位在精英教育?

彭:"更"精英教育,不"更"精英绝对不成。

访：也就是说现在的中医已经不再是仅仅解决一般性的医疗问题了，因为这些问题可以很便捷地用现代医学的方法解决了。中医教育的策略应该有所变化了。

彭：这个问题要换一个思路去想。我是倾向于应该完全跳出现有的思路去想问题，换一个状态。可是这样得罪的人太多了，人家也不愿意听，很难公开讨论。我一直认为中医事业发展的数量太大了，特别是中医教育。中医教育发展逼得中医事业就得发展，要不然毕了业都去干西医了，不干中医了，就信不了"中"。这个问题得好好反思着去解决。

访："中学西"曾经在一定历史阶段内成为中医现代化的主要途径之一，然而1954年下半年，形势便发生了微妙的变化，毛泽东提出了"首要是西医学中医，而不是中医学西医"。10月20日《人民日报》发表了以《正确对待中医问题的正确政策》为题的社论，批评卫生部轻视中医药，未能切实贯彻团结中西医的方针，指出"积极号召和组织西医学习研究中医学，这是当前解决问题的关键所在"。自此全国医界开始了"西学中"的浪潮。

彭："西学中"问题的提出实际上是在1954年贺诚①被批判以后。1954年的时候，贺诚因为他的中医政策问题被免了职。更早的中医政策问题是在解放没多长时间的时候，对王斌中医问题②的批判以及之后在批判胡适思想的时候，对中医问题进行了严厉的批评，就是所谓的封建医，把中医当作封建社会的医来对待的。1954年批的是贺诚，他当时是卫生

---

① 贺诚，我党我军卫生事业的开拓者之一，1922年考入北京医科大学，1925年入党，抗战时期曾任军委卫生部第一任部长兼政委；解放后曾任中央军委卫生部长、中央卫生部副部长等职。

② 王斌，1933年参加革命，长征中曾负责中央领导的医疗保健工作，曾任中国医科大学校长15年之久。解放初期王斌在东北贯彻执行排挤、限制中医的政策方针。1955年3月11日《健康报》发表社论《积极参加批判王斌轻视中医的思想斗争》，自此掀起了批判王斌的高潮。

部的党组书记，在中医政策上有问题，当然还有别的问题。那时候国务院有文教委员会，领导卫生部、教育部等这些部门。

事情是由一个叫做白学光的人而起，他原来是《八一》杂志社社长，要调来做军委卫生部政治部主任，贺诚那个时候既是军委卫生部的部长，也是卫生部的副部长。1953年，这个白学光在军委卫生部的直属单位跑了一圈，然后就给毛主席直接写了一份报告，里边还没中医问题，就是说军委卫生部的工作一塌糊涂，既没有政治领导，也没有业务领导，官僚主义非常严重等等。毛主席看了这份报告以后就批示说："我怀疑政府卫生部的领导工作可能和军委卫生部的工作同样是一塌糊涂，既看不见政治领导，也看不见认真的业务和技术领导……请参考白学光的报告，严肃检查一次政府卫生部的工作。"毛主席这一批就把贺诚说成是严重的官僚主义，实际上他还不是这样的，他两边都是部长确实非常累的，咱们政府卫生部的班底都是原来军委卫生部的。毛主席这样一批示，就在文委领导下开始对贺诚进行批判。1953年对卫生部的工作进行了一次检查，政务院组织了检查小组，由习仲勋、范长江、钱俊瑞负责。检查组发动大家提意见，提了半天意见以后，正式的报告上就批评"贺诚骄傲自满，不听取大家意见"等，但实际上也就没什么事了。

可等到1954年，毛主席对中医问题有了批示，要求正确认识中医。那时候实际问题中确实有点错误，比如让中医学习西医，中医就纷纷写信，反映说像这样管理中医是不行的。解放初期，颁布了《中医师暂行条例》，里边不可能说一点问题都没有，确实对中医医师的登记和以后的工作都有影响。所以毛主席这一批示，就针对中医问题，联系着王斌排斥歧视中医的问题进行了批判。王斌的那套东西是非常厉害的，什么巴甫洛夫是社会主义医，西医是资本主义医，中医是封建主义医，他这些公开的言论是很多的。而对王斌的批判就联系到贺诚了，卫生部便掀起了一个批判贺诚的高潮，围绕中医问题批判起来了。这样就撤了贺诚的党组书记，还登报进行了点名批评。同时毛主席有一套"外行领导内行"说法，必须是"外行领导内行，不可能内行领导内行"的。比如说梅兰芳，他是旦角，怎么可能领导生角丑角？这一套"外行领导内行"的说法，毛主席在批判贺诚时讲得是比较多的。所以在卫生专业内，教育行业里，谁要是反对"外行领导内行"就是反对毛主席，这个问题影响的面就更大了。后来毛主席讲话中又提到"中医的问题就是继承发扬祖国遗产，关键问题在于西医学习中医"这样的话，就开始组织长期地学习中医，组织了相当一批人一年两年三年地这么学。

访：在此之后，全国出现了很多西医脱产或在职学习中医的"西学中"学习班，北医当时的情况是怎样的？

彭：北大医院中医科主任王德英就是那时候"西学中"的。他是1955年在北医毕业以后，完全脱产学中医，后来就变成中医了，有人说笑话，说王德英连说话、作风这么一套都像老中医了，都是中医的味道。我接触过这一批中的一些人，确实是成长了一些中西医结合做得比较深入的人才，像王德英，病理的匡调元，还有中医研究院的吕维柏、陈可冀都是"西学中"的，后来也都坚持下来，做这方面的长期研究了。这是一种形式，就是西医这么一年、两年、三年地长期学习中医，并且以后长期地做中西医结合的研究工作。

同时还要求西医轮流学习西医学和中医学，希望这些西医将来能掌握两套本领。北医曾经大概调了10个人去学习中医。有李家泰、徐光炜、李顺成、彭先忠等10个人。他们在北大医院学习了有一年的光景，然后希望培养他们当教员，以后能教所有的西医都能学点中医。这些人来找我谈,说:"我们这些人将来的前途是什么?"那时候让他们搞中西医结合研究,他们说:"太难做到了,第一个必须有中医的临床经验,还得有西医的临床实践,而中医临床和西医临床两个占的时间就很多。然后还要学习中医的基础和西医的基础,没有基础学科,中西医结合理论也上不去。要成为一个

第一附属医院妇产科严仁英教授与生理教研室合作探索中草药的避孕效果

理论家,时间怎么分配?比如说学了一年的西医,然后去学习中医,中医长进了,西医又落后了,掌握不了西医最现代的东西。这样就得老学,老学老不够,将来长不出一个人才,长不出一个毛主席说的中西医的大'理论家'来。"我那个时候也不大清楚,就只能说:"咱们走着瞧吧,大伙儿分分比例,比如说临床多学一点,基础少学一点,因为中医是临床实践的东西。"所以我大概分配了一下,中医和西医的实践各占36%,中医和西医的基础理论各占14%。我还记得非常清楚,当时和他们讨论就说姑且先72%,28%的这么个比例。这样大概持续到了1958年。后来实在做不了了,他们纷纷都改行了。李家泰转成了临床药理,有一两个人去了中医科,剩下的可能就李顺成坚持做中西医结合了。所以这种路子走不通,成不了两种医学的"理论家"。当时全国各地都组织过类似的"西学中",但坚持下去的是极个别的。

访:解放初期有一段时间,大的综合医院不设中医科,职工看中医吃中药不能报销,1954年中医政策调整以后,在"西学中"的同时,中医医师也开始走入西医医院。

彭：当时是要解决西医的综合大医院里没有中医科的问题，所以后来就确定了在西医的大医院里设立中医科。北医有几个著名的中医，像人民医院中医科的徐衡之，是个名中医，治疗血液病是很有名的，后来人民医院的再生不良性贫血的治疗都和他合作的，出了一些成绩。

访：徐老是与人民医院血液科的陆道培①教授一起合作的？

彭：是，陆道培也有点儿祖传中医。在北大医院骨科还有一个名中医叫苏宝铭，是个正骨专家。他治疗前臂双骨折不用打石膏，就用筷子这么固定着，就是所谓的小夹板固定法，这样小夹板就风行一时，以后还坚持用。所以说骨科的小夹板算是中西医结合的一个成果。那个时候咱们北医的几个医院，都请了一些著名的中医如郗香圃、胡海牙、李鸿祥等到医院来，成立了中医科，这样中医科就进了西医的医院，给了它一定的地位，可以会诊。

访：当时中医科也还只是有门诊？

彭：对，那时没有中医病房，医院里边床位是最紧张的，当时不可能给中医床位。不过后来北大医院的中医科发展到了有病房。这就是中医的临床工作进入了大医院，在此之前综合医院大医院不可能有这回事的。

访：在当时所进行的中西医结合的研究中，除了您提到的徐衡之与陆道培合作治疗血液病，苏宝铭教授的小夹板固定法，还有其他比较能出成果的研究吗？

彭：在总的研究工作里头还有一个成果就是急性阑尾炎的治疗，不用

---

① 陆道培（1931— ），血液病学家，我国造血干细胞（含骨髓）移植的奠基人。生于上海，1955年毕业于同济医学院。1964年在亚洲首先成功用基因骨髓移植治愈重症再生障碍性贫血，1981年首先在国内持久植活异基因骨髓移植，1996年2月当选为中国工程院院士。

手术治疗，只是吃中药保守治疗。吴咸中①是吴英恺②的弟弟，干西医外科的，后来他学习中医，专门研究中医治疗急腹症，中医怎么解决肠梗阻、阑尾炎等这些问题，以后就成了中医治疗急腹症的专家了，现在是院士了。吴咸中的中医急腹症研究做得很出色，他做了好多实验研究和理论研究，创建中医的急腹症学。

访：也就是说在当时中医中药治疗急腹症已经应用于临床了？

彭：对，比如人民医院中医科治疗阑尾炎已经开展了临床工作。但是对病例的选择非常重要，适应症的掌握要求很高，不能都穿孔了还判断不出来，还不手术。中医治疗阑尾炎的这个成果在临床上推动起来本身非常难，因为得有丰富临床经验的中医，能判定哪些是适应症，要很保险不能出医疗差错。而这种人才的培养又是在实践中培养出来的，不是念点儿书就行，要在长期的中医临床实践工作中成长。这就增加了推广的难度，作为研究工作可以，但是作为临床常规工作推广的时候就出问题，一出问题就再推不广了。中医临床治疗这些病的推广的困难问题就是规范化很难，有经验的中医医生很难培养，再加上周围的舆论，家属要求百分之百的保险才可以，而且切除一个阑尾太简单了。所以这些问题都很难解决，中医在临床上的推广就很困难了。我可以再举几个例子，文化大革命中，1972年我被隔离审查完了以后，恢复了组织生活，可以当干事在医药组里边待

---

① 吴咸中（1925—　），中西医结合专家，1948年毕业于沈阳医学院，1959年参加天津中医学院西医离职学习中医学习班，1961年结业。历任天津医科大学教授及天津市中西医结合急腹症研究所所长，1996年当选为中国工程院院士。

② 吴英恺（1910—　），医学教育家，中国胸心外科的开创人之一。辽宁新民人，满族。1933年毕业于原辽宁医学院，1933至1941年任北平协和医学院外科住院医师及讲师。1941—1943年留学美国圣路易市华盛顿大学进修胸外科。1940年作为第一术者成功完成了我国第一例食管癌切除及胸内食管—胃吻合术；1947年主持完成了我国首例慢性心包炎心包切除术。历任阜外医院院长、安贞医院院长等，1955年当选为第一批中国科学院生物学部委员（院士）。

着。我就想要研究一下中医问题，因为这个问题一直是我的一个问号，刚才不是说了嘛，"西学中"人家给我提的难题我都没有解决，最后这些人多数也都不做了。所以，我就到小儿科那里和他们一块儿讨论中医治疗小儿肺炎，跟着查查房，看看病人。那时候这方面的经验也是挺好的。1970年曾经在北京召开了一次全国的中西医结合会议。会上总结出来了一些疗效非常好的中西医结合治疗的病症，里边有一项就有小儿肺炎。到小儿科以后，就体会到上面所说的问题了。小儿肺炎是非常急的，几乎谁也没有把握完全不用抗生素就能给治好。尽管有些大夫有把握，白天他值班可以，到晚上他不值班，一下子病情变化了，值班大夫谁也不敢说不上抗生素。但是上了抗生素以后就没法确定中医的治疗了，而且多数情况下家属也都不愿意冒这个险。那会儿我就发现中医的研究工作在临床上非常难开展，可当时往往只是简单地批判大夫，说他们对中医没有信心，这就不仅仅是业务问题了，变成了那个年代的政治问题。因此，我觉得中西医结合本身的研究工作已是非常非常困难的了，想要摸到规律都很难，摸到规律后，要想作为医疗常规推广起来，那更是有一大堆的问题。

还有一个例子就是针刺麻醉。韩济生算是最早开始研究这个课题的，1965年开始的。当然他的研究思路也比较好，从化学物质的作用来思考，以前都认为是电生理。他的研究设计很巧妙，比如说他发现针刺以后，痛阈的改变需要一段时间差，因此他分析有时间差肯定是个化学反应，要是物理的电刺激的话应该马上就会反应。后来他就用了各种办法，慢慢地一步一步地就提取出了内啡肽。针刺可以刺激体内内啡肽的产生，而内啡肽又参与镇痛作用。这样针刺麻醉的机理至少阐明了部分，是不是全部还不敢说，很多还是远远说不清楚的。生理教研室研究针刺以前就有点基础。他们教研室的崔宏研究过针刺的电生理。他主要是从电生理的角度研究针刺镇痛，还专门到上海的脑生理研究所的张香桐①那儿学电生理。而韩济生认为是化学作用，后来也做得比较好。这项研究在文化大革命中基本没有中断，因为是总理交代我们要研究机理的。我记得文化大革命的时候，他们出了很多关于疼痛原理的书，像痛阈、神经介质等这方面，这样也就把西医的神经科学也研究得比较深入了一点，以前这方面也不是很清楚。所以说原来西医的基础不行的话，搞中西医结合也是不行的。中西医结合讲起来非常简单的，但是要真正去实践是非常复杂的，要有好多好多条件。

"中西医结合"与"中医现代化"是两个概念

彭：搞中西医结合有两个比较著名的人，一个叫邝安坤，上海第二医学院的。他曾在法国留学，后来得了法国的骑士勋章，对中法交流是有贡献的。他是搞内分泌的，后来搞高血压，中西医结合做得还不错。还有一个叫沈自尹②，他研究内分泌和中医的虚实寒热等这些的关系，也是从机理上进行研究。和他进行合作研究的是上海的一个老中医，叫姜春华③，他们俩配对儿进行研究。所以中西医结合要做好没有这么一对儿是不行

---

① 张香桐（1907—2007），神经生理学家，中国神经科学的奠基人之一。出生于河北省，1933年毕业于北京大学心理系，1943年赴美留学，获耶鲁大学哲学博士学位。他参与创办了以神经科学研究为主的中国科学院上海脑研究所（中国科学院神经科学研究所前身）。1958年当选为中国科学院院士。

② 沈自尹（1928—   ），中西医结合专家。浙江镇海人，1952年毕业于上海第一医学院医疗系，1955年师从著名中医姜春华。历任上海医科大学（现复旦大学医学院）附属华山医院教授、中西医结合研究所所长等职。1997年当选为中国科学院院士。

③ 姜春华（1908—1992），中医内科学家。江苏南通县人，出身于中医世家，自学西医，历任上海第一医学院（现复旦大学医学院）中医教研室主任兼华山医院中医科主任。

的。这一对儿里中医要挺强，西医也要挺强，然后这一对儿还可以无话不谈，可以提任何问题，就是西医要问清楚中医是怎么回事儿，中医也要问清楚西医。这两个人要不断地学习切磋交流，这样搞中西医结合才有可能。姜春华曾经说过："我们中医现在就是摆古董摊儿，东西都摆在那儿，我看摊儿，然后西医来了，看这是宝贝拿走研究去了，西医没看到是宝贝的，我觉得是宝贝我还得守着，我不守着宝贝早就丢了，可我属于被动的。"这个问题我是很有体会的，那个时候我和陆广莘讨论过，他老说"我们中医认为这是宝，可是你西医不研究，西医没认为这是宝"。我就说有些概念是这样，那时候一说子午流注就觉得神了，到底是精华还是糟粕，甚至有人还认为是迷信。所以中医为主中西医结合就把中医的积极性调动起来了。

以前老喊中医现代化，有人就疑惑中医现代化和中西医结合到底是不是同一个东西，还是两个东西。我想这两个还是有点不同，中医现代化就是以中医为主，想一切办法把现代化科学的东西都拿来，然后让中医现代化，而中西医结合，是比较限制于目前的局势。

访：就是中医研究要限制在西医的框架内，就像姜老说的"西医来挑东西"。

彭：有点儿这意思。原来社论上面老争论一句话，就是用现代科学的方法还是现代医学的方法。社论讲现代科学的方法，所以中医老说"用现代科学的方法就不要你西医，因为你们西医一挑，挑完了以后就说剩下的都是糟粕，就不用了，那我们中医就亏了"。50年代的社论就强调现代科学的方法，不局限于现代医学的科学方法，当然这要说也有点虚，现代科学什么都可以。

中西医结合的问题往往受到政治上的影响，像"大跃进"这一套影响是非常厉害的。一个是过急过快，要求很急很快。特别是在1958年，报纸上总是宣传成果。

我们北医那个时候也抛出了个"跃进纲"，就是要加快速度，三年要实现中西医结合，甚至于中西医合流。原来是五年，后来要提前，三年就要实现。文化大革命中就更厉害了，就变成新医学了。把中医学院都取消了，要中西医结合创造新医学，而且新医学马上就要实现了。所以没必要再分中医西医了，学校都合了，叫成新医大学，比如河北新医大学，就是把河北医学院和河北中医学院合在一起了。对于这个问题我认为中医、西医、中西医结合就像三匹马，应该长期共存，共同发展。中医、西医是两匹大马，中西医结合是匹小马，但是也应该有它自个儿的学会、刊物等学术发展机构。

在中医问题上始终有两种倾向。一种是民族虚无主义倾向，就是觉得中医没什么，无足轻重，任它自生自灭，最厉害的是要求取消。第二种是复古主义倾向，就是中医什么都是好的，是非常伟大的，中医不能动。这两种倾向是老被反对的，比如，中医学院办得少了，那就是虚无主义；中医办得太多了，那就是复古主义。解放以后这方面的政治斗争非常多。所以中医研究院的院长、书记特别难当，谁要是想斗他的话，就可以借这条。而且中医内部的宗派矛盾也挺多。这样政治斗争与业务问题就容易交错在一起了。

中西医结合问题确实是值得研究总结的。有些人认为中西医根本不可能结合，文化背景不一样，总的指导思想不一样。中国文化讲天人合一，调动体内的因素去解决问题，西医侧重缺什么补什么，是去改造自然，这和中医的文化底蕴完全不一样，所以说中西根本结合不了。这也不是没道理，但是两个互相补充还是有可能的。比如广东中医医院的吕玉波，他用中医的"扶正固本"① 治疗肿瘤，他就说："我不反对西医的化疗、放疗和手术治疗，但是我用'扶正固本'能够帮助西医治疗得更好。如果中医的'扶正固本'很有疗效，将来就可能用'扶正固本'的法子治疗早期肿瘤，可是现在问题是中医见不到早期的病人。"所以中西医结合要想去发展中医，不能从数量上去解决，只有专题深入的研究才能把病人吸引来。

访：就目前的情况而言，您觉得中西医结合到底应该怎么发展，怎么继承和发扬这门传统医学？

彭：第一个问题是怎么继承，怎么实现继承本身就非常难。因为这是个实践问题，决不是书的继承，关键是怎么能用书上的东西去给人治病。我和中医讨论了多少次，我说："怎么能看出一个中医水平的高低？"因为对于一个西医的水平我心中多半还有点数，但是我对中医的水平判定就一点儿数都没有了。拿西医的那一套标准去衡量中医的水平，是绝对不行的。后来我慢慢体会到中医的辨证施治，中医施治都是很个体化的，如果一个中医辨证辨得好，辨得准确，辨得经验多，是不是就说明他的水平高？所以关于怎么继承中医是一个实践性的问题，最关键的问题就是人的继承。

现在中医教育中就有人提出了传承教育，师傅带徒弟可能还是继承中医的主要形式，可能也有一定的道理。但是到目前为止，中医学校办了那么多，培养了那么多人，到底中医本科那段儿的教育行不行呢？这种继承中医，培养中医人才的办法到底怎么样？我觉得这个可能和西医是一样的，要培养好的医学人才，不光大学本科教育重要，恐怕毕业后教育更重

---

① 扶正固本，是中医治病的主要原则之一。扶正即扶助正气，固本即调护人体抗病之本。通过扶正固本以促进生理机能的恢复，以达到正复邪退治疗疾病的目的，提高机体免疫力。

要，是最重要的。所以中医的本科教育和毕业后教育怎么才能培养出好的中医人才，可能还要从现实情况去总结研究。光有想法、思路是不行的，只有真正能够实现这种思路才行，而实现思路只能从现实中去总结。好在咱们现在已经培养出来了几十万中医。这几十万人是怎么成长的？他们到底毕业以后干的是中医还是西医？他们是自学的，还是在一个团队里学习？西医很明显，不是在一个团队里，自己是成长不起来的，中医有可能不是团队，可以师承、收徒弟。我觉得这些问题确实应该好好研究研究。比如说住院医师培养，首先是住院医师培养基地要合格，基地不符合标准根本就培养不出合格的人才。所以中医毕业后教育，首先要去建设这个基地。

再就是发扬的问题。这可能就是两条腿，一条最根本的还是实践，就是看病人治病。中医原来就是这么长出来的，最后的落脚点可能还在这儿。第二个就是研究，总要讲机理，做基础研究的。这个我过去也摸过一些，动物实验是非常难的。比如说阴虚阳亢[①]，这个模型制造是非常难的，怎么让小白鼠阴虚，脾肾亏。要做药理，动物实验模型这一关是要非过不可的。当然现在也过了不少，用强的放射线照，造成虚症。还有就是如果有病人，怎么在病人的整体上做试验研究，这个也要考虑的。

访：就是说中医的发展应该在一定数量上，做深入的研究，在深度上谋求发展？

彭：关键是"深"，当前的问题就是研究问题，如果不从研究出发就没有可能发扬中医，甚至连继承都继承不了。我个人觉得目前数量搞得太大了，深入的研究都没法儿弄了。

[①] 阴虚指精血或津液的亏虚。一般在正常状态下，阴和阳是相对平衡的，相互制约而协调。阴气亏损，阳气失去制约，就会产生亢盛的病理变化，生理病理性功能亢进，称为"阳亢"。

访：您对于"中医科学化"有什么看法？这一口号在20世纪20、30年代的提出有一部分原因也是基于有人认为中医并不科学。

彭：嗯，文艺复兴以后，西方科学发展到了实证主义阶段，这样的科学中医是没有的，不在这个技术层面上。它更多是思辨，但是思辨也不能说不是科学。科学就只能用实证主义的推论吗？也不能这么绝对化。

也就是说谈论中医科学不科学，这个问题可能没有很大的意义，因为对科学的定义大家都认识不一样，是把它作为一种社会、自然、思维的知识体系，还是以数理为基础的牛顿那样的近代科学体系，现在这个都说不清楚的，都是有道理的。再说，医学是不是科学，严格地来看它是一个科学，但医学除了是科学之外，它还有其他的成分，比如说记忆、经验等等。所以我们应该换一个角度看待中医，作为一种传统的医学，它在现代的医疗保健体系中应该有怎样的地位和价值。从这个角度来讨论可能更好一些。

所以现在的卫生决策对于中医的处置安排还是比较合适的，从卫生资源的分配，卫生服务来讲都是很重视的，但是从给予中医的资源来看是差不多的。"中西医并重"并不是在资源分配上的并重，只是它应有的地位上的并重就行了。再一个像您所提到的，目前留给中医的空间已经不多了，中医真正能够发展的空间已经不多了，所以我们应该能够更宽容地看待这个问题，或是能创造机会继承和保存好的中医，让真正有价值的中医来为大众健康服务。

我赞成回避科学这个问题。思辨都不是科学？只能实证才是科学？我看恐怕不能这么讲。对待中医主要是探索出它的优势、好处以及所存在的弊端和问题，既不能用优势去遮蔽它的弊端，但也不能夸大弊端而否定优势。这个问题就像我们评价历史人物一样，总要评出几条功劳，几条过失。但是功过是不能相抵的，功就是功，过就是过，两回事儿。我觉得中医问题也应该这样，找到弊端是什么，优势在什么地方，然后好好研究发展优势。

访：民间支持中医的多一些，在医学界来讲的话，不赞成的可能更多一些。

彭：解放前西医里头多数是不赞成中医的。所以"废止中医"的提案才非常有市场。连鲁迅也都骂中医骂得那么凶。所以多年来，我对中医问题的想法都是再研究、再发展。要保持它，就要继承它，但继承是为了发展，只是为了继承不行。这不像是艺术，比如戏曲艺术，只是保存一种戏种，不去发展它，一点问题也没有。但是，自然科学不发展就不行。所以，中医总得发展，发展不了的话，就很难办。

附 录

彭瑞璁年表

彭瑞璁著述

人名索引

彭瑞骢年表

1923　8月4日生于北京。

1934　就读北平师大附中。

1937　就读北平师大附中高中。

1940　进入北京大学医学院医学系学习。

1944　1月,赴晋察冀解放区城工部参加革命。3月,回北平,加入中国共产党。7月,北大医学院医本科毕业,考入北京中央医院任实习医师。

1945　1月,考入唐山开滦医院任内科医师。5月,回晋察冀解放区城工部,曾担任平津间地下交通员。

1946　回北大医学院任公共卫生科助教。

1947　与方亮教授主持什坊院保健院工作。组织北京大学讲师助教联合会。晋升教员。

1948　组织北京大学医学院应变委员会。

1949　任北京大学党总支部委员,组织部长,医学院秘书。

1950　7月,任北大医学院总支书记。

1954　任北京医学院党的领导小组成员。

1955　4月,任北医党委副书记。

1956　在职读苏联病理生理学教授费德洛夫的研究生,后因整风运动中断。

1957　任北医整风运动办公室主任。

1958　参与北京市"乡乡办卫生院"活动。

1959　连任校党委副书记，任院长助理，分管科研及中医工作。

1963　主持申报并经卫生部批准建立北医消化生理、核酸化学、泌尿外科等7个研究室。

1964　参加卫生部的"四清"试点协和医院工作队，任副队长。

1965　主持派遣下乡医疗队。

1966　文化大革命开始，受冲击。

1969　下放江西永修"五七干校"劳动。

1972　干校停办，回北医医教组任干事，恢复组织生活。

1974　代理医教组大组长，赴密云开门办学。

1975　任北医第一医院党委书记。

1976　任北医革委会副主任。

1977　任北医党委副书记并主持工作，兼任北医第一医院党委书记。

1978　参加全国科学大会、全国教育工作会议。在本校组建自然辩证法教学组，并亲自给研究生开课。

1979　6月，成立自然辩证法研究组。与世界卫生组织卫生处处长 N. Satorius 会谈，推动我国精神卫生的一系列计划，与世界卫生组织建立合作中心。12月，组织召开"全国医学辩证法讲习会"（广州），开展了有关中西医、中西医结合及"新医"问题的讨论。

1980　任北医（1985年改制为北京医科大学）党委书记，《医学与哲学》杂志主编。赴美考察公共卫生硕士和医院管理硕士培训项目。参与筹建北医卫生管理专业。

1980年代　8次参加世界卫生组织召开的有关初级卫生保健的会议，参与我国实施"人人享有卫生保健"的活动，组织和主持"实现人人享有卫生保健领导干部研讨会"。

1981　组织第一届全国医学辩证法学术研讨会，组织有关"生物—心理—社会医学模式"的讨论。参与北京医学院卫生管理专业的筹建。

1982　当选为中共十二大代表。

1983　组织召开第二届全国医学辩证法学术年会，参与临床思维问题的讨论。

1985　在北医建立社会科学与人文学部并兼任主任。出席第三届全国医学辩证法学术讨论会，发表题为《论现代医学的性质与构成》的总结发言。

1986　7月，当选中国农村卫生协会第一届副会长。11月，筹备并主持"实现人人享有卫生保健领导干部研讨会"。

1987　任《中国心理卫生杂志》主编。

1988　任七届全国人大常委会科教文卫体委员会顾问。以特邀专家身份出席联合国世界卫生组织成立40周年大会，参加世界卫生组织"阿拉木图会议十年总结"会议。主编的《临床思维及例证》出版。

1990年代初　参加卫生部《关于卫生改革与发展纲要》的起草组。

1993　参加爱丁堡医学教育高峰会。参与美国哈斯廷中心发起的关于"医学目的"的讨论，随后参与组织了国内的一系列研讨会。当选第八届全国政协委员及医药卫生委员会委员。任中国自然辩证法研究会副理事长。本年7月，卸任北京医科大学党委书记。

1994　参加区域卫生发展研究会，并发表《区域规划中要加强初级（卫生）保健为基础的医疗服务系统的建设》。

1996　任卫生部政策与管理专家委员会顾问。

1999　5月，离休。

2000　任卫生部医学伦理专家委员会主任。

　　　表中北京大学医学院、北京医学院（北医）除首次出现用全称，后用简称。

彭瑞骢著述

主编专著

彭瑞骢. 医学辩证法. 北京：人民卫生出版社，1985

彭瑞骢，高良文. 中国卫生事业管理学. 长春：吉林科学技术出版社，1988

彭瑞骢. 临床思维及例证. 广州：广东科技出版社，1988

彭瑞骢. 中国改革全书：1978—1991 医疗卫生体制改革卷. 大连：大连出版社，1992

主要论文

彭瑞骢，李天霖，阮赋芳. 经济发展与我国医疗保健事业 [J]. 医学与哲学，1982，(1)：4-8

彭瑞骢，常青，阮赋芳. 从生物医学模式到生物心理社会医学模式 [J]. 自然辩证法通讯，1982，(2)：25-30

彭瑞骢，常青，阮赋芳. 论现代医学的性质和构成 [J]. 医学与哲学，1985，(2)：1-4

彭瑞骢，谢竹藩，黄莛庭，贾博琦. 论医学生临床思维的培养 [J]. 医学与哲学，1984，(4)：2-6

彭瑞骢. 谈生物心理社会医学模式 [J]. 中华预防医学杂志，1985，19 (6)：367-368

彭瑞骢. 关于医学的发展及其战略研究 [J]. 医学与哲学, 1986, (3): 1-4

彭瑞骢. 新形势下的卫生人力问题的专题发言 [J]. 中国农村卫生事业管理, 1987, 7 (1): 10-1

彭瑞骢. 关于医学哲学研究的几点意见 [J]. 医学与哲学, 1988, (4): 1-3

Peng Ruicong. Medical Schools can Play a Major Role in Health Manpower And Leadership Development. World Health Forum, Vol. 9, 1988

彭瑞骢. 医疗单位实行承包制的几个问题 [J]. 中华医院管理杂志, 1989, 5 (1): 8-9.

彭瑞骢. 我国卫生事业发展战略问题（提纲）[J]. 自然辩证法研究, 1991, 7 (1): 54-56

彭瑞骢. 开展"医学目的"的讨论很有必要 [J]. 医学与哲学, 1994, (7): 1-2

彭瑞骢. 我国现行医疗保健体制改革的研究 [J]. 中华医院管理杂志, 1994, 10 (5): 257-259

彭瑞骢. 区域规划中要加强初级（卫生）保健为基础的医疗服务系统的建设. 在区域卫生发展研究会上的讲话, 1994 年 11 月

彭瑞骢, 谢竹藩. 卫生事业的性质、地位与作用的讨论 [J]. 中国农村卫生事业管理, 1996, 1 (16): 10-12

彭瑞骢. 医学目的与公共卫生 [J]. 医学与哲学, 1996, 17 (6): 281-283

Peng Ruicong. The Goals of Medicine and Public Health. *In The Goals of Medicine*, Mark J. Hanson&Daniel Callaham, ed. Geogretown University Press, Washington D. C., 1999, pp174-180.

Peng Ruicong. How Professional Values are developed and Applied in medical practice in China. *Hastings Center Report* (special supplement), July-Aug. 2000, pp23-26.

彭瑞骢. 读"关于城镇医药卫生体制改革的指导意见" [J]. 医学与哲学, 2000, 21 (5): 1-3

彭瑞骢. 新世纪医疗卫生服务值得思考的问题 [J]. 医学与哲学, 2000, 21

(11): 13-15

彭瑞骢. 新世纪医学发展值得关注的两个问题. 中国自然辩证法研究会第五届全国代表大会文件, 2001年

彭瑞骢. 改革的过程回顾与急需解决的问题 [J]. 国外医学·医院管理, 2002, 71 (1): 6-7

人名索引

A
艾钢阳 154, 158
艾思奇 43

B
巴德年 140
巴甫洛夫 36, 39, 40
白 壁 125~127
白学光 235
稗田宪太郎 14
毕华德 64
卜 毅 9, 10

C
蔡志基 102
Carl Taylor 179
曹轶欧 84
曹 禺 46
常 青 154, 161
常溪萍 82
常元勋 69
陈景云 43, 44
陈可冀 167, 236

陈敏章 209
陈慰峰 102, 103
陈寅恪 73
陈育德 124
陈 垣 54
陈 云 78
陈增辉 80
陈 竺 181
诚静蓉 21
池芝盛 215, 224
冲 山 14
崔月犁 69, 158

D
丹尼尔·卡拉汉（Daniel Callahan） 166
邓稼先 44
丁延祃 21, 24
董炳琨 86, 87
杜乐勋 157
杜力群 156
杜如昱 140
杜水泊 153

杜治政　156
E
鄂　征　13
恩格尔（G. L. Engel）　161
F
方积乾　169
方　亮　9
方药中　230
费德洛夫　36，37，50
冯传汉　113，153
冯树异　127
冯显威　160
冯友兰　53
福原武　3
傅世垣　167
傅守静　10
傅愫和　153
傅秀（林锦双）　5
傅　鹰　53
G
甘　英　10
高昌烈　158
高慧真　120
高景德　34
高云秋　36
郜香圃　238
顾方舟　35，139
顾蕴辉　122
关颂韬　23
H
韩济生　80，92，93，124，134，240，241
何权瀛　224

贺　诚　35，234~236
贺　麟　53
洪　涛　34
胡传揆　80
胡海牙　238
胡　适　23，43
胡文耕　151
黄萃庭　140，173
黄大有　145
黄家驷　85，96
黄辛白　143
黄莛庭　103
J
季钟朴　13
贾博琦　173
姜春华　241，242
姜琪远　36
蒋南翔　45，55，61
金宝善　46，50
金大劼　167，168
金英爱　5，6
金蕴华　21
K
凯德洛夫　152
康　克　13
孔繁祜　76
匡调元　236
邝安坤　241
L
李凤鸣　148
李光弼　103
李鸿祥　238
李吉友　116

李家泰 236,237
李岚清 192,194,198
李明珊 159
李顺成 236,237
李嗣春 159
李天霖 153
李铁映 34,194,195,198
李伟雄 93
李文佑 25
李秀琴 34,37
李永春 85
李肇特 21,22,34,144
李　竹 130~132,134,172
李资平 54
李自然 24
梁浩材 156,209
梁漱溟 53
列柏辛斯卡娅 66
林　幾 120
林钧才 85~87
林克椿 68
林启寿 21
林巧稚 11,28,44,85,122
林三仁 125,126
林宗扬 8
刘汉民 123,124
刘　仁 5,6,8,10,65,69,84
刘思职 22,24,140
龙振洲 141,142
楼之岑 20,49
陆道培 238
陆定一 62,70,85
陆广莘 166,168,230,231,242

陆　平 83
陆如山 35
陆绍美 103
吕炳奎 155,232
吕维柏 166,168,236
吕玉波 243
罗惠元 148

M

马大龙 142
马　勒 204,206
马万森 140
马　旭 13,25,69,96,121,123
马寅初 53
毛燮均 50,65,78,214
毛学敏 5
梅镇彤 139
孟昭威 230
米　勒 124~127

P

潘世征 33
彭定求 2
彭逢友 159
彭珮云 191,192,195,198,219
彭启丰 2
彭先忠 236
彭　真 52,69,84
蒲辅周 233

Q

契特维利可夫 36
钱信忠 12,33,86,92,95,96,100,128
钱宇平 130
秦伯益 167

邱仁宗　151，154，156，158，161，166，168
曲绵域　36
曲　正　61

R
任民峰　93
阮芳赋　154，161

S
邵集中　69
沈寓淇　20
沈绍基　76
沈渔邨　33，34，122，124，139
沈自尹　241
施奠邦　230，231
石美鑫　144
斯坦帕（Stampar）　216
宋　硕　67，82，84
宋友良　25
苏宝铭　238
苏井观　17
孙昌惕　76
孙立哲　102~104
孙振洲　10

T
谭曾鲁　102
汤　健　92，93，102
唐　兰　43
唐素恩　35
唐由之　230，231
陶其敏　126，127
童坦君　122
涂通今　33

W
汪丽蕙　140
王　斌　18，234~236
王德炳　49，63，68，115，118，124，147
王德英　236
王光超　21
王海燕　140
王锦江　9
王　镭　113，117，120，146
王绍贤　37，124
王叔咸　21，80
王　序　21，43，53，80，141
王志均　20，49，65，76，77，80，93
微尔啸　66，74
魏　颖　193
吴秉铨　18
吴朝仁　17，48，80
吴阶平　21，23，44，48，76，79，80，144~146，173，174
吴景春　104
吴　旻　34，139
吴　瑞　22
吴蔚然　122
吴文斌　76
吴希如　18
吴咸中　94，239
吴　宪　22
吴　仪　198
吴英恺　225，239

X
西冈久寿弥　126

希拉里·克林顿 129
肖庆伦 192，195，196，199
谢少文 40，142
谢蜀生 142
谢竹藩 155，167，168，173
辛育龄 92
修瑞娟 34
徐光炜 236
徐衡之 230，238
徐运北 85~87，210
许 迪 33，34，139
许鹿希 44
许祖钵 127
薛公绰 13
薛 愚 20，21，51，52

Y

亚历山大洛娃 36
严镜清 8
严仁英 21，44，130，225，226，237
杨崇瑞 25，26
杨 纯 54，76，81，86，87
杨贵贞 24
杨柳青 104
殷希彭 13
游伟程 134
于光远 53，55，151~153，157，172，175

Z

臧玉诠 22，65
曾文星 135
查汝强 151
张 安 80
张昌颖 22

张劲夫 81
张 凯 87
张丽珠 20
张磐石 81~84
张慰丰 96，154
张文康 167，220
张文奇 13
张孝骞 80，85，96，148
张之强 67
张自宽 217
章育中 21
赵振声 21
郑富盛 68
郑麟蕃 48
中尾喜久 128
钟惠澜 6，23，64，65，170
钟 林 153
钟南山 68
周爱儒 102
周冠汉 122
周寿琪 154
周孝思 93
周 扬 73
周仲福 93
朱 潮 96，158
朱贵卿 80
朱洪荫 76
朱 震 140
庄 辉 33，34
左 奇 26
左启华 23，35

图书在版编目（CIP）数据

彭瑞骢访谈录/彭瑞骢口述；孟譞，张大庆访问整理．—长沙：
湖南教育出版社，2010.12（2017.7重印）
（20世纪中国科学口述史/樊洪业主编）
ISBN 978-7-5355-7250-9

Ⅰ．①彭⋯ Ⅱ．①彭⋯ ②孟⋯ ③张⋯ Ⅲ．①彭瑞骢—
访问记 Ⅳ．① K826.2
中国版本图书馆 CIP 数据核字（2010）第 235530 号

书　　名	20世纪中国科学口述史
	彭瑞骢访谈录
	Peng Ruicong Fangtanlu
作　　者	彭瑞骢口述
	孟　譞　张大庆访问整理
责任编辑	王又清
责任校对	曾朝晖　黄　玉
出版发行	湖南教育出版社（长沙市韶山北路443号）
网　　址	http://www.hneph.com
电子邮箱	hnjycbs@sina.com
客　　服	电话 0731-85486979
经　　销	湖南省新华书店
印　　刷	长沙超峰印刷有限公司
开　　本	710×1000　16开
印　　张	18.5
字　　数	227 000
版　　次	2010年12月第1版　2017年7月第1版第2次印刷
书　　号	ISBN 978-7-5355-7250-9
定　　价	49.00元